dtv
premium

Peter Nichols

Der Freisegler

Logbuch der Erinnerung

Aus dem Englischen von Dieter Kuhaupt

Deutscher Taschenbuch Verlag

Deutsche Erstausgabe
Februar 1999
Deutscher Taschenbuch Verlag GmbH & Co. KG,
München
© 1997 Peter Nichols
Titel der amerikanischen Originalausgabe:
Sea Change. Alone Across the Atlantic in a Wooden Boat
Viking Penguin, New York 1997
ISBN 0-670-87179-6
© der deutschsprachigen Ausgabe:
Deutscher Taschenbuch Verlag GmbH & Co. KG,
München
Umschlagkonzept: Balk & Brumshagen
Umschlagfoto: ›Sails (Sailing to Catalina)‹ (1929)
von Karl Struss (Paul Kopeikin Gallery, L.A.)
Satz und Gestaltung: Hartmut Czauderna, Gräfelfing
Gesetzt aus der 10,8/13,2 Dante MT auf
Apple Macintosh QuarkXPress
Druck und Bindung: Druckerei Kösel, Kempten
Gedruckt auf säurefreiem, chlorfrei gebleichtem Papier
Printed in Germany · ISBN 3-423-24140-3

Für meine Mutter, Barbara Nichols,
und meinen Bruder und treuesten Freund, David,
die stets verstanden und nie mehr – oder weniger – erwartet haben;
Für Annie
Für meine Schwester Lizzie und für Matt, Polly und Joe
Für Poupette
Und für Jane

Inhalt

Eine Reise kann Lebensgeschichte schreiben.

ROBERT LOUIS STEVENSON,
›The Cevennes Journal‹

ENGLAND

13. Juni

Sechs Uhr. Der Wecker schrillt. Ich schalte den Seewetterbericht der BBC ein. Südweststurm für die Seegebiete Plymouth und Sole. Vor sechs Stunden, als die 0015-Vorhersage das gleiche ankündigte, war es windstill und klar. Ich ging schlafen in der Erwartung, an einem kabbeligen Ankerplatz aufzuwachen und steifen Wind in der Takelage zu hören.

Ich stecke den Kopf aus dem Luk und schaue mich um. Das Wasser hier in Mylor Creek, einer Nebenbucht der Fal-Mündung, einer Falte in den grünen Hügeln von Cornwall, ist ruhig, der Himmel blaßblau und klar, von einigen hohen Wolkenschleiern durchzogen. Der Seewetterbericht der BBC scheint mal wieder maßlos zu übertreiben. Wer darauf wartet, daß er gut ist, kommt am Ende nie aus dem Hafen. Vielleicht sollte ich starten.

Ich setze den Kessel auf und hole Alan Watts schmales Büchlein ›Wolken und Wetter‹ heraus. Die rechte Buchseite zeigt jeweils ein aussagekräftiges Himmels- und Wolkenfoto, die linke Seite eine Beschreibung der Wetterlage und eine Tendenztabelle für Wind, Sicht, Niederschlag und so weiter. Im Augenblick ähnelt der Himmel über mir demjenigen von Bild 1: »Höhenwind-Cirrus. Himmel, der eine Verschlechterung des Wetters ankündigt. Eine starke Tiefdrucklage besteht in der Höhe, und so können innerhalb der nächsten acht bis fünfzehn Stunden Stürme aufkommen.« Das stimmt mehr oder weniger mit der BBC-Voraussage überein. Auch mit Bild 4 hat der Himmel im Moment Ähnlichkeit: »Altostratus vor einer Warmfront oder Okklusion. Himmel, der eine Wetterverschlechterung ankündigt. Wenn dieser Himmel dem auf 1, mit Cirrostratuswolken (Halos) dazwischen, dargestellten folgt, so ist eine bedeutende Verschlechterung des Wetters zu erwarten.«

Also gut. Heute wage ich den Absprung noch nicht. Bei solchem Gleichklang zwischen Watts und der BBC wäre es verrückt, in See zu gehen, nur um mich später, gebeutelt im Sturmtief, nach meinem Stammplatz im Pub drüben in Flushing zu sehen. Dennoch kommt es mir hasenherzig vor, mich hier festnageln zu lassen an diesem stillen, freundlichen Morgen. Andererseits: Es weht nicht das geringste

Lüftchen, deshalb würde ich in meinem motorlosen Segelboot »Toad«
ohnehin keinen Meter vorankommen.

Während ich darauf warte, daß das Teewasser kocht, blättere ich in
Watts Buch. Bild 5 zeigt eine tiefhängende Wolkendecke mit dunklen,
gezackten Ballen: Regen oder Schnee innerhalb der nächsten zwanzig
Minuten. Die Gewitterwolke auf Bild 8 spricht für sich. Bild 14, ruhiger Abendhimmel, eine bukolische Szene mit sinkender roter Sonne,
im Vordergrund eine Farm mit rauchendem Kartoffelfeuer, läßt mich
in meinem Entschluß fast wankend werden. Einen Herzschlag lang
spiele ich mit dem Gedanken, den Törn abzublasen und nur Großbri-
tannien zu umsegeln. Dafür ist die »Toad« im Jahre 1939 eigentlich
auch gebaut worden, gar nicht weit von hier, in Paignton, Devon. Ein
Daysailer, ein Wochenendkreuzer, 8,30 Meter lang, mit nur 1,20 Meter Tiefgang; geschaffen dafür, die Nase in den Dart oder den Fal zu
stecken, durch Englands Flußlandschaften zu schippern oder, das
höchste der Gefühle, sich vielleicht mal über den Kanal zur bretoni-
schen Küste zu wagen oder nach Irland, Schottland oder zu den Äußeren Hebriden. Sie ist nicht als Seekreuzer gedacht oder dazu, mit einer
Frau und zwei Katzen sechs Jahre darauf zu leben. Nun habe ich meine Frau J. und die Katzen Minou und Neptune verlassen und meinen
schwimmenden Zigeunerwagen aufgelöst und will wieder hinaus aufs
Meer, diesmal allein.

In Maine jenseits des großen Teichs hoffe ich die »Toad« zu verkaufen. Holzboote genießen dort Kultstatus. Schon hier in England habe
ich mein Schiff abstoßen wollen. Neun Monate hat es bei einem Yachtmakler auf einen Interessenten gewartet. Ergebnislos. Der Preis ist
nicht zu hoch; es herrscht einfach keine Nachfrage. Glasfaserboote
sind gefragt. Dennoch muß die »Toad« veräußert werden. Sie ist das
einzige, was J. und mir gemeinsam gehört, deshalb muß sie unter den
Hammer.

Ich sehe es nicht ungern, daß sich meine Abreise verzögert. An Bord
ist noch diese und jene kleine Arbeit zu tun. Der Hauptgrund aber ist
meine Angst. Schon seit einer Woche habe ich Angst, tief drinnen.
Nicht genug, als daß sie mich lähmen würde oder ich meinen Entschluß umstoßen, aber genug, um auf eine gute Wetterprognose und
definitiv günstigen Himmel zu warten.

Mein Freund Martin ist aus London gekommen. Er will mir bis zur

Abfahrt Gesellschaft leisten, bei den Vorbereitungen zur Hand gehen und mich bei Laune halten. Nach dem Frühstück versuchen wir, die Beleuchtung für den neuen Kompaß anzuschließen, den ich im Cockpit der »Toad« installiert habe. Kaum ist der Schalter umgelegt, da riecht es verschmort, und Kabel brutzeln. Nun lesen wir – leider etwas spät – die Einbauanleitung. Wir müssen an Land und neue Kabel auftreiben.

Als wir zur Pier rudern, streicht Wind übers Wasser. Eine verirrte Welle klatscht an den Bug des Dingis, Spritzer netzen meinen Rücken. Das Hasenherz ist manchmal nicht der schlechteste Ratgeber.

Nach dem Kauf der Kabel in Falmouth gehen Martin und ich – da am Boot nicht mehr viel zu tun ist – auf Sightseeing-Tour. Wir fahren zum Lizard Point, der südlichen Spitze der rechten der Hummerscheren, mit denen Cornwall ins Meer hinausgreift, und schließen uns einer Führung durch den Leuchtturm an. Ich will mir Lizard Light näher ansehen; es war mein Leitstern, nach dem ich steuerte, als ich vor neun Monaten mit J. in einer langen Herbstnacht in einem Äquinoktialsturm vom Atlantik hereinkam, und dessen Feuer im Dreisekundentakt mich auch wieder hinausgeleiten wird auf See, vielleicht morgen schon. Leuchttürme ziehen mich an wie einen Postkartenfotografen, weil ich unzählige Nächte auf See damit verbracht habe, nach ihnen Ausschau zu halten, und mich stets freute und aufatmete, wenn ihr Blinken endlich sichtbar wurde. Sie sitzen auf vorgelagerten Felsen und tückischen Huks, von denen man sich tunlichst fernhält; dennoch peilt man sie bei schlechter Sicht an, um sich zu vergewissern, wo man ist. Bemannte Leuchttürme – heute nahezu ausgestorben – sind die trostreichsten, weil man weiß, da wohnt eine lebendige Seele und hält dasselbe Wetter aus wie man selbst, und man betrachtet sich durch die Augen der anderen Person und wünscht sich viel Glück.

Innen ist Lizard Light eine Augenweide aus Messing und lackiertem Holz und Eisen und Rotguß, eine anheimelnde Mischung aus Schiffsback und dem Schlafsaal einer englischen Internatsschule. Die riesige prismatische Linse, die da im Quecksilberbett kreist, wirkt zu groß, zu Jules-Verne-haft für das zwanzigste Jahrhundert. Ja, es hat nun definitiv aufgebrist; Böen fahren gegen die dicken Fensterscheiben. Draußen erkenne ich, daß die Seen sich zu langen schaumgekrönten Rollern aufteilen, die in Reih und Glied aus Südwest kommen und gegen die

Felsen von Lizard Point gerade unter uns anrennen. Stets freut sich der Skipper, wenn er solchen Seegang – je furchtbarer, desto besser – von Land aus zu sehen bekommt.

Auf der Rückfahrt halten wir an einem Pub in der Mount's Bay, in Praa Sands, und essen *Cornish Pasties* zu Mittag, die alte kornische Fleisch-Gemüse-Kartoffel-Version der Calzone, die sich der Bergmann in die Tasche stecken und in völliger Finsternis verspeisen konnte. Als Kind habe ich hier in Praa Sands einmal die Osterferien verbracht. Ich schoß auf Vögel mit meinem Luftgewehr und sah eine Natter im Gras am Strand und machte auf einem brombeergesäumten Feldweg einen schüchternen Spaziergang mit der hübschen rothaarigen Sally Summer, die siebenundzwanzig Jahre später an einem Gehirntumor starb; heute erkenne ich nichts mehr wieder. Was Wunder – es war Ostern 1960. Aber es könnte schlimmer sein. Es könnte hier auch so aussehen wie in Cape Cod, meiner Sommerfrische der fünfziger Jahre, die heute stellenweise wie Los Angeles wirkt.

Wir fahren weiter, durch Penzance, ein Seeräubernest wie aus dem Bilderbuch, bis Lamorna Cove, wo der schriftstellernde Naturkundler Derek Tangye in einer kahlen, abgelegenen Klause über den Klippen mehrere Bücher über sein Leben schrieb, die ich diesen Winter gelesen habe. Gerade als ich hier in Praa Sands spielte, oder noch früher, müssen sie entstanden sein. Heute prägen in Lamorna Cove teuer aussehende Bungalows das Bild, versteckt hinter dicken Hecken, Rosensträuchern und Range Rovers.

Durch Regenschleier fahren wir zurück und stoppen in Marazion vor einer gemütlichen Bretterbude am Hafen, wo wir heißen, starken braunen Tee aus der Teemaschine trinken und hinausschauen auf den St. Michael's Mount, der auftaucht und verschwindet in der Gischt der Wogen, die am Kai hochschäumen und Schauer aufs Dach prasseln lassen. Scheußliches Wetter jetzt da draußen, erschreckend. Ich schätze mich glücklich, hier an Land, warm und trocken, in Pubs und Cafés abwarten zu können, bis es vorbei ist.

An Bord der »Toad« tauschen wir die Kabel aus und schließen das Kompaßlicht an. Abwechselnd gehen wir ins Cockpit und bestaunen den beleuchteten Kompaß, während der andere den Schalter mehrmals an- und ausknipst.

»Mensch, verdammt, könnte ich nur mit dir fahren«, seufzt Martin.

Um sieben Uhr abends wird der Himmel – der jetzt aussieht wie auf Bild 6, abziehende Front – wieder klar, es hört auf zu regnen. Juni bei 50° nördlicher Breite, das heißt, es bleibt bis fast elf Uhr hell. Wir rudern wieder an Land und nehmen den ufernahen Wanderweg, der einen grasigen Berg mit saftigen dunklen Kuhfladen umrundet, nach Flushing, einem Dörfchen am Penrhyn River gegenüber von Falmouth, und spielen dort im Pub Billard und essen Schinken, Eier und Pommes frites.

Hier in Flushing hat die »Toad« über den Winter an der Muring gelegen, und eines schönen Tages im vergangenen Frühling, als mein Bruder David und ich sie um den Hügel nach Mylor segeln wollten, irrten wir aus dem unmarkierten Fahrwasser ab und liefen bei fallender Tide genau vor diesem Pub auf Grund. Wir ankerten und ruderten an Land, labten uns an *Ploughman's Lunch*, bestehend aus Käse, Brot und Bier, und warteten auf die Flut. Während wir an der Theke saßen und auf unser geliebtes Boot hinausblickten, das da schräg im Schlamm lag, machte der Wirt ein paar bissige Bemerkungen über strandende Sonntagssegler. David, der auf der »Toad« die Karibik und das Mittelmeer befahren hat, schwoll der Kamm. Er fragte den Wirt, ob hier denn sonst manchmal Leute aufliefen. Selten, grinste der Wirt zurück. Wir tranken aus und gingen.

»Dieses kleine Boot«, brüllte David draußen, »ist weiter herumgekommen als dieses Arschloch in seinen kühnsten Träumen! Ich möchte ihn mal das Boot dorthin führen sehen, wo es gewesen ist! Ohne 'nen Funken Motorhilfe!« Noch während wir nach Falmouth hineinwanderten, um einen anderen Pub zu finden, brüllte David immer wieder: »Arschloch! Schwachkopf!«

Auch Martin hat glückliche Wochen auf der »Toad« verbracht, auf den Bahamas und im Mittelmeer, und kennt diese Episode vom Hörensagen genau. Beim Billardspiel im bewußten Pub in Flushing (der vom Bootshafen Mylor gut zu erreichen ist und alles bietet, was eine zünftige Salzwasserkneipe so bieten sollte) blickt er hin und wieder zum Wirt hinüber und murmelt: »Arschloch.«

Mitternacht. Ich liege in der dunklen Koje, höre BBC »Radio 4« und warte auf das 0015-Wetter. Der Seewetterbericht versetzt einen in eine andere Welt: eine graue, blaue, grüne, klare und neblige, windstille und sturmgepeitschte Nation aus achtundzwanzig aneinander anschließenden Seegebieten rund um die Britischen Inseln, die im Norden fast bis Island (Südostisland) und südlich bis Nordspanien und Portugal reichen (Finisterre). Den Briten, der mal eben zum Einkaufen vor die Tür möchte und nur wissen will, ob er Regenmantel und Schirm mitnehmen muß, interessiert wenig, ob der Wind in Viking, Forties, Dogger oder Deutscher Bucht gleich in Stärke acht (stürmisch) oder neun (Sturm) blasen wird. Aber die armen Teufel auf See hören es wie ein Gottesurteil. Für sie hängt davon alles ab. Es kann sie dazu verdammen, Männer und Fracht in haushoher Dünung neben einer Bohrplattform entladen zu müssen; es kann bedeuten, daß Stahltrossen und Ketten brechen und wie ein Peitschenschlag durch eine Trawlercrew fahren. Auf einer Yacht (wohin man sich ja freiwillig begibt, sei es als Crew oder als Eigner; und wenn man der Eigner ist, hat man eine Menge Geld dafür ausgegeben) bedeutet es langes gedrücktes Grübeln über Sinn und Unsinn dieses Sports. Eine Sturmwarnung auf See bedeutet für alle an Bord eine Reduzierung des Daseins auf den nackten Versuch zu überleben. Sie werden den BBC-Ansager beneiden, der im warmen Studio in einem Haus aus Stein sitzt (ich stelle mir immer vor, er trägt eine Strickjacke von Marks & Spencer und hat einen Becher Kakao in der Hand) und mit smarter, sonorer Stimme die Wettervorhersage verliest und anschließend im geheizten Wagen heimfährt nach Surbiton oder Clapham oder Barnes und schlafen geht. Sie werden sich danach sehnen, an Land zu sein, nahe bei ihren Familien, zu Hause, im Bett. Sie müssen der Dinge harren, die da kommen, solange bis das vorausgesagte Wetter eintrifft. Sie können keinen Handel mit der Vorsehung abschließen, um ihm zu entgehen. Sie müssen es durchstehen. Ein Strohhalm bleibt ihnen: Sie können beten. Kein Wunder, daß Seefahrer gottesfürchtig sind.

Heute abend ist der Wetterbericht gut. Kein Wort mehr von den Stürmen, die früher am Tage wehten. Der Wind in den Seegebieten Plymouth und Sole – wo ich bin beziehungsweise hinwill – soll nach West und Nordwest umspringen und von Beaufort sechs auf vier (von zweiundzwanzig bis siebenundzwanzig auf elf bis fünfzehn Knoten) fallen.

Eine beunruhigende Meldung. Sie bedeutet, daß ich morgen vielleicht losmuß.

14. Juni

Sechs Stunden später ist die Prognose gleichgeblieben, sogar besser geworden: Der Wind soll auf Stärke drei bis vier abflauen, auf sieben bis fünfzehn Knoten. Der Himmel draußen ist klar. Über den UKW-Funk der »Toad« rufe ich John auf der »Corrinna«, die vor Penryn liegt. Auch er behält das Wetter im Auge und wartet darauf, gen Portugal und Mittelmeer starten zu können. Er sagt, für ihn, Kurs Südwest Richtung Bretagne, sei die Prognose günstig; der Nordwest komme dann querein und gebe ihm guten raumen Wind. Er wolle los, sobald die Treibstofftanks voll seien. Ich sage ihm, daß ich wahrscheinlich auch starten werde, und wir verabschieden uns und wünschen uns gute Reise. Er hat gut lachen. Die »Corrinna« ist eine fünzehn Meter lange Stahlbetonketsch mit 50-PS-Hilfsdiesel. Mit ihr könnte John durchs antarktische Packeis pflügen.

Ich beschließe aufzubrechen. Es gibt keinen Grund mehr zu bleiben.

Martin und ich machen Reinschiff, und er packt seine Tasche. Ich arbeite mich noch einmal von vorn nach achtern durch das Boot und kontrolliere, ob alles sauber verstaut ist.

In meiner Doppelkoje in der Vorpiek, die ich erst auf See benutzen werde, türmen sich jetzt Kleidersäcke, Reserveleinen, Ersatzteile. Im Ölzeugschapp, einem kleinen Spind, hängt meine Schlechtwetterkluft an Haken. Hier ist auch ein Dreimonatsvorrat Toilettenpapier und Papierhandtücher verstaut.

Nach achtern schließt sich die Kajüte an: auf jeder Seite eine Koje; Stauschränke mit Proviant, die Rückenlehnen bilden; darüber Regale, vollgestopft mit Büchern, die durch Schlingerborde und Gummiseile gesichert sind. Unter den Kojen auf beiden Seiten habe ich Wassertanks aus Kunststoff eingebaut, die zusammen circa zweihundertundvierzig Liter fassen. Mittschiffs steht, vom Kiel zum Deck reichend, zwischen den beiden Vorderschotten ein achteckiger schottischer Kiefernstamm von zwanzig Zentimeter Durchmesser. Er trägt den Mast, der erst oben auf dem Deck beginnt: ein Klappmast, dessen Fuß durch Backen und einen Mastbolzen gehalten wird und der beigeklappt werden kann, ohne daß er aus dem Boot gehoben werden muß. Achtern davon steht auf der Längsachse der Kajüte ein circa neunzig Zentimeter langer, kardanisch aufgehängter Teak-Klapptisch, auf dem ich außer im allerschlimmsten Wetter eine Tasse Kaffee oder eine Mahlzeit stehenlassen kann. Über dem vorderen Ende des Tischs schwebt an einem geflochtenen Tau eine Kerosinlampe. Sie ist das Hauptlicht des Bootes, das, bei dem ich lese. An den Vorderschotten (die Vorschiff und Kajüte trennen) sind angeschraubt: Messinguhr und -barometer der »Toad«, an denen eine Muschelhalskette und ein Marlspieker aus Walbein an einem Lederband hängen; ein Zeitschriftenregal voller ›National Geographic‹-, ›New Yorker‹- und ›Wooden Boat‹-Ausgaben; und ein großer gerahmter Druck von Paul Davis, zwei Fische am Strand, mit aufziehenden Sturmwolken draußen auf dem Meer. Im Rahmen stecken Fotos von J. und eines von meinem Vater, wie er Klarinette spielt, Augen geschlossen, Augenbrauen hochgezogen, das Gesicht verzerrt wie Eric Clapton. Ans Achterschott der Kajüte lehnt sich steuerbords ein Heizofen für Festbrennstoff, in dem ich mein Geld und meinen Paß aufbewahre; backbords ein elegantes Teakschränkchen mit Trinkgläsern, Tassen und Reservedochten für die Lampe.

Hinter dem Achterschott folgt steuerbords die Pantry, mit einem kardanisch aufgehängten dreiflammigen Propanherd mit Grill und Backröhre, einer langen Arbeitsplatte mit Spüle, die sich über die gesamte Schiffsbreite von fast zweieinhalb Metern erstreckt, und weiteren Büchern in einem freien Stauraum hinter der Platte. In Regalen am Pantryschott stapeln sich Geschirr und Bestecke. Geräumige Schapps unter der Platte enthalten Töpfe, Pfannen und Backformen. Über dem Herd trägt das Pantryschott eine kardanisch aufgehängte Kerosinlampe aus Messing.

Gegenüber, backbords, ist der Kartentisch. Auf ihm drückt sich eine Reihe weiterer Bücher (meist über Navigation), mit Gummiseil gesichert, an die Schiffswand. Unter der Platte das Kartenfach, rund hundert Karten, gesammelt über die Jahre, stockfleckig, vergilbt, ein gewichtiger Teil dessen, was ich als meinen persönlichen Schatz ansehe. Unter dem Kartenfach sind in Schränken mein Sextant und das sonstige zur Schiffsführung nötige Handwerkszeug verstaut. Über dem Kartentisch hängt am Schott eine Teakbox mit Fernglas, Stablampe, Handpeilkompaß. Eine kerosinbetriebene Sturmlaterne (die Wind über fünfundzwanzig Knoten schon einmal auspustet) baumelt an einem Haken über dem Kartentisch und gibt mir dauernd Kopfstüber.

Die »Toad« hat keinen Motor. Sie hatte ursprünglich einen; als er den Geist aufgab, hat ihn der vorige Eigner einfach über Bord geworfen. J. und ich hatten nie genug Geld, um einen neuen einbauen zu lassen – doch keine Frage, ich hätte sehr gern einen Motor. Dafür glänzt in der Achterpiek hinter Pantry und Kartentisch, wo die Maschine und ihre häßlichen Tanks und Getriebe und Schaltzüge einmal saßen, ein sauberer, neu ausgestrichener Stauraum, eine wahre Schatzkammer: Kerosinkanister für meine Lampen, Holzvorräte für Notreparaturen, Werkzeuge, weiterer Proviant, Reserveanker, Ketten, Taue, Farben, Lacke, Schrauben, Bolzen, Schäkel, Ersatzteile für die Pantry- und Bilgepumpe, Ersatzteile für alles nur Denkbare.

Unter Deck scheint alles ordentlich und seeklar. Ich klettere ins Cockpit.

An Deck wirkt die »Toad« aufgeräumt und spartanisch. Sie ist auslaufbereit gerigt. Neben dem stehenden und laufenden Gut trägt sie als Decksfracht lediglich das umgestülpte Glasfaserdingi, festgelascht an Ringbolzen, die durch das Kajütdach und seine Eichenbalken gehen, sowie Mast und Riemen des Dingis, die an den Handleisten entlang des Kajütdaches festgezurrt sind.

Insgesamt alles *shipshape*, finde ich.

Wir lichten den Anker und kreuzen zur Tankpier. Wir füllen die Wassertanks und spritzen das Boot ab. Im Cockpit lunchen wir: Brot, Cheddar-Käse und *Branston Pickle* (eine dicke englische Würzsoße, unabdingbarer Bestandteil des *Ploughman's Lunch*) aus einem von zwei Gläsern, die, hoffentlich, für den ganzen Törn reichen. Ich beobachte Martin und hoffe im stillen, daß er sich nicht allzu reichlich bedient. Eigentlich will er meine Vorräte nicht antasten, erklärt er, aber ich sage: »Unsinn, nimm schon, ist doch nur Relish.«

Wider Erwarten läßt der Wind nicht nach. Den ganzen Nachmittag bleibt er stark, mindestens zwanzig bis fünfundzwanzig Knoten. Da ich Westsüdwestkurs nehmen werde, wird er hart-raum oder raumvorlich einkommen, ein ungemütlicher Kurs zum Wind für mein pummeliges Boot, das nach heutigen Maßstäben ganz »ineffizient« gebaut ist. Er könnte mich zwingen, südlich abzufallen, näher zur Bretagne und den Felsen und Tidenströmen der Île d'Ouessant, wo Flautenbedingungen ohne Motor noch gefährlicher werden können als Starkwind. So habe ich mir den Start nicht vorgestellt. Widersinnigerweise wünsche ich mir Idealbedingungen. Aber der Himmel ist blau; ich weiß, daß der Wind gegen Abend abflauen wird. Ich sollte fahren. Ich schlage das Logbuch auf (lose Seiten, ringgeheftet) und schreibe:

Logbuch der Yacht »TOAD«. Von Mylor, Cornwall, England, (hoffentlich) nach Camden, Maine, über Horta, Faial, die Azoren.

Ich blättere um und schreibe:

Vor Anker, Mylor. Habe beschlossen auszulaufen. Aber jetzt – 1730 – kalte Füße. Wind immer noch recht stark. Durchlebe die üblichen Aufbruchsgefühle – Angst, Einsamkeit und den drängenden Wunsch, eine Farm zu kaufen (wenn ich sie mir leisten könnte) – all das jetzt noch viel stärker ohne J.

Normale, ja gesunde Empfindungen. Keine Angst zu haben, wenn's auf See geht, ist kein Zeichen von Vernunft. Die Gefahren liegen auf der Hand, und sich ihrer bewußt sein heißt auf sie vorbereitet sein. Eric Hiscock, der berühmte englische Yachtsegler und Autor, dessen gesamtes Œuvre ich mehrfach gelesen habe und auf der »Toad« mitführe, schreibt:

> Ist der Aufbruch zu einer langen Reise in einem kleinen Segelfahrzeug heute auch noch keine Alltäglichkeit [Hiscock schrieb dies 1967], so ist er doch keine Seltenheit mehr, und ich frage mich manchmal, ob die Beteiligten dabei unter ähnlichen Gefühlen leiden wie ich: ängstliche Gespanntheit, weil man nun allein auf das eigene Können und die eigenen Mittel angewiesen ist, und ein trauriges Gefühl der Leere, daß man die Menschen und Dinge hinter sich läßt, die man liebt. Ich hatte gehofft, daß diese Empfindungen im Lauf der Jahre, mit wachsender Erfahrung und Selbstsicherheit, sich vielleicht abschwächen würden; aber bei diesem Start im Spätjuni … war das bange Vorgefühl und die Traurigkeit ganz genau so stark wie eh und je.

Und Eric hatte Susan Hiscock dabei, die Frau, die in vierzig Jahren Weltumsegelung, gleich bei welchem Wetter, nie einen Tag vergehen ließ, ohne Eric ein warmes Mahl zu kochen, immer ein Lied pfeifend. (Eric erledigte dafür den Abwasch.) Susan navigierte auch und führte das Boot ebenso gekonnt wie ihr Mann. Zwar schrieb er die Bücher, doch in puncto Seemannschaft war sie ihm vollkommen ebenbürtig, und in den einleitenden Sätzen zu ›Around the World in Wanderer III‹, dem Buch über ihre erste Weltumsegelung, würdigt er ihren Beitrag gebührend, wenn er schreibt, sie sei die eigentliche Heldin der Geschichte.

Ein anderer Segler-Autor, Miles Smeeton, der mit seiner äußerst abenteuerlustigen Frau Beryl die Welt umsegelte, schrieb über die Eremiten der See, die Einhandsegler:

> Wenn sie müde sind, übernimmt niemand für sie die Wache; wenn sie Angst haben, gibt es keinen, der ihnen die Angst nimmt; wenn sie glauben, krank zu sein, gibt es keinen, der sie mit Lachen davon erlöst; wenn sie furchtsam sind, gibt es keinen, der ihnen Mut macht; wenn sie unentschlossen sind, gibt es keinen, der ihre Entschlußkraft stärkt; wenn sie frieren, gibt es keinen, der ihnen ein warmes Getränk reicht.

Jetzt bin auch ich unter die Eremiten gegangen. Bisher hatte ich auf fast allen Reisen J. dabei, die ebenfalls pfiff, was immer schön zu hören war, wenn ich in dunkler Nacht allein in der Kajüte hockte und sie auf Ruderwache im Cockpit stand, und sie reichte mir warme Getränke und machte mir Mut. Ohne sie auf See zu gehen scheint undenkbar. Wie ein Treubruch.

Ein Jahr nach unserer Trauung kauften wir die »Toad« für 6 000 Dollar auf den Jungferninseln. Fast drei Jahre blieben wir auf den Virgin Islands, lebten auf dem Boot und unterzogen es peu à peu einer Verjüngungskur. Ich arbeitete als Charter-Skipper und machte auf Mietbooten, sogenannten »Bareboats«, Wochentörns mit blassen Yuppies. Wenn Platz war, nahm ich oft J. mit. Von St. Thomas, dem Sitz der Charterfirmen, für die ich arbeitete, kreuzten wir durch die Inseln – Jost van Dyke, Tortola, Peter Island, Virgin Gorda – und hielten an jedem Traumstrand, jeder schönen Bucht. Zu essen gab es harpunierten Fisch und Langusten, oder die in der Eisbox mitgeführten »Gourmet«-Mahlzeiten, oder Cheeseburger in dem allseits bekannten Paradies an Land. »Wie, dafür kriegen Sie noch *Geld*?« staunten meine Passagiere mit großen Augen. Sie beneideten J. und mich um unser Leben auf dem »niedlichen kleinen Boot« und stöhnten, daß sie zurückmußten zu ihren Jobs und Hypotheken.

Wir lebten sehr einfach, einfacher wohl, als sie nachvollziehen

konnten. Trotz ihrer ostentativen Bewunderung für unseren Lebensstil hätten sie wohl kaum selbst die Probe aufs Exempel machen wollen. Vor Anker lebte sich's preiswert. Wir hatten keinen elektrischen
Strom. Keinen Kühlschrank, keinen Fernseher. Abends lasen wir bei
Kerosinlicht und hörten Radio. Unser Dingi war unser Auto. An Land
gingen wir zu Fuß oder fuhren Bus. Wir lebten von der Hand in den
Mund; Kostenaufwand hatten wir nur für unser Essen und für das
Boot. Wenn wir Geld brauchten, nahm ich Skipper-Aufträge an. In der
übrigen Zeit segelten wir die »Toad« oder arbeiteten daran, aus ihr ein
möglichst wohnliches und gutes Boot zu machen. Wir schmiedeten
Pläne, um die Welt zu segeln. Vorerst umschipperten wir nur die Jungferninseln, und gelangten dabei einmal bis St. Barts, wo David uns besuchte. Schließlich ging es dann doch auf große Fahrt: Puerto Rico,
Dominikanische Republik, von dort nordwestlich durch die Bahamas
nach Florida, wo wir achtzehn Monate blieben. Dann über den Atlantik via Bermudas und Azoren ins Mittelmeer, und schließlich nach
England, wo all unsere Pläne scheiterten und wir uns trennten.

Aus der Rückschau, so aufgeblättert wie ein Fotoalbum, wirkt es
wunderbar idyllisch. Auch die Schattenseiten sind mir in Erinnerung,
aber wenn ich auf unser Leben auf der »Toad« im Ganzen zurück-
blicke, verblassen sie. Immer wieder denke ich, daß bei uns viel mehr
faul gewesen sein muß, als mir erinnerlich ist. Eine tiefe, elementare
Zerrüttung muß uns auseinandergetrieben haben. Und jetzt fahre ich
auf der »Toad« zum ersten Mal ohne J. Ich bin nicht sicher, wie ich das
anpacken soll.

»Scheiß drauf. Fahr erst morgen«, rät Martin mit großem Nachdruck. Den ganzen Tag, während der Arbeit am Boot, gab er sich still
und geschäftsmäßig. Seit unserem zwölften Lebensjahr sind wir dicke
Freunde, nicht wegen, sondern trotz des Umstands, daß er auch J.s
Bruder ist. Kennengelernt haben wir uns auf Mallorca, wo meine Eltern ein Haus hatten und wir unsere Sommer verbrachten und wo
Martins und J.s französische Mutter lebte. Eines Sommers, während
eines Urlaubs im Hotel »Formentor«, hatte sie Mann und Familie verlassen und war mit einem mallorquinischen Tennisprofi durchge-
brannt. Sie blieb auf der Insel, während der Vater die beiden Kinder
mit in die Staaten zurücknahm. Danach verbrachten Martin und J. die
meisten Sommer bei ihr.

Erstmals erblickt habe ich J. als Zehnjährige auf einer staubigen ungepflasterten Straße in Cala Ratjada, ein spilleriges amerikanisches Mädchen mit weißblondem Haar, Seite an Seite mit einer dunklen kleinen Mallorquinerin, beide spanisch schwatzend. Als ich nach sommerlangem Herumtollen mit Martin ihre Bekanntschaft machte, fand ich sie mal verschlossen, mal schalkhaft, verwirrend schnippisch und scharfzüngig. Sie ließ sich durch zwei ältere, ungehobelte Zwölfjährige nicht einschüchtern. Wenn wir ihr dumm kamen, gab sie Kontra, so daß wir – oder jedenfalls ich – uns ganz klein fühlten. Sie nervte mich und faszinierte mich. Als Teens beäugten wir, die wir uns immer nur im Sommer begegneten, einander mißtrauisch. Sie trieb sich mit französischen und spanischen Jungs rum, ich mit deren Schwestern. Zwischen uns war etwas, an das wir nicht zu rühren wagten, wie ein Geheimnis, von beiden erahnt, aber nicht klar erkannt. Dann sahen wir uns etliche Jahre nicht mehr. Anfang Zwanzig trafen wir uns wieder. Martin hatte geheiratet, und alle zusammen machten wir ein paar Tage Skiurlaub in der Schweiz. Mit törichter Überraschung registrierte ich, daß J. zur Frau herangewachsen war, rank, schön, mit herrlich dichtem dunkelblondem Haar. Und einschüchternd intelligent, beunruhigender als früher, unberechenbarer. Immer noch begegneten wir uns skeptisch, wogen unsere Schritte ab, hüteten uns, an das Unbekannte zu rühren, als könne es uns übermannen. Einige weitere Jahre vergingen. Über Martin hörte ich, daß sie einen Bolivianer kennengelernt habe und nach Bolivien gegangen sei. Eines Spätsommers, nach acht Wochen Arbeit als Vorschotmann auf einer Fünfundzwanzig-Meter-Yacht im Mittelmeer, verschlug es mich wieder nach Mallorca, und da war J., sensationell und exotisch in Jeans und lässigen Indienblusen, zu Besuch bei ihrer Mutter. Ihr Freund José war vorübergehend nach Bolivien heimgekehrt, allerdings hatten sie noch Kontakt und wollten einander wiedersehen. J. war vierundzwanzig und ich sechsundzwanzig, und endlich begriff ich, daß ich sie liebte. Ich machte ihr einen Antrag. Umwarb sie. Bestürmte sie, wir seien füreinander bestimmt, und für keinen von uns komme ein anderer in Frage. Ich brachte eine Saite in ihr zum Klingen, die auch in mir klang, den Glauben, hier walte geschichtliche Fügung, hier vollziehe sich Unabänderliches. Ich ließ nicht locker, ich war meiner Sache sicher, ich überzeugte sie. Ein paar Monate später heirateten wir in England.

Martin hat miterlebt, wie wir heranwuchsen, einander wie zwei Katzen umkreisten, heirateten, fortsegelten. Er ist mit uns gefahren, und er hat gesehen, wie unser Bund zerbrach. Seine Empfindungen bei meinem einsamen Einhandstart sind wahrscheinlich so tief und so komplex wie meine.

»Fahr morgen«, sagt er wieder. »Das Wetter wird besser sein. Ich will noch 'ne Runde Billard spielen. Und wir müssen noch mal raus auf die Landspitze.«

»Okay.«

Im Pub in Flushing essen wir zu Abend und spielen Billard. Danach, um zehn, es fängt gerade an zu dämmern, fahren wir zum Pendennis Point, der Landspitze vor dem Hafen von Falmouth. Wenn ich auslaufe, will Martin hierher fahren und Bilder machen, wie ich auf der »Toad« vorbeisegle. Wir finden eine gute Stelle für ihn, unten auf den Felsen, nahe beim Wasser. Morgen werde ich diesen Punkt ansteuern, und er wird mit gezückter Kamera warten.

VON FALMOUTH
NACH FAIAL

15. Juni

Aus meinem Logbuch:

0625-Vorhersage: Plymouth: Nordwestwinde 5–6, abnehmend auf 3–4; Sole: umlaufende Winde, Stärke 3 oder weniger. Beschließe (erneut) auszulaufen. Aussichten sehr gut: Wind Nordwest (eventuell aber nur Trichterwirkung des Mylor Creek). Sonniger Tag. Barometer sehr hoch. Mir geht's viel besser. Mama angerufen und auf Wiedersehen gesagt. Jetzt 1125, kurz vor dem Start.

Die »Toad« liegt wieder am Kai, Nase im Wind.

Neben Martin steht auf dem Kai ein zweiter Startbeobachter, Wilfred, ebenfalls ein Yachtie. Er lebt auf einem kleinen im Mylor Creek verankerten Boot. Wilfred ist unbestimmten Alters und sieht aus wie ein Lehrer, der seit geraumer Zeit in einem Auto wohnt. Ewig dieselbe Kluft am Leib, Woche um Woche: abgewetzte Hahnentrittjacke, fadenscheinige, speckige dunkelgraue Polyesterhose und schwarze Schuhe, angegammelt vom ständigen Eintauchen ins Wasser am Boden seines Dingis, wenn er an Land rudert. Unter der Jacke immer derselbe graue Rollkragenpullover. Er trägt eine schwarze Kassenbrille, die er fortwährend mit Not-»Riggs« aus Epoxidharz, Draht, Schräubchen und Splints aus Streichhölzern erfolglos zu flicken versucht.

Seine einzige Konzession an die Seefahrt ist eine blauwollene Strickmütze, die er meines Wissens noch nie vom Kopf genommen hat. Während die »Toad« drei Wochen in Mylors Bootshafen aufgeslippt lag, kam er jeden Tag und stellte sich neben mich und erzählte mir erbarmungslos schaurige Details aus seinem Leben, während ich die Windfahne reparierte, das Unterwasserschiff anstrich und allgemein meinen Untersatz seeklar machte. Ehe kaputt. Seit sechs Monaten Zigeunerexistenz auf dem Boot. Er will es auf Vordermann bringen und dann in die Karibik. Ich habe es gesehen, ein kleiner trauriger Kimmkieler, in ähnlichem Zustand wie seine Brille.

Im Pub hinter dem Hügel haben wir ein paar Gläser zusammen getrunken. Wilfred glaubt, wir beide hätten viel gemeinsam, mit unseren kleinen Booten, unseren getrennt lebenden Frauen, unseren Träumen vom Auf- und Ausbrechen. Bei Wilfreds Anblick gruselt's mich ein bißchen: Wie er will ich auf keinen Fall werden. Für mich unterscheidet er sich kaum noch vom Obdachlosen, dessen einzige Sorge es ist, seinen Einkaufswagen zu reparieren. Aber ich habe an Wilfred keine Verzweiflung entdeckt. Er wirkt vollkommen glücklich.

Ich sage ihm herzlich Lebewohl. Daß ich tatsächlich aufbreche, scheint ihn etwas zu wundern. Er bittet mich, ihm eine Postkarte von den Azoren zu schreiben.

Martin und ich umarmen uns, und ich gehe an Bord. Ich setze Groß und Klüver, die Schoten lose lassend, so daß die Segel flattern. Martin wirft Vor- und Achterleine los und schleudert sie ins Boot, während ich auf dem Vordeck stehe und den Klüver backsetze, das heißt sein Schothorn leewärts heraushalte. Der Wind füllt das Segel und drückt die »Toad« von der Pier. Langsam driften die »Toad« und ich vom Land fort. Es ist genau zwölf Uhr mittags.

»Mach, daß du fortkommst«, sage ich zu Martin, der immer noch eine Armeslänge entfernt steht und jetzt Bilder schießt wie ein Paparazzo. »Ich laufe Luftlinie, aber du mußt zur Lunchzeit mitten durch Falmouth. Und ich warte nicht.«

Er rennt zum Auto. Ich halte auf Carrick Roads zu, den breiten Mündungskanal des Fal, der jenseits des Hügels liegt, um den Martin und ich auf dem Weg zum Pub herumgewandert sind.

Weiter draußen halse ich die »Toad«, so daß der Wind achterlich von Steuerbord kommt. Ich stecke den rostfreien Stahlbolzen, der an einer Leine baumelt, in das Gestänge meiner Selbststeueranlage, Marke Eigenbau; dadurch ist die Windfahne an die Trimmklappe am Ruder angeschlossen, und wie durch Zauberei beginnt das Boot selbsttätig Kurs zu halten. Ich gehe nach vorn und genieße wie ein Tourist, wie die »Toad« flußabwärts dem offenen Meer zustrebt.

Um halb eins nähern wir uns Pendennis Point. Martin ist zu sehen, winkend und knipsend. Ich gehe nach achtern, trimme die Fahne neu und halte näher heran. Als wir Martin passieren, fängt er an zu brüllen: »Warte! Verdammt!« Hektisch wühlt er in einer Tasche. »Ich muß einen neuen Film einlegen!« Er hat zu rasch geschossen, und jetzt, wo wir wie auf dem Präsentierteller vorbeigleiten, ist die Kamera leer.

»Idiot!« rufe ich zurück. »Ich kann doch nicht anhalten!« Ich habe guten Wind, nicht stark, aber achterlich und schön ablandig, und werde jeden Hauch nutzen. Auch die Tide läuft günstig für mich, und rasch fällt Martin zurück, auf den Felsen kniend, an der Kamera hantierend, und seine Rufe – »Verdammt! Miiiiiiiist!« – verklingen zusehends. Ich winke. Er bleibt dort, solange ich ihn sehen kann, und verschwimmt zum Pünktchen vor der Kulisse von Falmouth. Ich weiß genau, wie ihm zumute ist. Bis die Augen schmerzen, wird er der »Toad« nachschauen, wie sie, schrumpfend zum tanzenden Kork mit einem Stöckchen darauf, hinausstrebt auf die See.

Wir passieren Black Rock in der Mitte der Hafeneinfahrt, und ich denke an den Segler und Bergsteiger H. W. »Bill« Tilman, der am 6. Juli 1955 mit seinem Kutter »Mischief« auf Fahrt zur Magellanstraße genau hier in eine Flaute geriet:

Wir passierten Black Rock, und für die Gefühle, die man für gewöhnlich empfindet, wenn man von Deck eines kleinen, zu großer Fahrt auslaufenden Schiffes auf sein zurückweichendes Heimatgestade blickt, blieb kaum Zeit, denn schon war die Küstenlinie nicht mehr zu sehen. Der bis dahin ohnehin schon leichte Wind hatte sich nun völlig gelegt, und zwei Stunden lang dümpelten wir vor dem Kap von St. Anthony und bekamen seine reizlose Silhouette aus vielen Blickwinkeln zu sehen.

Tilmans wunderbares, trockenes Buch ›Mischief in Patagonia‹ steht in meiner Bordbibliothek neben den Hiscocks und zahlreichen weiteren Fahrtenseglerchroniken. Diese Bücher sind für mich die besten Reisegefährten. Kreuzt der eigene Kurs manchmal das Kielwasser eines darin beschriebenen Törns, so scheint der Autor geradezu an Bord zu kommen. Man reiht sich ein in die Phalanx derer, die hier schon vorher gesegelt sind.

Ich brauche mir das reizlose Kap von St. Anthony nicht aus so vielen Blickwinkeln anzuschauen wie Tilman. Es liegt schon weit draußen vor Falmouth und fällt rasch zurück, während ich nun auf die Leuchttonne bei einer Felsgruppe namens The Manacles zusteuere, sechs Meilen voraus, und weiter zum Lizard Point, fünfzehn Meilen entfernt.

Ich bringe das Schlepplog außenbords – meinen nautischen Meilenzähler: ein kleiner torpedoförmiger Propeller an einem Tampen, der zu einer Loguhr am Spiegel des Bootes führt –, tausche die Fock gegen eine Genua und mache mir ein Sandwich mit Erdnußmus und Marmelade. Ich habe den Fehler gemacht, das Nußmus dort zu kaufen, wo ich meinen Bohnenvorrat für die Reise gekauft habe, in »Neal's Yard«, diesem schicken und untadelig ganzheitlichen Naturkostladen in London. Wie jedes »gesunde« Erdnußmus hat es die Konsistenz halbabgebundenen Mörtels, obenauf schwimmt abgeschiedenes Öl, und man muß minutenlang kraftvoll und löffelbiegend rühren, bis es sich streichen läßt. Wie ich da im Cockpit sitze, bei schönem Wetter mein Sandwich esse und die englische Küste ruhig vorüberziehen sehe, merke ich, daß meine Angst und Beklommenheit abgeebbt sind zu einem schwachen Pulsieren irgendwo tief drinnen, mit dem ich leben kann, und im Augenblick bedauere ich nur, daß ich keine billige Erdnußbutter aus dem Supermarkt gekauft habe.

Um 16.00 Uhr ist Lizard Light, wo Martin und ich vor zwei Tagen Tourist gespielt haben, in Sicht, zweieinhalb Meilen nordwestlich. Ich werfe einen Blick durchs Fernglas. Ohne Martin wäre ich dort nicht hingefahren, hätte nicht in der Hafenkneipe von Marazion Tee getrunken und nicht im Pub Billard gespielt. Ich wäre in Mylor geblieben, die Hosen voll, einsam, und hätte am Boot gearbeitet, bis es Zeit gewesen wäre zu starten, und wäre dann gestartet, und lediglich Wilfred hätte mir nachgewunken. Martin fehlt mir jetzt.

Nachdem wir die Lizard-Halbinsel gerundet haben, rückt der lange Bogen der Mount's Bay – mit Praa Sands und Lamorna Cove – langsam ins Blickfeld; in der Ferne Land's End, die Spitze von Cornwalls westlicher Hummerschere.

Am Spätnachmittag werden leichte und umlaufende Winde in den Seegebieten Plymouth und Sole vorhergesagt. Am frühen Abend wendet sich die Tide gegen uns, und gemächlich entfernen wir uns von der Küste, die im Norden ganz langsam in der Dämmerung versinkt.

2130. Hübsche Fahrt, um 3,5 Knoten. Die Leuchttürme von Wolf Rock, Lizard und Land's End sind alle in Sicht und blinken, obwohl es noch nicht dunkel ist.

2200. Wind nach Nordosten ausgeschossen, kommt uns sehr entgegen. Klüver runter, Groß und Genua entgegengesetzt ausgebaumt, Schmetterlingssegeln.

2330. Fast windstill. Sterne leuchten jetzt. Wunderschöne Nacht, und ich bin dankbar, daß sie friedlich und ruhig ist.

16. Juni

Um Mitternacht beginnt mein Seglertag. Ich blättere mein Logbuch auf und schreibe auf eine neue rechte Seite: »16. Juni. 2. Tag.« Die rechte Seite bleibt jeweils meinen Randbemerkungen vorbehalten, die, je nach Reisebedingungen und Gemütszustand, sachliche Kommentare, geschwätzige Tiraden oder knappe, fast unleserliche, salzfleckig hingekritzelte Navigationsangaben sein können. Die linke Seite unterteile ich in sechs Spalten, betitelt »Zeit«, »Kurs«, »Wind«, »Stärke«, »Log«, »Barometer«. Jetzt um Mitternacht trage ich ein: »0000, 270, NO, 1–2, 35, 1041«.

Laut der 0015-Vorhersage hat sich westlich von Irland ein ortsfestes Hoch eingenistet. Die Winde in den Seegebieten Plymouth und Sole sollen sich nördlich einpendeln und dann umlaufen, Stärke drei bis vier oder weniger. Der Wind rotiert im Uhrzeigersinn um das Hoch, wodurch das vorherrschende Westwindmuster unterbrochen ist, bei dem ich in mühsamen Kreuzschlägen gegen die See hätte anrennen müssen und nur langsam vorangekommen wäre. Ich schlüpfe auf der Ostseite des Hochs unter Idealbedingungen nach Südwest davon; die leichten Nordwinde werden allmählich auf Ost drehen, je weiter westlich ich komme – vorausgesetzt, das Hoch bleibt an Ort und Stelle. Ich hoffe es.

Allmählich fallen mir die Augen zu. Um 0130 stelle ich den Wecker auf 0145 und lege mich in der Kajüte in eine Koje. Zehn Minuten später bin ich immer noch wach und zu angespannt, um auf den Weckton zu warten. Ich stehe auf und klettere halb den Niedergang hoch und schaue mich um. Die Windfahne hält die »Toad« auf Kurs. Die Leuchtfeuer blinken. Keine Schiffslichter zu sehen, obwohl wir uns hart am Verkehrstrennungsgebiet befinden, das die ein- und auslaufenden Verkehrsströme des Kanals auseinanderhält. Jede Menge Fahrzeuge – Fischkutter, Yachten, Unterseeboote – könnten sich in meiner Nähe befinden (auf meiner Karte für Cornwall und die Scilly-Inseln ist vermerkt: »In diesem Gebiet verkehren häufig U-Boote im Rahmen von Militärübungen, sowohl auf Über- als auch auf Unterwasserfahrt. Es ist sorgfältig Ausguck nach ihnen zu halten.«), aber ich sehe keine Lichter.

Ich gehe nach unten, stelle den Wecker fünfzehn Minuten weiter und lege mich wieder hin. Zwar entspanne ich mich, schlafe aber trotzdem wieder nicht ein und kann am Ende das Piepsen nicht abwarten, das mich zum Aufstehen und Ausschauhalten ruft.

Beim dritten Mal holt mich alles ein: Tage der Anspannung, das verschobene Auslaufen, die späte Stunde. Zum ersten Mal schaffe ich es, allein auf See fest einzuschlafen.

Punkt 5 der internationalen Kollisionsverhütungsregeln (KVR) fordert: »Jedes Fahrzeug muß jederzeit durch Sehen und Hören sowie durch jedes andere verfügbare Mittel, das den gegebenen Umständen und Bedingungen entspricht, gehörigen Ausguck halten, der einen vollständigen Überblick über die Lage und die Möglichkeit eines Zusammenstoßes gibt.«

Eine Forderung, die der Einhandsegler nicht erfüllen kann. Nach ein, zwei Tagen auf See übermannt ihn die Müdigkeit, er muß schlafen, und das Boot – durch irgendeine Selbststeueranlage hoffentlich auf Kurs gehalten – wird weiterlaufen, illegal und blind. Trotz der großen Aufmerksamkeit, mit der die Öffentlichkeit die Einhandreisen und -regatten seit geraumer Zeit verfolgt, hat bisher noch kein Seeamt einem Einhandsegler wegen Verstoßes gegen KVR Punkt 5 ein Strafmandat präsentiert oder ihn in Handschellen abgeführt. Die Unmöglichkeit, zu allen Zeiten Wache zu halten, ist ein lebensbedrohendes Risiko, mit dem der Einhänder irgendwie zu Rande kommen muß.

Treibgut und Abfall aller Art schaukeln auf den Meeren, durchweicht, halb untergetaucht, erkennbar meist erst, wenn es für Ausweichmanöver schon zu spät ist: schwere Baumstämme, Öltonnen und – besonders heimtückisch für Yachten – Container, die von Containerschiffen gefallen sind. Man hört Gerüchte über Container und liest solche Gerüchte in der Yachtpresse. Ein Container ist ein treibendes Riff, das fast jeder Yacht den Todesstoß versetzen kann. Fest verschlossen und randvoll mit Sofas, Antiquitäten, Post, Lebensmitteln, Fahrrädern oder Computern, kann ein Container tage-, ja wochenlang schwimmfähig bleiben. Eine ganze Reihe von Yachten ist in den letzten Jahren nach Zusammenstoß mit »unbekannten Objekten« leckgeschlagen und gesunken. Vielleicht waren's Container. Ein paar Yachten sind durch Wale versenkt worden, und diese Unglücksfälle sind gut dokumentiert durch die Überlebenden, die typischerweise Wochen auf Gummiflößen verbracht haben und dann in Yachtzeitschriften Reklame für Patent-Frischwasserbereiter machen. Und immer noch, wenn auch selten, verschwinden einzelne Yachten spurlos, bleiben mit Mann und Maus verschollen. Jedoch ist die Zahl der Versenkungen, sei es durch Wale oder unbekannte Objekte, nach wie vor verschwindend gering, gemessen an den Abertausenden von Booten, die einhand oder mit Crew über die Weltmeere kreuzen. Nicht selten nehmen solche Kollisionen auch einen gnädigen Verlauf, nämlich wenn sie stumpfwinklig erfolgen. Man prallt mit lautem Knall auf irgend etwas und segelt, wie eine Billardkugel von der Bande abgelenkt, erschrocken weiter, ohne zu wissen, was es war, und ohne großen Schaden am Boot.

Ich glaube, das größte Risiko für einen Einhandsegler besteht darin, von einem Schiff überlaufen zu werden.

Bis vor rund dreißig Jahren hielt sich der Seeverkehr zumeist an feststehende und bekannte Routen, sogenannte Dampfertracks, die die günstigste Kombination von Wetter, Seeverhältnissen und Entfernung boten. Das Seehandbuch ›Ocean Passages of the World‹ der britischen Admiralität, das diese bevorzugten Routen für hoch- und niedrigmotorisierte Fahrzeuge wie auch für Segelschiffe aufführt, enthält immer noch eine Karte dieser Tracks. Frühe Einhandsegler – und die übermüdeten kleinen Crews anderer kleiner Boote – konnten diesen ozeanischen Autobahnen aus dem Wege gehen oder wußten, wenn sie sie kreuzten oder sich ihnen näherten, was ihnen blühte, und konnten ein paar Tage wach bleiben oder sich mit Kurzschlaf begnügen. Danach, außer Gefahr, konnten sie wieder stundenlang schlafen und taten das auch.

Dann begannen Schiffe, aus den Tracks herauszuvagabundieren. Immer stärker motorisiert, konnten sie ihre Ziele direkter ansteuern, auch gegen vorherrschende Winde und Strömungen. Sie bekamen täglich Wetterfaxe und Funkmeldungen der Küstenstationen über Optimalkurse um die Schlechtwettergebiete herum. Bald waren sie überall auf den Meeren zu finden, und bald konnte ein Einhandsegler überall von einem Schiff gerammt werden.

Früher durfte der Einhandsegler hoffen, daß ein sich näherndes Schiff ihn sah und den Kurs änderte – wozu es rechtlich verpflichtet ist: Nach KVR müssen Maschinenfahrzeuge Segelbooten ausweichen. In Eric Hiscocks frühen Büchern, die von Reisen in den dreißiger, vierziger und fünfziger Jahren erzählen, hingen er und Susan eine Kerosinlaterne ins Cockpit und gingen getrost schlafen, im Vertrauen darauf, daß jedes entgegenkommende Schiff einen Ausguck am Bug hatte, der ins Finstere spähte, das Lämpchen sah und der Brücke ein Signal zum Kurswechsel gab. Diese glücklichen Tage – als Schiffe nicht nur gut bemannt, sondern auch schön waren und Orangenschalen die einzige Umweltverschmutzung, auf die man eventuell beim Segeln stieß – sind leider vorbei. Radikale Personaleinsparungen auf den großen durchtechnisierten Schiffen haben die Schutzengel am Bug fast aussterben lassen. Ein Riesentanker hat unter Umständen weniger als zwanzig Mann Besatzung, und von diesen hat jeweils ein Drittel gerade Freiwache, liegt im Bett oder schaut sich im Mannschaftsraum die neuesten Rambo-Videos an. Einige wenige Reedereien haben den Ausguck beibehalten und postieren immer noch einen Mann, der Sprechfunkkontakt zur Brücke hat, an den Bug. Andere Schiffe – besonders jene unter den sogenannten Billigflaggen – haben weniger Skrupel. Da hält (meist) allein das Radar Ausguck, und was darauf nicht erscheint, hat Pech gehabt. Eine Yacht, speziell eine Holzyacht, gibt kein gutes Radarbild. Sie ist klein, und ihr Radarecho kann im »Seeflirren« untergehen – auf dem Bildschirm sieht sie dann vielleicht aus wie eine Welle. Und häufig ist das Radar auch noch ausgeschaltet, wie ich oft feststellen mußte, wenn ich ein Schiff per Funk anrief und fragte, welches Radarbild mein Boot abgebe.

Die Brücke eines Großtankers liegt mehrere hundert Meter vom Bug entfernt und bis zu fünfzig Meter über dem Wasser – sie bietet einen Blick wie aus einer Hochhaus-Ferienwohnung am Strand von Miami über die Floridastraße. Die dicken Brummer sind von dort aus wohl zu erkennen, aber so ein kleines Segelboot kann man schon mal übersehen. Nachts sind die Positionslaternen eines Segelbootes, dicht über dem Wasser, kaum weiter als eine halbe Meile sichtbar. Auch bei aufmerksamem Ausguck bleiben nur wenige Minuten bis zum fast unausweichlichen Zusammenstoß. Und selbst wenn sofort gehandelt wird: Großschiffe reagieren träge und schwerfällig.

So bleibt dem wendigen Segler die Ausweicharbeit überlassen. Zunächst muß er das andere Schiff sehen, dann dessen Kurs abschätzen, dann den eigenen Kurs gegebenenfalls so ändern, daß ein Zusammenstoß vermieden wird, und diese ganzen Manöver bei vielleicht nur vier

Knoten Eigenfahrt. Wer keinen Motor hat, kann nur inbrünstig auf Wind hoffen.

Dann gilt es die Krümmung der Erdoberfläche zu berücksichtigen. Auf See merkt man schnell, wie ausgeprägt sie ist. Auf einer kleinen Yacht hat man einen Gesichtskreis von ganzen drei Meilen. Jenseits dieses Kreises ist der Rumpf eines Schiffes schon scheinbar im Meer versunken, nur die Aufbauten sind noch sichtbar. In acht Meilen (gut vierzehn Kilometer) Distanz sieht man vom Schiff überhaupt nichts mehr. Dunst, Wolken, Regen, Nebel oder eine hohe Dünung an einem sonnigen Tag können diese Entfernung bis fast auf Null schrumpfen lassen. Ein achtzehn Knoten laufendes Motorschiff (durchschnittliche Reisegeschwindigkeit eines Containerschiffes; viele laufen schneller), von dem noch nichts zu sehen ist, wenn man an Deck geht und sich kurz umschaut, kann in zwanzig Minuten, oder weniger, über die Kimm heraufdampfen und einen überrennen.

Im letzten Winter habe ich John S. Letchers Buch ›Self Steering for Sailing Craft‹ gekauft und gelesen und einige Verbesserungen an der Windfahne der »Toad« vorgenommen. Letcher, Doktor der Aeronautik und angewandten Mathematik am California Institute of Technology, der in kleinen, selbstgebauten motorlosen Booten 25 000 Meilen gesegelt ist, im Atlantik wie im Pazifik, schreibt in seinem Buch über die Kollisionsgefahr:

Zur quantitativen Abschätzung der Risiken durch Handelsschiffe auf einem Törn muß man zunächst herausfinden, wie viele Schiffe den geplanten Kurs während der voraussichtlichen Reisezeit wahrscheinlich kreuzen werden. Diese Zahlen sind bei Hafenbehörden erhältlich und sind kompiliert in der Veröffentlichung FT975 des Statistischen Bundesamtes der USA, ›Vessel Entrances and Clearances‹, sowie im ›Lloyd's Register of Shipping, Statistical Tables‹.

Betrachten wir zunächst nur ein einziges dieser Schiffe. Um unser Boot zu berühren, muß es uns vorlich oder achterlich (von mittschiffs gerechnet) mindestens fünfzig Fuß nahekommen; also ist lediglich ein hundert Fuß langer Streifen unseres Fahrtweges durch das Schiff gefährdet. Kreuzt das Schiff an einer x-beliebigen Stelle [das heißt nicht auf einem Schiffahrtstrack], dann liegt die Wahrscheinlichkeit, daß man sich ebenfalls gerade dort befindet, bei lediglich hundert Fuß, dividiert durch die Länge des Törns. Multipliziert mit der Gesamtzahl der kreuzenden Schiffe, ergibt sich die Kollisionswahrscheinlichkeit für den Fall, daß keine beteiligte Partei Ausguck hält.

Beispiel: Für einen Törn von Hawaii bis Alaska (2500 Meilen) veranschlagte ich dreißig Tage und errechnete einen Schnitt von fünf aus Westküstenhäfen nach Fernost auslaufenden Schiffen pro Tag. Das macht hundertfünfzig Schiffe, die meine Route kreuzten. Die Kollisionswahrscheinlichkeit beträgt

(150 × 100 Fuß) : (2500 Meilen × 6080 Fuß / Meilen) = 1 zu 1012

Sie läßt sich durch Vorsichtsmaßregeln beider Parteien natürlich noch erheblich verringern. Aber selbst wenn man vom ungünstigsten Fall ausgeht, bedeutet dies, daß ich durch diese Gewässer blind hin- und hersegeln kann und nur bei jeder tausendsten Reise mit einer Kollision rechnen muß – nach über achtzig Jahren ununterbrochenen Segelns.

Diese Berechnungen stillten zunächst alle Kollisionsängste, die Letcher hatte, und befähigten ihn, ganze Nächte in der Koje zu verbringen:

Ich genoß es in vollen Zügen aufzuwachen ..., einen Augenblick der vertrauten Symphonie der Spieren, des Riggs und der Segel sowie des vorbeirauschenden Wassers zu lauschen und dann wieder zurückzusinken in den Schlaf.

Auf der Rückreise von Alaska nach Kalifornien passierte ihm dann 1965 folgendes:

In dieser Nacht sah ich die Lichter vieler Schiffe, eines oder zwei pro Stunde, die uns, etwas küstennäher als wir, passierten. Wir fuhren Doppelfock, doch um Mitternacht hatte sich der Wind fast vollständig gelegt, und wir machten fast keine Fahrt mehr, entsprechend schlecht war die Manövrierfähigkeit. Ein Schiff auf Nordkurs schien auf der Seeseite an uns vorbeizuwollen, jedoch sehr nahe. Ich nahm an, daß es meine Lichter sah, und war ein bißchen verärgert, daß es so nah auf Tuchfühlung ging. Als seine Lichter näherkamen und das gedämpfte Singen der Turbine und das Rauschen der Bugwelle übers Wasser herandrangen, schaltete ich meinen Scheinwerfer ein und richtete ihn auf das Schiff. Nur, um ihm meinen Ärger kundzutun. Zu meinem Entsetzen drehte das Schiff und kam direkt auf mich zu! Weiß über weiß, rot neben grün, die Lichtergruppe näherte sich mit schreckenerregendem, von Sekunde zu Sekunde anschwellendem Grummeln, und es blieb nicht die leiseste Chance auszuweichen. Als der fahle Bug aus der Dunkelheit tauchte, stürzte ich den Niedergang hinunter. Ein Stoß, begleitet von reißendem Krachen, erschütterte das Boot. Einige schreckliche Sekunden lang zog der Schiffsrumpf vorbei, alles vibrierte ... Man hatte uns überhaupt nicht bemerkt ... Es stellte sich heraus, daß sich unsere Rümpfe nicht berührt hatten … Die Bugwelle hatte »Island Girl« zur Seite gespült, aber ihr Rigg war gegen die Schiffswand gerollt. Der Mast war an drei Stellen gebrochen, Vorstag, Fockstag und Bugspriet waren entzwei; das Vorstag hatte Deck und Balkweger nach oben gerissen, so daß der Schergang lange Risse zeigte bis fast zu den Püttings. Ich kam mit dem Leben davon und schätzte mich glücklich.

1969 kehrte Letcher, diesmal mit seiner Frau Pati an Bord, wiederum aus Alaska nach Kalifornien zurück. Nördlich von San Francisco, weit abseits der allgemeinen Schiffahrtsrouten …

… erwachte Pati durch Dieseltuckern. Sie blickte hinaus und sah … ein Fischerboot, das uns entzweizuschneiden drohte! Ihr Entsetzensschrei riß mich aus der Koje, wo ich noch im Schlafsack steckte, und als ich das Boot durch das Seitenfenster sah, schrie auch ich. Pati rannte, die Pinne loszubinden und die Großschot zu bedienen, doch ehe sie dazu kam, versetzte uns das Boot achtern von Lee einen grausamen Stoß … Hätte es uns genau mittschiffs erwischt, hätten wir wohl keine Chance gehabt. Wir schlugen Krach, ließen das Horn heulen und brüllten, bis das Boot eine Meile weg war, aber es fuhr unbeirrt weiter, offenbar auf Selbststeuerung, und wir sahen die ganze Zeit über keine Menschenseele an Bord.

Um derlei zu verhüten, schläft der Einhandsegler immer nur kurze Zeitspannen. Alle fünfzehn, zwanzig, dreißig Minuten muß er sich wecken lassen und draußen Umschau halten – eine feste Regel gibt es nicht, jeder hat hier seinen eigenen Rhythmus. Ich habe Leute kennengelernt, die zwischen den Ausgucken eine Stunde schliefen. Oder mehr. Man schläft so lange, wie man sich traut, je nach Naturell. Man läßt sich Wahrscheinlichkeitsziffern, wie Letcher sie errechnete, durch Kopf und Bauch gehen. Wie viele andere auch, tröste ich mich damit, es sei eigentlich undenkbar und müßte schon ein teuflischer Zufall sein, käme ein Schiff, ungesehen beim letzten Blick nach draußen, über die Kimm und hielte ausgerechnet auf mich winziges Pünktchen mitten im Ozean zu. Nachdem man aber ein paarmal den Kurs geändert hat, um bedrohlich näherkommenden Schiffen vom Leibe zu bleiben, bekommt man ein Gespür dafür, daß solche teuflischen Zufälle tatsächlich eintreffen können.

Nachts, als J. und ich zusammen segelten, war immer einer von uns »auf Wache«. Auf der »Toad« mit ihrer Windfahne, die den größten

Teil der Steuerarbeit tat, hieß das meist: gemütlich unten sitzen, lesen, schreiben, kochen, Rundfunk hören und alle Viertelstunde mal den Kopf aus dem Cockpit strecken und sich umschauen. Der andere schlief dann jeweils. Je nach Wetter- und Gefühlslage dauerten unsere Wachen normalerweise vier Stunden. Dann weckten wir den anderen. Genug Schlaf zu bekommen war selten ein Problem gewesen.

Nun, als Einzelgänger, habe ich beschlossen, daß ich, während ich zwischen England und der US-Küste auf See bin, nicht länger als dreißig Minuten am Stück schlafen darf. Hier, in Landnähe und nahe an den Schiffahrtsrouten, erlaube ich mir lediglich fünfzehn Minuten. In diesem Rhythmus habe ich noch nie geschlafen, aber wenn andere Einhandsegler das geschafft haben, schaffe ich es auch.

Für diese Reise habe ich einen neuen Wecker erstanden. Bei der Auswahl bin ich ziemlich sorgfältig vorgegangen. Es ist ein Casio, betrieben mit zwei AA-Batterien. Er ist klein, weiß, leicht in den Bücherregalen über den Kojen festzuklemmen, hat aber eine große, gut zu lesende Digitalanzeige. Er läßt sich problemlos stellen, mit relativ großen Stunden- und Minutenknöpfen, die auch mit schmerzenden, halb erfrorenen oder ungeschickten Fingern gedrückt werden können. Der Weckton ist schrill und wird ganz hektisch, wenn man ihn nicht rasch abstellt.

Er weckt mich prompt um 0215. Ich merke, daß ich eingeschlafen bin, stürze nach oben und blicke mich um. Lichter sind zu sehen, aber weit im Süden: ein Schiff auf Ostkurs, Richtung Kanal, brav in seinem Fahrwasser im Verkehrstrennungsgebiet. (An Stellen mit sehr dichtem Verkehr in Küstennähe hat man solche »Schiffsautobahnen« eingerichtet: Auf zwei gebündelten Einbahnrouten, getrennt durch einen Mittelstreifen, laufen die Schiffe im Richtungsverkehr. Anders als auf hoher See, halten sich Schiffe hier streng an ihre »Fahrspur«. An der Engstelle des Kanals bei Dover, wo kaum zehn Meilen Wasser England und Frankreich trennen, wird der Verkehr kontrolliert wie auf Flughäfen, von Lotsen, deren Auge an Radarschirmen klebt.) Davon abgesehen ist das Wasser um mich leer – soweit ich sehe. Bishop Rock am Südende der Scillies, das alle fünfzehn Sekunden zweimal blinkt, ist zu sehen, leicht steuerbord voraus, genau dort, wo es sein sollte. Ich gehe nach unten, stelle den Wecker, und schon schlafe ich wieder.

Die ganze Nacht nun diese Prozedur, fünfzehn Minuten Schlaf, Wecken, Ausguck, anschließend rasches Einschlafen nach zwei, drei Minuten. Um 0800 fühle ich mich frisch und munter. Ich mache Toast und Kaffee und frühstücke im Cockpit sitzend, die Scilly-Inseln vor Augen, klein, rund, grün und einladend, sechs Meilen nördlich.

Schon einmal bin ich in einer Yacht zu den Scillies gereist. Anfang Zwanzig kochte ich mit einem Kumpel, Bill, einen Plan aus. Wir wollten ein Segelboot kaufen, nach Marokko schippern, es mit Haschisch füllen und über den Atlantik nach Amerika fahren. Bill hatte schon etwas Segelerfahrung; er dachte sogar, er könne navigieren. Ich hatte mit neun Jahren den Atlantik mit dem Cunard-Liner »Caronia« überquert und ein paarmal auf der Kanalfähre Seewind geschnuppert. Wir beschwatzten einen Freund meiner Mutter, uns das nötige Geld zur Verfügung zu stellen, und versprachen ihm in Gegenzug, ihn mit einem Drittel zu beteiligen. In Swansea, Wales, erstanden wir einen hölzernen Schoner, die »Mary Nell«, verproviantierten uns ein bißchen, und los ging's.

Im März segelten wir hinaus in den Bristolkanal. Hier hörte ich meinen ersten BBC-Seewetterbericht: Er war nicht gut. Ein »kräftiges Tief« überholte uns. Die See wurde alpin, die Luft arktisch. Der Wind trieb uns vom Kurs ab. Bill entdeckte, daß er ohne Blickkontakt zum Land kaum noch unsere Position bestimmen konnte. Ich lernte kennen, was ein medizinisches Seglerhandbuch, das wir an Bord hatten, als »drittes und letztes Stadium der Seekrankheit, dem Tode vorausgehend« beschrieb. Nachdem ich meinen gesamten Mageninhalt von mir gegeben hatte, war mir immer noch speiübel. Ich konnte nichts essen, nichts trinken, kein Glied mehr rühren. Alles, was ich noch konnte (und zur Genüge tat), war, Bill anzuschreien, er möge uns endlich an Land bringen. Nach drei Tagen und Nächten in dieser Hölle setzte Bill endlich einen Notruf ab. Eine Stunde später tauchte aus grauem gischtdurchpeitschtem Dunst ein russischer Trawler auf, kopflastig vor lauter Funkantennen. Ungebeten und ohne Vorrede schossen die Russen raketengetriebene Bootshaken an langen Leinen in die Takelage der »Mary Nell«, wo sie sich erfolgreich festhakten. Dann winschten sie uns zu ihrem Schiff. Dort schmetterte sogleich eine Welle unser Bötchen so unglücklich an ihre Bordwand, daß beide Masten brachen und unser ganzes Rigg als splitteriges Holz- und Drahtgewirr aufs Deck niederkrachte, wie nach einem Granateinschlag.

Der Lärm und der Anblick der schwarzen Wand durchs Seitenfenster über meiner Koje weckten mich aus meinem auswurfsbefleckten Koma. Zu früh gefreut: Ich dachte, Bill hätte uns an Land geschafft, an irgendeine Kaimauer, und steckte den Kopf aus dem Luk und wollte hinüberspringen. Aber da sah ich nur eine Gruppe russische Seemänner, die, aus schwindelerregender Höhe, auf uns herabblickten. Bill schrie etwas von »russischen Schweinehunden« und suchte die Raketenleinen mit dem Messer zu kappen. Alle drei, vier Sekunden hob die Dünung uns fünf Meter und warf unseren Rumpf samt Maststummel gegen die rostige schwarze Bordwand des Trawlers. Ich war fassungslos und furchtbar enttäuscht und ging wieder nach unten.

Irgendwann in dieser Nacht schleppte uns das Rettungsboot der Insel St. Mary's nach Hugh Town, auf ebenjener Scilly-Insel, von deren geographischer Lage ich damals keinerlei Vorstellung hatte. Ich wurde aus dem ruinierten Schoner gehoben und ins Krankenhaus gebracht.

In den nächsten Tagen herrschte zwischen Bill und mir ein, sagen wir, abgekühltes Verhältnis, und wir gingen einander aus dem Weg. Zwischen Aufräumarbeiten auf dem Boot und Ausfüllen von Protokollen für Lloyd's (»wurden von Russen auf hoher See angegriffen«) wanderte ich über das Inselchen St. Mary's, das so grün und englisch aussah, bis man hinabkam an seine karibisch weißen Strände am kristallblauen Meer. Ein Kinderstaunen überkam mich, daß ein Sturm, wie Gulliver, mich hierher verschlagen hatte, an einen Ort, von dem ich noch nie gehört hatte und den ich mir in meinen kühnsten Träumen nicht auszumalen vermocht hätte, einen Ort, wohin kein Mensch fuhr (jedenfalls nicht im März) außer Seglern in kleinen Booten (und offenbar Ex-Premier Harold Wilson zum Urlaubmachen, per Hubschrauber). Die Einheimischen behandelten uns gut, nicht wie Touristen. Sie begegneten uns mit großer Offenheit und luden uns ein, in ihre Häuser zu kommen und an ihrem Leben teilzuhaben.

Die Kajüte des Schoners wurde uns, sobald wir sie aufgeräumt hatten, zum Heim im fremden Hafen. Sie war voll mit unseren persönlichen Sachen, unseren Kleidern und Büchern, Tellern, Tassen und Kissen. Es tat gut, hierher zurückzukommen nach einem Wandertag über die Insel oder nach einem Abend im Pub mit den Einheimischen, wo wir über die Russen schimpften.

Trotz Beinahe-Schiffbruchs und Seekrankheit begann mir leise zu dämmern, daß man auf einem Segelboot durch irgendeine Membran aus der Welt des normalen Reisens hinüberschlüpfen kann in eine Welt, die einem sonst verschlossen bleibt. Das Wie des Hinkommens, die schwierige, ja gefährliche Passage, so ganz anders als der kurze Hüpfer in einem Flugzeug oder auch einer Fähre, ließ das Ziel über-wirklich scharf hervortreten, wie durch glasklare, elektrisch geladene Luft nach einem Sturm. Auch wie die Einheimischen einen sahen, trug dazu bei: als jemanden, der durch eigene Mühe, vielleicht mit einiger Gefahr für Leib und Leben, hierhergelangt ist, mit einem Verkehrs-mittel, das auch abgebrühte Landratten nicht kalt läßt und an Ro-mantik und Abenteuer denken läßt. Das schätzten die Leute und schlossen uns daher ins Herz.

»Wir von den kleinen Schiffen hören und sehen bei unseren Stipp-visiten Dinge, die dem normalen Reisenden nicht immer anvertraut werden«, schrieb der Autor eines Buches, das ich auf St. Mary's in ei-nem Dorfladen fand. Damals hatte ich von Eric Hiscock noch nichts gehört. Sein Buch ›Around the World in Wanderer III‹ handelt von der ersten Weltumsegelung, die er und Susan 1952 bis 1955 in ihrem höl-zernen 9,20-Meter-Segelboot unternahmen. Menschen verweisen gern auf ein Buch und sagen: »Das hat mein Leben verändert.« Hier trifft es, was mich angeht, hundertprozentig zu. Nicht Hiscocks Schil-derungen palmgesäumter Lagunen schlugen mich in ihren Bann, son-dern die Vision der Geborgenheit, die das Leben auf ihrem kleinen Boot vermittelte:

Vier Tage lagen wir eingeweht [vor Anker vor einem namenlosen Inselchen im Großen Barriereriff vor Australien]. Wir nutzten die Gelegenheit zum Briefeschrei-ben, aber das Klappern der Schreibmaschine übertönte nicht das klagende Heulen des Sturms. Backbord zeichnete sich die niedrige grüne Silhouette der Insel ab, und steuerbord, drei Meilen entfernt und nur gelegentlich durch den Nebel auszuma-chen, stand die kahle, unbewohnte Küste.

Wo immer das war – dort, genau dort wollte ich auch sein, auf dem-selben kleinen Holzboot, mit kardanisch aufgehängten Kerosinlampen, die einen warmen Schimmer über die Holztäfelung gossen, und wollte auf besseres Wetter warten, ehe es weiterging zu neuen Zielen. Jahrelang blieb mir diese Buchpassage im Gedächtnis. Ich las weitere Bücher und erkannte, daß Fahrtensegeln in kleinen Yachten nicht der unkontrollierte Alptraum sein mußte, den Bill und ich erlebt hatten. Ich las, daß auch Eric und Susan seekrank geworden waren, daß aber mit der Zeit eine gewisse Abhärtung dagegen eintrat. Jahre später kauften J. und ich die »Toad«, ein Boot, das der »Wanderer III« sehr ähnlich ist. Gegen Seekrankheit wurde ich zunehmend unempfindlicher. J. las Hiscock und infizierte sich mit demselben Virus, der auch mich befallen hatte, und langsam und mühevoll suchten wir uns hinzutasten zu dem Ort, der uns beiden als Ziel vorschwebte. In einem anderen Buch, ›Wandering Under Sail‹, hatte Hiscock geschrieben:

Mit jedem Mal, das ich auf den Scillies bin, frage ich mich eindringlicher, warum es mich überhaupt noch irgendwo anders hinzieht, und sollte ich je eine Yacht besitzen, groß genug, daß sie auf Deck ein gutes Segeldingi tragen kann, dann bleibe ich sicherlich für immer hier.

Dies schrieb er 1936 oder 1937, und obwohl er später eine Reihe größerer Yachten hatte, kehrte er nie auf die Scilly-Inseln zurück. Auch ich meide nun die Scillies, den traumhaft schönen Ort meiner schrecklichen Initiation als Segler, aus ähnlichen Gründen: Eric war vom Fernweh übermannt, und mächtig lockten die fremden Horizonte.[*]

Gegen Mittag versinken die Scillys in unserem Rücken. Wir laufen langsam, bei leichtem achterlichem Ostwind.

---

[*] *Nachtrag* zu unserer Karriere als Rauschgiftschmuggler: Unser Investor steckte zu tief drin, um auszusteigen, und ließ das Boot reparieren. Bill und ich schipperten weiter nach Marokko. Wir navigierten, indem wir jeden Hafen anliefen und fragten: »Où sommes-nous?« Wir kauften das Hasch und stopften es an Bord in die leeren Wassertanks. Aber wir hatten uns auseinandergelebt und fürchteten schließlich, einer werde den anderen irgendwo auf dem Atlantik über Bord stoßen. Ich stieg aus. Bill und zwei weitere Crewmitglieder segelten über den Atlantik, wozu sie länger als Kolumbus brauchten und sich ihrer Position noch unsicherer waren als dieser. Am Ende des langen Törns erreichten sie Florida, das Dope wurde prompt verkauft, der Investor bekam seinen Einsatz wieder heraus und konnte sich mit Bill 4 000 Dollar Profit teilen.

Um 1400 sitze ich in der Kajüte und lese, als mich ein wütendes Röhren, lauter als alles, was ich je gehört habe, blitzschnell auf Deck treibt. Ein Jet rast im Tiefflug über uns hinweg, scheinbar in Masthöhe. Ich glaube regelrecht seinen Luftzug zu spüren, aber das kann auch die Mischung aus Gehirnschlag und Herzattacke sein, die ich gerade durchlebe. Plötzlich kippt der Jet um neunzig Grad auf eine Flügelspitze und entschwindet in weiter Kurve. Als ich wieder zu mir komme, nach etwa einer Minute, merke ich, daß mein erster Gedanke gewesen ist: Jetzt wirst du überlaufen.

Später überholt uns ein Containerschiff, die »American Legend«. Ich rufe es über Funk an, sage, ich sei die kleine Yacht drei bis vier Meilen querab an Steuerbord, und erkundige mich, welches Radarbild ich abgebe. Bob Damrell, der wachhabende Offizier, antwortet. Er sagt, die »Toad« gebe aus 3,8 Meilen Distanz ein brauchbares, aber nicht gerade überwältigendes Radarbild. Er fragt mich nach meinem Reiseziel. Als ich sage, Camden, Maine, erzählt er mir, er sei aus Boothbay. Ein paar Minuten fachsimpeln wir über Segelboote. Er hat Yachten zu den Jungferninseln überführt und hat auf St. John etwas Land. Ich erzähle, ich hätte die »Toad« vor sieben Jahren auf St. Thomas gekauft und hätte meine drei Jahre auf den Virgin Islands zum größten Teil vor Anker vor St. John verbracht. Wir reden über Leute, die wir dort kennen, und entdecken, daß wir gemeinsame Freunde haben. Bob sagt, er werde im September in Boothbay sein, und ich bitte ihn, nach der »Toad« Ausschau zu halten. Er wünscht mir Glück. Ich nehm's als gutes Omen.

18. Juni

Heute morgen, als ich mit einer Tasse Kaffee wie ein Tourist im Cockpit lümmele, sehe ich eine Herde Grindwale zweihundert Meter an Steuerbord. Kleine dunkle Wale, aber mindestens doppelt so groß wie die meisten Delphine. Sie schwimmen parallel zu mir und überholen mich langsam und stetig. Regelmäßig tauchen sie zum Luftholen auf, und sie erledigen das Ein- und Ausatmen so diskret, daß ich es selbst über die kurze Distanz nicht hören kann.

Um 0830 bemerke ich eine locker auseinandergezogene Kette Fischerboote voraus auf der Kimm. Eine Stunde später, als ich mich der Kette nähere und zwischen zwei rostigen Trawlern durchsegele, ändern sich die regulären Muster des Meeresantlitzes plötzlich auf subtile Weise. Nicht Fische sind es – meine erste Vermutung, bei all den Walen und Booten ringsum –, sondern das Wasser bewegt sich an einer Stelle, während darum herum alles ruhig ist. Ich gehe zum Bug und betrachte den langsam unter mir durchgleitenden Spiegel. Die See ist hier praktisch glatt, aber ein leise quirlendes Störungsmuster schlängelt sich über die Oberfläche, als laufe unten ein Tidenstrom. Es ist nicht so ausgeprägt wie die kleinen Wellen, die unmerklich unter uns durchhuschen; trotzdem spüre ich, als die »Toad« dieses irreguläre Muster durchpflügt, eine Veränderung in ihrem Laufrhythmus (an den sich mein Körper inzwischen gewöhnt hat). Wir verlieren nicht an Fahrt, aber irgend etwas ist anders.

Ich gehe in die Kajüte und betrachte die Tiefenangaben an unserer jetzigen Position. Wir überqueren den Rand des Kontinentalschelfs. Langsam schweben wir über einen unterseeischen Steilabsturz hinweg. Zweihundert Meter unter der »Toad« knickt der Meeresboden ab in unergründliche Tiefen. Über die Absturzkante fließt das kalte Bodenwasser und stürzt ebenfalls in die Tiefe, wie ein Wasserfall in Zeitlupe. In den hundertundfünfzig Meilen seit Falmouth ist der Kontinentalschelf ganze hundert Meter gefallen. In den nächsten fünfzehn Meilen wird er mehr als 2 000 Meter fallen. Heute nachmittag schon wird die »Toad«, wenn wir unseren sanften Drei- bis Vier-Knoten-Trott nach Südwest fortsetzen, mehr als 4 000 Meter Wasser unter dem Kiel haben.

Normalerweise denke ich, wenn ich auf See bin, nicht an das, was unter dem Boot ist. Mein Interesse gilt der Oberfläche, dem Seegang, dem Wetter. Gehen meine Gedanken einmal »tiefer«, dann eigentlich nur die ersten Meter, zu dem, was dort auf mich warten mag: Haie, Wale, Delphine, eßbare Fische, treibende Hindernisse. Die größeren Tiefen, bis hinab zur Schwärze des Meeresbodens meilenweit unter der »Toad«, sind zu abstrakt. Auf der Haut des Ozeans dahintanzend, kann man nicht mehr als ein paar Faden ins Dunkel hinabschauen, wenn man denn überhaupt einen Blick riskiert. Meist wird man eher mit der Windfahne beschäftigt sein, den Sunblocker suchen, nach

Schiffen Ausschau halten, navigieren, oder man wird lesen, über die Küste von Maine oder über »Beagles« Passage durch Feuerland. Beim Fahrtensegeln denke ich ebensowenig über die grenzenlose Tiefe nach wie beim Autofahren über den unendlichen Weltraum über mir. Ich bin mir dann nur vage des blauen oder bewölkten Himmels bewußt und suche einen Parkplatz. Segelte ich auf einem transparenten Ozean, mit klarem Blick auf die Ebenen und Gebirge und Canyons unter mir (es müßte sich ein Anblick bieten, ungefähr so wie bei einem Flug über den Südwesten der USA), würde ich dem gewiß mehr Beachtung schenken. Der Atem bliebe mir stehen vor Faszination.

Immerhin habe ich ›The Times Atlas and Encyclopaedia of the Sea‹ an Bord, und jetzt, da wir vom Kontinentalschelf fortsegeln, schlage ich ihn auf. Ich finde eine Farbtafel des Kontinentalabhangs, wie er abfällt in die Bathyal-, dann in die Abyssalregion, die echte Tiefsee. Ich betrachte die Bilder des Meeresbodens und des Mittelatlantischen Rückens, auf dem die Azoren – mein nächstes Etappenziel – wie eine Schneekappe aufsitzen. Auf einem Querschnittdiagramm durch das Meer reicht die Wasserfarbe von weißbläulich an der Oberfläche bis zum tiefsten Indigo am Boden. Da ist etwas künstlerische Freiheit im Spiel; am Meeresgrund ist's nämlich pechschwarz.

Die Fische hier wecken meine Neugier. Ich will herausfinden, warum die Fischerboote genau hier am Rand des Kontinentalsockels auf Fang gehen. Der Atlas beantwortet das nicht direkt, aber ich schließe aus mehreren Querschnittdiagrammen, daß die Schelfkante eine Konvergenzzone ist, wo Fische und Organismen aus dem neritischen Bereich (bis zweihundert Meter Tiefe) und dem bathyalen Bereich (zweihundert bis achthundert Meter) zusammenkommen. Der Rand des Schelfs ist ein überreich gedeckter Tisch, wohin alle strömen, um die anderen zu fressen. Aus demselben Grund kommen die Trawler und die Wale.

Der Atlas ist eine wunderbare Bereicherung meiner Bordbibliothek. Er verwandelt die bedrohliche und ergründlich geheimnisvolle See in einen feingliedrigen, herrlich gebauten Organismus. Er hilft einem – wenn man Augen dafür hat –, die göttliche Schöpfung zu erkennen.

Wenn man die See so sieht, verflüchtigt sich sofort die törichte Vorstellung, sie könne bösartig sein. Auch im schlimmsten Wetter habe ich nie das Gefühl gehabt, daß die See mir »übel wollte« oder mich überhaupt zur Kenntnis nahm. Wie Wasser im Glas ist der Ozean absolut unpersönlich. Er macht keinen Unterschied zwischen dir und deinem Traumschiff, beladen mit deinen Fotoalben und all deinen Hoffnungen, und der windgetriebenen Larve einer Eintagsfliege, einer Entenmuschel oder einem Kaffeebecher aus Styropor. Du bist einfach da. Die See verhält sich nach ihren Urgesetzen. Du paßt dich ihr an, so gut du kannst, mit deinen Wettervorhersagen, deinem Wecker, deinem Sextanten und Chronometer und dem übrigen Inhalt deiner Trickkiste.

Die Scilly-Inseln waren das letzte Stück Land, das ich gesehen habe; seither navigiere ich nach der sogenannten Koppelmethode (gegißtes Besteck), einer Hochrechnung, bei der man Kurs, Geschwindigkeit und verstrichene Zeit kombiniert. Mein gegißter Ort paßt zu all der Aktivität hier am Rand des Kontinentalschelfs, und vorerst weiß ich ungefähr, wo ich bin. Aber es ist Zeit, mit der astronomischen Navigation zu beginnen, da ich bis zu den Azoren kein Land mehr sehen werde und keine Möglichkeit mehr habe, meinen Schiffsort anderweitig zu bestimmen.

Mit Hilfe der Sonne, der Sterne, des Sextanten, eines nautischen Jahrbuchs, nautischer Tabellen (ich benutze die amerikanischen Tafeln Nr. 249) und einer Quarzuhr kann ich meine Position auf jedem Ozean der Welt genau bestimmen. Dies erscheint mir heute noch so wunderbar, wie es Captain Cook erschienen sein muß (oder noch wunderbarer, weil ich weniger theoretischen Durchblick habe als er). Für meine 19-Dollar-Quarzuhr hätte Cook wohl den Sandwich-Insulanern, die ihn töteten, seine Mutter zum Fraß vorgeworfen. Bis zum Aufkommen genauer Zeitmesser konnten die Navigatoren die Länge nicht bestimmen und waren auf Mutmaßungen angewiesen (wobei sie oft im dunkeln tappten). Schiffskatastrophen, die unmittelbar auf Navigationsfehler zurückzuführen waren, brachten die britische Regierung 1714 dazu, 20 000 Pfund – damals ein Vermögen, groß genug, um davon zu zehren und es weiterzuvererben – auszusetzen für die Erfindung einer »allgemein einsetzbaren und nützlichen Methode« der Längenbestimmung auf See. Voraussetzung dafür war eine zuverlässige Uhr, die Zeit mit gleichbleibender Genauigkeit maß, in Hitze und Kälte, in Sturm und Salzgischt, so daß sie – am Abfahrtsort eingestellt – immer weiter die genaue Zeit für diesen Ort anzeigte. Der Unterschied zwischen dieser Ortszeit und einer anderen Ortszeit ergibt den Längenunterschied. Die Produktion eines solchen Chronometers machte sich ein Tischler namens John Harrison zum Lebenswerk, ein Meistermechaniker, aber derart schüchtern und wortkarg, daß ihm die Regierung 1765 nur die Hälfte der ausgesetzten Belohnung auszahlte, weil er es nicht vermochte, die Funktion seiner Uhr befriedigend zu erklären oder selbstbewußt die Werbetrommel dafür zu rühren. Und auch die halbierte Belohnung bekam er nur unter der Bedingung, daß er die vier Modelle, die er gebaut hatte und die die Entwicklung seiner Methode zeigten, dem Staat abtrat. Die erste Uhr war so groß wie eine Jukebox und sah mit ihren exotischen Kugeln, Kreiseln und Vielfachzeigern eher wie eine Zeitmaschine aus. Die letzte und kleinste, eine leicht überdimensionierte Taschenuhr, kaum noch größer als eine Grapefruit, wurde von einem Mechaniker namens Larcum Kendall nachgebaut und bewährte und verbreitete sich. 1773 bekam Harrison endlich den Rest seines Geldes, nachdem der König sich persönlich eingeschaltet hatte. Harrisons und Kendalls Uhren und ihre Nachfolgermodelle sind heute im British National Maritime Museum in Greenwich ausgestellt. Oft habe ich davorgestanden und sie bewundert, und immer wieder staune ich, welche Schwierigkeiten die frühen Navigatoren gemeistert und wie gut sie mir, einem schlechten Mathematiker, vorgearbeitet haben, damit ich traumwandlerisch sicher die Ozeane befahren kann.

Was die Theorie der Astronavigation angeht, klaffen bei mir gähnende Wissenslücken. Ich habe mir nur das Nötigste angeeignet, und zwar aus einem Artikel in einer Segelzeitschrift, den ich irgendwo auf hoher See verschlungen habe, im Cockpit der »Toad«, die bange Frage im Herzen, wo ich sei. Dies ist eine wesentlich effektivere Lernsituation als Büffeln zu Hause oder im Klassenzimmer. Der Autor, Stafford Campbell, sagte einleitend, man müsse nicht die Theorie des Verbrennungsmotors kennen, um Auto fahren zu können; daher wolle er nur die praktischen Grundschritte der Navigation beschreiben, ohne Einführung in die Theorie. Das war genau, was ich wollte. Später ergänzte ich diesen Artikel mit dem Büchlein ›Celestial Navigation for Yachtsmen‹ von Mary Blewitt, das eine simple vorkopernikanische

Einführung in diese Seemannskunst bot (in diesem Buch drehen sich die Himmelskörper noch um die Erde). Daraus lernte ich rasch »Sonne« und »Sterne schießen« und mich in wildfremden unmarkierten Wassern zurechtfinden, und nachdem ich das konnte, gab ich mich mit der grauen Theorie nicht mehr ab. Ich navigiere schematisch, schlage Zahlen im Jahrbuch und den Umrechnungstabellen nach, addiere und subtrahiere je nach Notwendigkeit. Das ist weitaus einfacher, als den Rabatt für einen Neuwagen auszurechnen. Die wahre Kunst dagegen besteht darin, an Deck eines tanzenden Bootes gekonnt den Sextanten abzulesen.

Der Sextant ist ein wunderbar durchdachtes, einfaches, altmodisches Gerät – praktisch unverändert seit Cooks Zeiten –, das den Benutzer befähigt, durch ein Okular und Blendgläser die Sonne, den Mond oder ein Gestirn anzupeilen, das Bild durch Drehen des Indexspiegels auf die Kimm herabzuziehen und den Winkel zwischen dem Benutzer, der Kimm und dem Objekt abzulesen. Ein Mittagsbesteck bei ruhigem, schönem Wetter ist ein Kinderspiel, bei düsterem Wetter und rauher See dagegen erweist sich diese Operation als äußerst schwierig. Genaue Messungen unter solchen Umständen und das Schießen von »Schnappschüssen« der Sonne, wenn sie gerade kurz durch die Wolken spitzt und das Boot von einem Wellenkamm gerade so hoch gehoben wird, daß man den wahren Horizont sehen kann, erfordern Übung und Selbstvertrauen. Man sagt, die zweiten tausend Messungen eines Navigators lägen erheblich genauer als die ersten tausend.

Natürlich, ein bißchen Theorie kann nicht schaden. Sie kann einen Tricks lehren, sie hilft Zeit sparen. Auf den Virgin Islands habe ich Ed Boden kennengelernt, der in einem motorlosen Boot, etwas kleiner als die »Toad«, die Welt umsegelt hatte. Vor dem großen Törn war er Raketeningenieur bei den Jet Propulsion Laboratories in Kalifornien gewesen. Er hatte zu dem Team gehört, das die Mercury-Raketen ins All geschickt hatte, Vorstufe des Apollo-Programms und der Mondlandungen. Schon lange bevor ich Navigator wurde, hatte Ed Sterngucker gespielt und kannte die theoretische Seite der Navigation sehr gut. Er zeigte mir, wie man mit ein bißchen Extrapolation aus dem ›Nautischen Jahrbuch‹ auf die Minute genau den Meridiandurchgang der Sonne am örtlichen Mittag vorherberechnen kann. Dadurch kann man das Mittagsbesteck in ein paar Minuten hinter sich bringen, statt zwanzig Minuten lang durchs Okular in den Himmel zu blinzeln und darauf zu warten, daß die Sonne den Zenit endlich überschreitet (nach diesen zwanzig Minuten hat man eine halbe Stunde lang ein Gesicht wie Charles Laughton als Glöckner von Notre Dame). Auch kannte Ed mehr schmutzige Limericks als irgendein anderer Mensch. Jedesmal wenn ich ihn sah – ein grinsender, limerick-sprudelnder Weiser –, erzählte er mindestens vier. Im Gedächtnis geblieben ist mir nur noch ein einziger:

Ein Jüngling aus Valparaiso
Der sagte, mit Sex, ja das sei so:
Weiber – ganz nett,
Auch Knaben im Bett,
Doch das Lama bleibt Numero uno.

Ich glaube, daß meine durch Astronavigation ermittelten Schiffsorte meist auf zwei, drei Meilen genau sind. Bei schwerem Wetter sind die Resultate etwas unpräziser, das muß man dann in Rechnung stellen. Insgesamt: hinreichend genau für ein langsam laufendes Boot.

Das X, das ich heute am örtlichen Mittag in meine Karte eingetragen habe, steht auf 48°19′ nördlicher Breite und 8°40′ westlicher Länge; rund einhundertundfünfzig Meilen von Falmouth, noch gut 1 100 Meilen bis zur Azoreninsel Faial.

19. Juni

0045. Der Wecker schnarrt. Ich gehe an Deck und lasse meine Augen den üblichen 360-Grad-Schwenk machen, ohne ganz wach zu sein. Dies ist mein Zustand zwischen den Schlafschüben: eine Art funktionaler Somnambulismus, eine Stand-by-Bereitschaft, ganz aufzuwachen und Maßnahmen zu ergreifen, wenn nötig. Schlaftrunken sehe ich, wie sich vor dem mondbeschienenen Wasser die Spitze eines Splints an einem Wantenspanner als scharfe Silhouette abzeichnet: Die nahe daran vorbeilaufende Genuaschot könnte daran schamfilen und ausfransen. Das ist im Augenblick nicht der Fall, aber es könnte geschehen. Erst in diesem schläfrigen Zustand mitten in der Nacht ist mir das aufgefallen. Ich hole eine Zange und Isolierband und gehe rund ums Deck und klebe alle Splinte ab, etwas, was ich schon vor dem Auslaufen hatte tun wollen. Jetzt wird es nachgeholt. Zugleich prüfe ich die Spannung der Wanten und Stage, ziehe Splinte heraus, ziehe Wantenspanner an, stecke die Splinte wieder hinein und klebe sie ab. Ein letzter Blick rund um die Kimm, dann gehe ich nach unten, stelle den Wecker und schlafe gleich wieder tief. Es ist, als wäre ich gar nicht richtig wach gewesen.

Meine Gedanken wandern zurück zu den Träumen, aus denen mich alle zwanzig, dreißig Minuten der Wecker reißt. Ich habe den Eindruck, die ganze Nacht zu träumen, in leuchtenden Farben. Ich werde wachgerufen, gehe nach oben und halte Ausguck, hole Schoten dicht oder ziehe Splinte, dann schlafe ich gleich wieder ein und gleite in einen neuen, farbenprächtigen Traum.

Mehrfach habe ich von meinem Vater geträumt, der vor einem Jahr gestorben ist, einen Tag vor seinem einundsechzigsten Geburtstag. Er bekam Prostatakrebs und nahm die Krankheit nicht ernst genug. Der Krebs bildete Metastasen und umwucherte sein Rückgrat, woraufhin von der Hüfte abwärts alles gefühllos wurde und seine Beine nicht mehr gehorchten. Er war stets ein kerngesunder Mann gewesen. Ein Snack bestand für ihn in einem Stück Stangensellerie. Er war ein großartiger Schwimmer, mit durchtrainiertem, sehnigem Sportlerkörper. Unser Verhältnis trübte sich, als er sich von meiner Mutter trennte. Bei der Aufteilung des Vermögens ergriff ich Partei für die – wie ich meinte – gerechte Sache meiner Mutter, und eine Zeitlang wurden wir einander fremd. Später taten wir so, als sei alles vergessen, doch für mich war unser Verhältnis getrübt, bis er starb. Ich versuchte darüber zu sprechen; er wehrte ab und sagte, das sei nicht mehr der Rede wert – doch das stimmte nicht, und so blieb unser Konflikt ungelöst bis zu seinem Tode. Ich wartete auf die Trauer, aber sie ist bis heute nicht gekommen. Sie wartet ihrerseits, bis ihre Zeit gekommen ist. Mein letztes Bild von ihm ist das eines jäh gealterten Mannes, dünn, schwach, gelähmt. In meinen Träumen ist er gesund und lacht und ist jünger, sein ewiges bestes Ich, seine langen Arme ausgebreitet, mich zu umarmen.

Mittagsposition 47°33′ Nord, 13°36′ West. Plus minus ein paar Minuten. Als ich mein X nach diesen Koordinaten auf der Karte eintrage, einer Karte, getüpfelt mit Positionen früherer Reisen, sehe ich, daß fünf Meilen daneben ein anderes X steht, die Mittagsposition der »Toad« vom 19. September, vor neun Monaten, als J. und ich das Boot von Ibiza im Mittelmeer nach Falmouth überführten. Wir waren zu spät aus Spanien aufgebrochen und wurden, als wir uns England näherten, von zwei Äquinoktialstürmen gehörig durchgeschüttelt.

Ich habe das Logbuch dieser Reise bei mir und schlage jetzt darin nach, was uns an jenem Tag passiert ist:

0100: Schiff passiert neun Cables (etwa eine Meile) achteraus – habe es angerufen und gefragt, ob sie uns auf dem Radar sehen; sie sehen uns, und das Bild ist gut. Das Schiff ist auf dem Weg nach Amerika und Mexiko – es wird nur neun Tage brauchen!
0300: Flaute. Donner und Blitz in der Ferne.
1445: Machen endlich etwas Fahrt bei leichtem NW. BBC meldet Tief südlich von uns, ein weiteres nordwestlich von uns, Sturmwarnungen, aber wir laufen in die richtige Richtung. Hohe NW-Dünung, grauer Himmel.

Auf der linken Logbuchseite habe ich die wichtigen Einzelheiten der BBC-Vorhersage notiert:

Sole: umlaufend, 3, wird zum SW 5–7, umspringend auf NW, 8, stürmisch.

Ich blättere weiter zum 20. September. Flotte Fahrt den ganzen Tag, und gegen sieben Uhr abends holte der Sturm uns ein.

20. September, 2030: Wind stark aufgefrischt, Seegang beträchtlich; Groß gerefft bis circa Vorsegelgröße. Barometer fällt.

Um 2200 registriert das Logbuch Windstärke acht bis neun (vierunddreißig bis siebenundvierzig Knoten). Besorgt, unsere alten Segel könnten sich in Fetzen auflösen, holten wir sie komplett ein, und die »Toad« lenzte vor Topp und Takel – das heißt, sie trieb ohne Segel vor dem Wind, dwars zu den Wellen. Luvwärts entsteht dabei ein sogenanntes Querkielwasser, das theoretisch den Seegang ausgleicht und ein Brechen der Wellen in unmittelbarer Bootsnähe verhindert. Das schien zu funktionieren, und J. bemerkte, wir lägen »bequem«.*

Tags darauf, am 21. September, meldete die BBC, dieser Wind sei ein Ausläufer des tropischen Sturms Debbie.

Zwei Tage später, am 23. September, achtundachtzig Meilen vor Falmouth, war wiederum Südwestwind Stärke sieben bis acht angesagt, später »Sturm, Stärke neun«. Kalt war die Nachtluft, der Himmel ungewöhnlich klar. Ich peilte Bishop's Rock, südlich der Scilly-Inseln, sowie Lizard Light an: Wir standen fünfundvierzig Meilen vor Lizard, weit außerhalb der Tragweite seines Lichts (neunundzwanzig Meilen), und dennoch war sein Glimmen deutlich über der Kimm sichtbar und zeigte uns seine Position. Die ganze Nacht nahm der Wind zu, bis auf Sturmstärke und darüber, und drehte nicht wie erwartet auf Nordwest, sondern blieb auf Süd stehen, kam also querein und drohte uns vom Kurs, der südlich an Lizard Point vorbeiführen sollte, abzubrin-

---

* Heute würde ich, auch mit alten und mürben Segeln, nicht mehr vor Topp und Takel lenzen. Ich halte dies nicht mehr für gute Seemannstaktik bei schwerem Wetter. Ich würde statt dessen »beidrehen« beziehungsweise »beiliegen«. Dabei setzt man einen winzigen Fetzen tiefgerefftes Großsegel, vielleicht auch noch die Sturmfock, letztere backgeschotet (zur Luvseite geschotet), und bindet das Ruder in Lee fest. Klingt kompliziert, ist aber einfach auszuführen. Das Boot hält dann den Bug leicht in den Wind gedreht, treibt langsam, mit vielleicht einem Knoten Fahrt, nach Lee ab und liegt relativ ruhig. In dieser Position bietet es der See nicht mehr seine ganze Breitseite – seine verwundbarste Seite – wie beim Lenzen, sondern schneidet die Wellen schräg an, teilt sie und reitet sie ab. Das Buch ›Schwerwettersegeln‹ des verstorbenen englischen Autors und Seglers Adlard Coles – das klassische Werk über Schwerwettertaktik auf See – weiß von vielen Havarien zu berichten, die beim Lenzen eingetreten sind, aber nicht von solchen beim Beiliegen. Risse mein Sturmsegel während des Beiliegens, würde ich es wohl oder übel fieren, flicken und wieder setzen müssen. Lieber würde ich diese gefährliche Arbeit auf mich nehmen als lenzen.
Diese Weisheit habe ich mir im wesentlichen angelesen. Echte Schwerwetterlagen, die mich in Seenot gebracht hätten, habe ich nie erlebt. Der beste Essay über Sturmtaktik für Yachtensegler, den ich kenne, ist der Anhang zu Miles Smeetons ›Because the Horn Is There‹. Westlich von Kap Hoorn sind Smeeton und seine Frau Beryl auf ihrer Yacht »Tzu Hang« zweimal entmastet worden, einmal durch Überkopfgehen (Überschlagen des Bootes nach vorn) vor dem Wind im Orkan und das zweite Mal durch Kentern beim Lenzen. Jahre später haben sie Kap Hoorn auf der »Tzu Hang« erfolgreich umrundet. Smeeton schreibt, er würde nie wieder vor dem Sturm lenzen, und seine Gedanken zur Taktik, untermauert durch seine eigene umfassende Kenntnis der Seglerliteratur, verdienen Beachtung.

gen und uns nach Norden in die Irische See zu pusten. Lebhaft erinnere ich mich jetzt bei Lektüre des Logbuchs an jene Nacht: wie ich im Cockpit saß und mit aller Kraft ein Abfallen zu verhindern suchte, die tränenden Augen auf Lizard Light geheftet, und mein ganzes Bestreben dahin ging, daß das Licht recht voraus blieb und vielleicht sogar nach Backbord schwenkte, was es schließlich, in den frühen Morgenstunden, auch tat. Am frühen Nachmittag ritten wir auf wilden Regenböen nach Falmouth hinein. Wir segelten an der Stadt vorbei, den Falmouth River hinauf, und ließen in ruhigem Wasser, von grünen Hügeln umgeben, den Anker fallen.

Dies war mein letzter gemeinsamer Törn mit J. Klar steht er mir wieder vor Augen, jetzt, da ich das Logbuch lese und einhand bei Idealbedingungen Kurs Azoren laufe. Bei schlechtem Wetter arbeiteten wir, wie immer, als gut eingespieltes Team, aber der Rest der Reise war ziemlich trostlos gewesen. Wir erlebten den Törn nicht mehr als Zweiergemeinschaft, redeten nicht mehr endlos beim Zubereiten der Mahlzeiten und beim Navigieren und deckten einander beim Wachwechsel in der Koje nicht mehr zu und küßten uns; wir sprachen nicht mehr von zukünftigen Trips und nicht mehr vom »nächsten Boot«, dem Traumschiff, das wir bauen und mit dem wir um die Welt segeln wollten. Jahrelang hatten wir davon geschwärmt und irgendwann damit aufgehört. Wir schwiegen oft, ließen unsere Gedanken unausgesprochen, erledigten unsere Arbeiten auf dem kleinen Boot im Alleingang; wir hielten Distanz, wir versuchten, jede Reibungsfläche zu vermeiden und nicht wieder aneinanderzugeraten wie im letzten Jahr, als wir am Ende unseres Transatlantiktörns am Cabo de São Vicente vorbei ins Lee des europäischen Kontinents segelten und uns eigentlich hätten umarmen und zu unserer Leistung gratulieren sollen, statt dessen uns aber anschrien, wie satt, wie sterbenssatt wir uns hatten. Das war eine Wegscheide gewesen. Noch ein Jahr blieben wir zusammen, in London, ohne recht zu wissen, was geschehen war und was wir taten. Dann brachten wir die »Toad« nach Falmouth, kehrten nach London zurück und trennten uns eines Tages.

Unsere alten Logbücher – ich habe sie alle an Bord. Ich fange an, einige durchzublättern, suche nach Zeiten, wo noch alles stimmte zwischen uns. Auf dem Papier klingt alles idyllisch: Wind und Seegang, Lieblingsspeisen, Schiffe, Delphine, ein Vogelpärchen, ein geangelter

Fisch, eine Schildkröte, die uns überholt, der unersättliche Appetit der Katzen nach fliegenden Fischen, ein Geburtstagsfrühstück für J., als wir bei zauberhaftem Wetter gemächlich auf die Bermudas zulaufen. Unser Gezänk, all die häßlichen Worte, die zwischen uns fielen, haben wir nicht eingetragen.

Immer wieder erwähnen die alten Logbücher unsere Versuche, die Selbststeuerung richtig funktionstüchtig zu machen. Sie ist, wie gesagt, eine etwas amateurhaft zusammengebastelte Anlage aus Sperrholz, Stahlrohr, Riemen, Schrauben, Muttern, Stricken und einer Windfahne. Sie war schon eingebaut, als wir das Boot erwarben, und war bei einer Kollision mit einem anderen Boot vor St. Thomas beschädigt worden. Ich reparierte sie damals. Oft funktionierte sie anschließend auch zufriedenstellend. Aber bei leichtem oder achterlichem Wind (also auf Vorwindkurs, wenn der relative Bordwind um den Betrag der Fahrt schwächer ist als der wahre Wind) konnte die Anlage die natürliche Luvgierigkeit des Bootes nicht ausgleichen, es sei denn, wir refften das Groß sehr stark – was die Fahrt bremst und bei leichtem und günstigem Wind nicht wünschenswert ist. Manchmal arbeitete die Anlage auch gut, verweigerte aber am nächsten Tag, unter genau den gleichen Bedingungen, heimtückisch den Dienst, so daß wir handsteuern mußten.

So wenig wie für die Theorie der Astronavigation habe ich mich über die Jahre auch für die aero- und hydrodynamischen Grundlagen des Segelns selbst interessiert. Ich habe gelesen, daß der Wind das Boot nicht schiebt, sondern auf der Leeseite des Segels einen Unterdruck schafft, der das Fahrzeug gewissermaßen vorwärtssaugt. Auf einem windgepeitschten Boot sitzend – fühlend, wie der Wind gegen mich anstürmt, gegen mich drückt, Druck also, kein Unterdruck –, kann ich mich einfach nicht mit dem Gedanken anfreunden, daß der Schein, das, was ich sehe und fühle, trügt. Ich kann die Theorie erfassen, ich habe die Diagramme gesehen, ich habe das Prinzip erklärt bekommen. Aber alles in mir sträubt sich dagegen. Und ich habe gemerkt, daß ich die Theorie nicht brauche. Ich handle lieber nach meiner kruden, empirischen Erfahrung. Sieben Jahre lang habe ich die motorlose »Toad« über 15 000 Meilen Wasser bewegt, indem ich Segel nach Gefühl bediene, den Wind im Gesicht oder im Nacken gespürt, das Wasser um uns beobachtet und zugeschaut habe, wie es an der »Toad« vorbeirauschte und zum Kielwasser zusammenschlug, und das hat mich gelehrt, was ich wissen mußte. (Ich bin auch 10 000 Meilen in anderen, neueren Booten gesegelt und habe sie für zahlende Kunden in fremden Häfen abgeliefert, und dies war mir eine willkommene Gelegenheit, die Segeleigenschaften anderer Bootstypen bei allen Wetterlagen kennenzulernen. Diese Erfahrungen kamen auch meiner Schipperei auf der »Toad« zugute.)

So segelnd, im Clinch mit der Selbststeueranlage, habe ich gelernt, was ich über Segeltrimm und Quergleichgewicht wissen mußte, und habe es immer öfter geschafft, daß das ganze Ensemble – Boot und Selbststeuerung – stabilen Kurs hielt.

Aber ich wollte mehr: Ich wollte eine Anlage, die jeden denkbaren Kurs unter allen Wetterbedingungen hielt. Es gibt solche Anlagen bei Yachtausrüstern, aber sie haben mein knappes Budget immer überstiegen. Ihre selbstgefälligen Besitzer erzählen Wunderdinge über sie in den Häfen und Marinas, wo Seekreuzer zusammenkommen. Also kaufte ich diesen Winter John Letchers Buch und nahm, während die »Toad« in Mylor auf Slip lag und ich mir Wilfreds Horrorgeschichten anhören mußte, einige Umbauten an der Anlage vor. Mit durchschlagendem Erfolg: Plötzlich hat sie mehr Sensibilität und Kraft, als ich mir je erträumt hatte. Unbeirrbar, für jedes Lüftchen und jeden Hauch empfänglich, dreht sich die Windfahne aus Sperrholz bei jeder kleinen Gierbewegung des Bootes, wie ein Schwerhöriger, der den Kopf unablässig von einer Seite auf die andere neigt. Sie steuert jetzt besser als ich. Als wir am Pendennis Point an Martin vorbeisegelten, habe ich die Pinne vom Ruderkopf genommen und sie bis jetzt nicht wieder aufgesteckt. Die ganze Zeit hatten wir leichten, achterlichen Wind, und das Boot ist selbsttätig gesegelt, mit der Windfahne als Rudergänger.

Dies hat mein Leben auf der »Toad« mehr als alles andere umgekrempelt. Ich habe jetzt herrlich viel Zeit, um zu lesen, meine Mahlzeiten zuzubereiten, zu navigieren, auf dem Bugspriet zu sitzen und Delphine zu beobachten, wie sie pärchenweise das Wasser unter mir durchkreuzen, oder einfach dazusitzen und nichts zu tun. Ohne ständige Seitenblicke auf den Kompaß kann ich nun das Auge auf See und Himmel ruhen lassen. Ich sehe, wie sie sich unablässig verändern. Wirf einen kurzen Blick auf eine Wolke, und sie erscheint dir wie eine statische Fotografie. Liege auf dem Vordeck und beobachte sie fünfzehn Minuten, dann verwandelt sie sich in einen wallenden Organismus. Passatwolken sind herrlich anzuschauen: klein, dicht, regelmäßig wie Schafe, eine unendliche Herde, die in niedriger Höhe dem westlichen Horizont zuwandert. Den ganzen Tag – je länger man hinschaut, desto mehr wird es einem bewußt – ändern sich Licht und Meer. Aus den Sextantmessungen weiß man schon, wie unglaublich schnell das scheinbar ortsfeste Tagesgestirn über den Himmel zieht: Von Minute zu Minute ändern sich die Peilwerte, wenn die Sonne in den Zenit schießt.

Wolken, Licht und Finsternis schaffen spezifische, sinnlich erfahrbare »Räume«, die man durchsegelt, als schritte man in einem Haus von Zimmer zu Zimmer. Nachts verstärkt sich diese Empfindung; alle Maßstäbe gehen verloren, die Zimmer werden so hoch wie die Wolken, die ihre Wände und Decken bilden, und ich bin ein winziger Hosenmatz, der auf nassem Steckenpferd durch ein gewaltiges monddurchschienenes Haus mit dehnbaren Wänden und Perspektiven reitet. Erinnert mich an LSD-Halluzinationen in den Sechzigern. Ängstlich frage ich mich: Halluziniere ich, oder ist das die Wirklichkeit?

20. Juni

Beim Durchstöbern alter Wäschesäcke in der Vorpiek stoße ich auf den gelben Segelsack.

Da, in dieser Ecke, liegt er schon seit Jahren. Gelbes Dacron, oben mit einer Leine zusammengeschnürt, blauer Boden, Schriftaufdruck »GROSSEGEL«. Er gehörte einer Charter-Company auf St. Thomas, die ihn wegwerfen wollte, als J. und ich, Hafenratten, ewig auf der Suche nach Altbrauchbarem, ihn fanden. Wir nahmen ihn mit und benutzten ihn als Wäschebeutel und Allzweck-Reisetasche, wenn wir auf Törn gingen, um Fremdboote zu überführen. Später wurde er Sammellager für alte Papiere, Briefe, Krimskrams, den wegzuwerfen wir nicht übers Herz brachten. Das Äquivalent zum Pappkarton im Keller.

Ich schleppe ihn nach achtern in die Kajüte. Sicherlich kann der größte Teil des Inhalts – biologisch abbaubares Papier – nun über Bord geworfen werden.

J. ist seit unserer Trennung nicht mehr an Bord gewesen. Wir lebten damals an Land, in London. Sie hatte ihr Ölzeug, ihre Stiefel und ein paar Kleidungsstücke dabei und fuhr geradewegs nach Nizza zu ihrer Mutter. Sie hat nichts von Bord der »Toad« geholt, aber unsere Habe beschränkt sich ohnehin auf das, was nicht am Boot festgeschraubt ist.

Ich öffne den Sack.

Ganz oben, auf allen anderen Papieren und dem wertlosen Trödel, liegen J.s Tagebücher der ersten fünf Jahre unserer Ehe. Linierte Kladden mit hartem Einband und aufgestempelter Jahreszahl. Eine Seite pro Tag. Die Bücher sind aufgequollen durch die Feuchtigkeit, aber alle in lesbarem Zustand. In unserer gemeinsamen Zeit lagen diese Kladden immer herum, auf dem Bücherbord in der Kajüte, und fast täglich machte J. Eintragungen. Kein Wort davon habe ich bisher gelesen. Jetzt schlage ich das erste Buch auf, Datum 23. April, und ein Pollenflug der Erinnerung stiebt mir entgegen: das Millstream Hotel in Bosham, West Sussex … J.s Brautstrauß aus Freesien und Maiglöckchen …

Natürlich, ich erinnere mich. Bei der Trauung in der hübschen normannischen Kirche bekamen J. und ich einen nervösen, leisen Lachkrampf, der dem Pfarrer, gerade nachdem er mir »Und ich gelobe dir ewige Treue« zum Wiederholen vorgesagt hatte, die Sprache verschlug. Wütend wie ein Schullehrer starrte er uns abwechselnd in die Augen, so lange, daß ich dachte, jetzt klappt er die Bibel zu und schickt uns heim. Zweimal suchte ich ihn durch ein aufmunterndes »Und ich gelobe dir ewige Treue« zum Weitermachen zu bewegen. Schließlich, nach einer peinlichen Pause, brachte er die Zeremonie zu Ende. Es war eine prophetische Unterbrechung.

Ich blättere um und finde zwischen dem 25. und 26. April eine zerbröselnde braune Blume eingepreßt.

Immer weiter blättere ich. Am Tage nach der Trauung verließen wir England und fuhren nach Porto Ercole in Italien, wo wir die Vierzehn-Meter-Ketsch meiner Eltern übernahmen. Sie hatten das Boot gekauft, als ihr Eheschiff schon sank, in dem Glauben, dadurch ließe sich noch einmal alles retten. Hoffnungsvoll nannten sie es »Viva III«: drittes Leben. Ihr erstes Leben hatten sie in den Staaten verbracht – sie hatten sich kennengelernt in Greenwich Village nach dem Krieg, Kinder in die Welt gesetzt, waren dann aus der Stadt nach Connecticut geflohen, den riesigen »Vorort« von New York, einen reinen »Wohnstaat«. Das zweite hatten sie in England verbracht, wohin sie mit drei kleinen Sprößlingen 1959 gezogen waren. Ihr »Viva III« währte ein Jahr. Zur Zeit meiner Hochzeit lebte mein Vater schon mit seiner zweiten Frau in Orvieto, Italien; das Boot stand zum Verkauf, und J. und ich wollten in Südfrankreich damit Chartertouren fahren, bis sich ein Käufer fand. Nach dem unglückseligen Drogen-Trip hatte ich einige Erfahrung als Crewmann auf anderen Booten erworben und war mit meinen Eltern in ihrem letzten Jahr im Mittelmeer viel gesegelt. Insofern war ich nun in der Lage, das Boot zu führen.

Unsere Hochzeitsreise von Porto Ercole nach St.-Jean-Cap-Ferrat war J.s erster Segeltörn. Sie schreibt von ihrer Angst, als Seglerin zu versagen.

Der 7. Mai beginnt mit einer Eintragung, ich sei ihr in Alpträumen erschienen. Bedeutung rätselhaft. Ich blättere weiter.

Am 11. Mai küßten wir uns im Cockpit und spielten mit Tauen und Knoten, als wir nach einer kabbeligen Tag-und-Nacht-Fahrt von Korsika auf St.-Jean-Cap-Ferrat an der französischen Küste zuliefen. Dann streikte die Maschine. Unser Funkruf an den Hafenmeister von St.-Jean wurde von Sven Bergström aufgefangen, der uns in einem Motorboot mit seiner Frau Ingrid und seinem Sohn Leif zu Hilfe kam. Leif schaffte es, die Maschine wieder in Gang zu bringen.

Es war eine schicksalhafte Begegnung. Meine Eltern hatten Sven, Ingrid und Leif kennengelernt, als sie während ihres kurzen »dritten Lebens« durch St.-Jean kamen. Die Bergströms lebten hier auf ihrer 15,5-Meter-Ketsch »Vagabond«, und sie erinnerten sich an die »Viva III«. Leif – damals Anfang Zwanzig – war schüchtern und sehr still und errötete, wenn J. ihn ansprach. Wir hatten in jenem Sommer viel Kontakt mit den Bergströms und noch mehrere Jahre lang danach. Nach unserer Trennung besuchte J., während sie bei ihrer Mutter in Nizza wohnte, die Bergströms wieder. Leif, mittlerweile gestandener Ingenieur und Yachtskipper, war dabei, eine große Motoryacht in die Karibik zu überführen, und J. ging mit ihm. Sie sind heute noch zusammen.

Ich vertiefe mich in ihr Tagebuch, gefesselt von den kleinen Details unseres Lebens, die wie vergessene Düfte von den Seiten aufsteigen. Am 13. Mai will der Volvo-Mann nach unserer Maschine sehen. Am Vorabend speisen wir Miesmuscheln und Pizza in »Joe's Pizzeria« in St.-Jean und sehen den Schauspieler Oliver Reed betrunken am nächsten Tisch … Drinks mit den Bergströms auf der »Vagabond« … Yachtmakler Gérard Spriet taxiert unser Boot auf 75 000 Dollar, nicht 100 000 Dollar, wie es meine Eltern wünschen … Martin schreibt uns von einer möglichen Charter … Am Sonntag Lunch mit meinen Freunden Peter und Jeannie, die in St.-Jeannet lebten … Autofahrt (nach der Bootsreise hatten wir meinen alten Morris von Italien herübergeholt) nach Sospel in den bewaldeten Bergen über Menton, dort Picknick …

Wie aus einem Traum erwachend, blicke ich von J.s Tagebuch auf und sehe blauen Himmel und Wolken, oval gerahmt im Kajütfenster, und höre die Wellen am Rumpf entlangrauschen. Eine regelrechte Zeitmaschine ist das Journal, es versetzt mich zurück in Szenen, so komplett und lebensecht, daß ich mich umblicken und Einzelheiten wiedererkennen kann, längst vergessene Ereignissplitter, die J. gar nicht aufgeschrieben hat. Jetzt erinnere ich mich wieder an die Kirche in Sospel: Wir gingen nach dem Picknick hinein und sahen Fotos von verstorbenen Gemeindemitgliedern auf blaßblauem Wandverputz, steife Schwarzweißbilder von toten Holzfällern und Bauern und ihren zu früh dahingegangenen Frauen und Kindern.

Was ich vergessen habe und was mir jetzt – nach und nach erst – wieder einfällt, ist, daß J. und ich uns von Anfang an gestritten haben. Und ebenfalls vergessen oder nie genau gekannt habe ich den Grad ihrer Unsicherheit, was unsere Beziehung anging, und ihren starken gefühlsmäßigen Zwiespalt mir gegenüber. Immer wieder vertraut sie dem Tagebuch an, wie unglücklich sie ist … depressiv … Wir geraten schon wieder aneinander … Versöhnung … Neuer Streit … Beide unglücklich … Kalte Distanz … Wieder Streit … depressiv …

So geht es weiter, Seite um Seite, ganze Wochen, und es bestürzt mich. Vielleicht war es nicht anders zu erwarten. Gut, wir kannten uns schon Jahre, hatten aber vor der Trauung erst kurze Zeit zusammengelebt. Ich hatte sie von José losgeeist. Mühsame Anpassungsarbeit auf beiden Seiten. Andererseits machte es ihr viel Freude, auf dem Boot zu leben, und das kommt im Tagebuch ebenfalls zum Ausdruck.

Von guten und schlechten Tagen zu lesen – beides ist jetzt schmerzhaft. Ich schließe das Buch und verstaue es mit den anderen vier in einer Schublade in der Kajüte.

Ich gehe an Deck und bin wieder der eremitische Einhandsegler.

Fünf Tage auf See. Langsam fällt das Barometer. Wir entfernen uns von dem nach wie vor ortsfesten Hoch westlich von Irland. Die BBC meldet ein Tief über Portugal. An dessen Nordseite weht der Wind gegen den Uhrzeigersinn (südöstlich von uns), an der Südseite des Irlandhochs weht er im Uhrzeigersinn (nordöstlich von uns). Beide vermählen sich in unserem Seegebiet zu einer frischen, immer noch achterlichen, zunehmenden Brise. In der Abenddämmerung erreicht sie Stärke fünf, der kräftigste Wind der Reise bisher. Ich reffe das Groß, klettere auf das Bugspriet, hole die Leichtwettergenua herunter und setze die ältere, kleinere und schwerere. Dabei wird der Segelsack der Genua über Bord geweht. Ich verkneife mir ein Mann-über-Bord-Manöver, um den Sack zu bergen; es würde einige Minuten dauern, die Windfahne abzukoppeln und das Boot auf Gegenkurs zu bringen. Und danach würde ich den Sack nicht mehr finden, das weiß ich. Ich bleibe sitzen und schaue zu, wie er in der zunehmenden Dunkelheit achteraus verschwindet.

Kein großer Gedankensprung ist mehr nötig, mich selbst im Wasser zu sehen, über die Kante gegangen, zurückbleibend. Ich trage keinen Sicherheitsgurt, obwohl ich einen besitze. Er ist aus Nylongewebe und würde mich per Sorgleine und Schnappschäkel ans Boot ketten. Er lagert unter Deck. J. und ich haben gelegentlich Sicherheitsgurte getragen, meist in schwerem Wetter, überwiegend aus der Angst heraus, einer könnte aufwachen und feststellen, daß der andere verschwunden ist. Die Sorge habe ich nicht mehr. Keine J. sagt mehr zu mir: »Hast du den Gurt an?« Gehe ich über Bord, so wird die Windfahne dafür sorgen, daß die »Toad« ohne mich weitersegelt.

Ich mag Sicherheitsgurte nicht. Sie zerhacken und hemmen die Fortbewegung auf dem Boot, ständig muß man sich an- und abschäkeln, das natürliche Gleichgewichtsgefühl wird untergraben. Nach ein, zwei Tagen auf See paßt sich der Körper von selbst den Rhythmen eines kleinen Bootes an. Mit fließenden Bewegungen balanciert man über Deck. Wer diesen Fluß unterbricht, wer sich ständig an- und abhakt und sich zu stark auf den Gurt verläßt, läuft meiner Meinung nach am ehesten Gefahr, Fehltritte zu tun und über Bord zu fallen.

Das ist meine persönliche Meinung. »Gurtmuffeln« dient diese Argumentation als beliebte gedankliche Beruhigungspille. Andere widersprechen vehement: Jederzeit, wenn man den sicheren Raum des Cockpit verlasse, müsse man den Gurt tragen.

Ohne Zweifel, Gurte haben Menschenleben gerettet. Und Gurte haben versagt. Von 235 Crewmitgliedern, die während des Fastnet-Rennens 1979 nach eigener Angabe Gurte getragen haben, meldeten sechsundzwanzig (elf Prozent!) Gurtversagen – Schnallen lösten sich, Haken bogen sich auf, Befestigungspunkte brachen, Sorgleinen scheuerten durch. Sechs Menschen kamen unmittelbar als Folge solchen Materialversagens ums Leben. Zehn weitere Crewmitglieder berichteten, daß sich Gurtleinen derart an Hindernissen vertörnten, daß sie nicht mehr ohne Hilfe an Bord zurückklettern konnten.

In schutzlosen Augenblicken zwischen zwei Anschäkelpunkten sind Leute über Bord gefegt worden. Unsere Freundin aus St.-Jean, Ingrid Bergström, kam eines Tages aus dem Niedergang der »Vagabond« und wurde, ehe sie den ersten Anschäkelpunkt erreichte, im Mittelmeer bei nächtlichem Sturm über Bord geschleudert, was normalerweise den sicheren Tod bedeutet. Ihr Mann Sven rief mit der Decksglocke Leif ins Cockpit. »Ingrid ist über Bord gegangen«, sagte er. »Halte diesen Kurs.« Er ging in die Kajüte zum Kartentisch und berechnete – obwohl er unter Schock stand und ziemlich durcheinander war – den Raumbedarf für das Wenden, die Abdrift durch Wind und Wellen, den Gegenkurs und die wahrscheinliche Fahrt des Bootes dabei, sowie die Fahrt und verstrichene Zeit seit Ingrids Sturz über Bord; aus all diesen Faktoren ermittelte er den Kurs zurück zum Unfallort. Erst dann ging er ins Cockpit zurück, wendete mit Leifs Hilfe das Boot, nahm den neuen Kurs und hielt Ausschau. Sie fanden Ingrid und zogen sie an Bord. Ein Wunder.

Vertrauen auf den Sicherheitsgurt – eine moderne Erfindung – hat den besten Schutz gegen Überbordgehen verkümmern lassen: den ausgewachsenen Horror davor, über Bord zu fallen. Auf den alten Großseglern der Handelsmarine war dies der Schutzmechanismus Nummer eins. Wo Männer in Sekundenschnelle aus dem Quartier stürzen, übers Deck hetzen und in die Wanten aufentern mußten, wäre solches Anschnallen unmöglich und lächerlich gewesen. Joshua Slocum, der erste Einhand-Weltumsegler, konnte nicht schwimmen und trug nie einen Gurt. (Der Fairneß halber muß gesagt werden, daß er bei einer späteren Reise samt Boot auf See verschollen ist.) Ein entschlossenes Nicht-über-die-Kante-gehen-Wollen und eine Reihe vernünftiger Vorsichtsmaßnahmen – eine Grundhaltung – verweist den Gurt auf seinen Platz: Er soll ein zusätzlicher Schutz sein und nicht der einzige, fehlbare Rettungsanker.

Ich trage den Gurt meist bei schlechtem Wetter, vor allem dann, wenn ich aus dem Cockpit nach vorn muß, vielleicht sogar auf das Bugspriet. Ansonsten verlasse ich mich auf mein inneres Gleichgewicht, auf Segelführungstaktiken, die mich möglichst wenig in Gefahr bringen, und auf Vorbedacht im wahrsten Sinn, auf überlegte Visualisierungen, wie ich mich an Bord bewegen werde. Weit mehr als auf meinen Gurt baue ich auf die zusätzlichen Manntaue, die ich rund ums Deck gespannt habe. Die »Toad« hat die übliche Seereling, deren Züge in fünfunddreißig und siebzig Zentimeter Höhe ums Deck laufen. Sie kann verhindern, daß man von Bord rollt; wer aber im Stehen heftig mit ihr kollidiert, dem kann sie die Beine wegschlagen und ihn elegant wie einen Trapezkünstler in die See katapultieren. Um dies zu verhindern, habe ich, ehe ich den Hafen verließ, auf beiden Bootsseiten in Brusthöhe eine neun Millimeter starke Nylonleine (Festigkeit 1 800 Kilogramm, sehr elastisch) gespannt. Sie ist an den Wanten befestigt. Sie läßt das Deck ein wenig wie einen Boxring aussehen. Durch diesen dreifachen Kordon in fünfunddreißig, siebzig und hundertfünfundzwanzig Zentimeter Höhe kann man nun kaum noch durchrutschen. Die obere Leine gibt mir ein sehr starkes Sicherheitsgefühl. Ich lasse immer die Hand daran entlanggleiten, wenn ich mich übers Deck bewege, sei es bei Flaute oder Wind. Bei Sextantpeilungen lehne ich mich daran. Dies, glaube ich, ist weit wirkungsvoller als ein Gurt, und wenn ich meinen Gurt trage, klipse ich den Schnappschäkel an diese Leine und habe so immer noch genügend Bewegungsfreiheit auf Deck.

Am meisten aber verlasse ich mich auf meine Angst, über Bord zu fallen. Ich habe mir lebhaft ausgemalt, wie ich im Wasser treibe und der davonsegelnden »Toad« nachblicke. Das reicht mir.

Natürlich, es kann trotzdem passieren. Weiß ich. Aber ich halte es für unwahrscheinlicher, als auf der Straße von einem Bus überrollt zu werden. Nennenswert verkleinern läßt sich dieses Risiko nicht mehr. Ich blicke dem entschwindenden Segelsack nach. Er bleibt an der Oberfläche, so lange ich ihn sehen kann.

Ich gehe unter Deck, esse Spaghetti und höre mir auf BBC Kurzwelle, »World Service«, ein Konzert mit Joni Mitchell an.

Tag um Tag bleibt das Wetter schön. Das Barometer steigt wieder. Ob das Hoch nach Westen gewandert ist und uns wieder eingeholt hat? Ich weiß es nicht. Aus der Reichweite des UKW-Seewetterberichts der BBC sind wir herausgesegelt; jetzt muß ich mein eigener Wetterprophet sein. Die konzentrischen Isobaren des Hochs können sich ausgedellt und verlängert haben, wie die Blasen in diesen kitschigen Lavalampen, die man in den siebziger Jahren hatte, und sich mit dem großen Hoch vereint haben, das zu dieser Jahreszeit normalerweise über dem Mittelatlantik hängt. Ich weiß es nicht, bin aber dankbar, daß der Wind nach wie vor aus Osten weht, aus Nordosten, manchmal Norden, daß er zwar hin- und herdreht und mir durch die Notwendigkeit des Segeltrimmens etwas zu tun gibt – aber stets achterlich oder raum-achterlich von Steuerbord einfällt und uns mit sanftem Nachdruck in Richtung Azoren schiebt.

Tage fließen ineinander, gezeichnet von Kleinigkeiten. Am Abend des 20. Juni überlaufen wir die Fünfhundert-Meilen-Marke von Falmouth.

21. Juni

0200: Ich komme an Deck und schaue mich um. Keine Lichter. Allein auf weiter Flur, so weit das Auge reicht. Ich beobachte, wie die »Toad« ohne meine Hilfe voranrauscht, alle Segel getrimmt und ziehend, und wie die Windfahne akkurat Kurs hält. Die Nase genau auf die siebenhundert Meilen entfernten Azoren gerichtet, scheint das Boot zu wissen, wo es langgeht, und pflügt mit stetem, unbeirrtem Enthusiasmus durch die See. So segelt die »Toad« seit fünf Tagen, ganz selbsttätig. Ich kann in diesem Augenblick nicht fassen, daß sie lediglich ein von Menschenhand gefertigtes Gefährt ist, ein Gerippe aus Holz, Schrauben, Drahtseilen und Tuch, ohne bewußtes Empfinden dafür, was sie da tut. Ich kann sehen, wie sie sich die See ertastet und sich verständig und geschickt durch jede Welle ihren Weg sucht. Und damit wird sie fortfahren, ohne einen Tropfen Treibstoff, ohne jede Hilfe von mir, bis ich sie zum Stehen bringe. Dies scheint mir so wunderbar wie das Perpetuum mobile. Ich sitze auf dem Kajütdeck, während wir durchs Dunkel streben, und beobachte eine Zeitlang dieses Schauspiel.

Später in der Nacht strecke ich den Kopf aus dem Luk und sehe wieder einmal eine Herde Grindwale. Rhythmisch puffend kommt ihr Atem aus den Spritzlöchern, während sie rund hundert Meter entfernt an der Backbordseite mitwandern und uns langsam überholen. Sie sind nicht groß, und im Dunkeln ist es vor allem ihr gemessenes, ruhiges, zielbewußtes Reisetempo, das sie von den verspielten Delphinen unterscheidet. Ich werfe ein Auge auf die Segel und hole die Schoten etwas dichter: mal sehen, ob wir einen halben Knoten zulegen und den Walen ein Rennen liefern können. Aber es scheint so, als liefen wir bereits mit Höchstgeschwindigkeit, und die Wale ziehen langsam davon. Ich lege mich wieder schlafen.

0800: Wind nimmt zu. Immer noch querein (NW). Machen Rauschefahrt, kommen wunderbar voran. Das letzte in Falmouth gekaufte Brot zum Frühstück verbraucht. Werde backen müssen.

0920: Ehe es zu wolkig wird, schnell zwei Standlinien geschossen – später wahrscheinlich keine Sonne mehr. Log 556. Habe mit viel Vergnügen im ›New England Cruising Guide‹ nach dem ersten Landfall in Maine gestöbert. Camden sieht hübsch aus, aber zu überlaufen, und ich werde vielleicht Muringgebühr bezahlen müssen – kommt nicht in Frage. Burnt Coat Harbor, Swans Island, sieht gut aus.

1315: Mittagsposition 45°57′N, 18°20′W. 110 Meilen Etmal. Noch 650 Meilen bis Horta – fast die Hälfte geschafft.

1900: Henry Bestons Buch ›Outermost House‹ angefangen. Wunderbare Winterstürme bei Cape Cod.

Sieben Tage draußen. Heute hat J. Geburtstag. Der erste seit sieben Jahren, den wir nicht zusammen feiern. Wäre ich heute an Land, würde ich … ich weiß nicht … ihr vielleicht ein Telegramm schicken. Oder mich einfach in mein Schicksal fügen. Den ganzen Tag gingen mir ihre früheren Geburtstage durch den Kopf, wo wir waren, was wir taten. Immer noch gewöhnungsbedürftig: der Gedanke, ohne sie zu segeln. Manchmal ist sie als tiefes vorwurfsvolles Schweigen auf dem Boot gegenwärtig. Die praktische Seite des Alleinsegelns – Bootsführung, Schlafmanagement, Leben ohne Ansprechpartner – klappt inzwischen gut.

Schon vor Jahren habe ich vom Einhandsegeln geträumt und mich gefragt, wie es sein würde und wie ich mit dem Alleinsein klarkommen würde, und ich bin ein bißchen überrascht, daß es mir nun ganz offensichtlich fast so viel Spaß macht wie erträumt. Einsam bin ich, ja, aber nicht so würgend einsam wie in Großstädten, wo ich manchmal das Gefühl hatte, ein biblisch Ausgestoßener, ein Wüstenwanderer zu sein. So wie Wilfred in Mylor. Meine jetzige Einsamkeit ist etwas Kostbares, das man erst nach geraumer Zeit erkennen und lieben lernt. Ich bin noch Novize, ich fange eben erst an, auf den Geschmack zu kommen. Mit J. oder sonstigen Mitfahrern an Bord wäre mir das nie gelungen, da bin ich sicher.

Inzwischen meine ich: Allein zu segeln ist leichter als segeln mit J. Es gibt keine Spannungen mehr auf dem Boot, keine Angst, kein Unglücklichsein. Ich frage mich nicht mehr bang, ob J. über Bord gefallen ist oder ob sie ebensoviel Angst hat wie ich. Oder ob sie glücklich ist, was immer meine Hauptsorge war. Und, rückschauend, der Punkt, in dem ich am meisten versagt habe. Allein ist's besser. So scheint es mir jedenfalls im Augenblick.

Heute abend lege ich ›The Outermost House‹ beiseite und greife wieder zu J.s Journalen. Ich schlage nach, wie ihr Geburtstag heute vor sieben Jahren, in Südfrankreich, verlaufen ist.

Es war ein Montag. Ich schenkte ihr Cousteaus Buch über Haie, das sie immer fasziniert hatte. Sie hat den Speisezettel des ganzen Tages festgehalten, von der Grapefruit mit Honig, die ich in der Backröhre der »Viva« für sie zum Frühstück bereitete, über die Zutaten des Picknicks, das wir nach St.-Tropez mitnahmen – Weißwein, Baguette, Pastete, Camembert, Melone –, bis zum Diner in einem vietnamesischen Restaurant im alten Hafen von Nizza: Pho-Nudelsuppe und Fisch. Sie schreibt, sie habe eine Rose mitgenommen und ins Tagebuch gelegt ... Das also ist die braune Blumenmumie, die ich für ein Überbleibsel des

Brautstraußes hielt. Nach dem Diner ging's nach St.-Jean, wo wir tanzten (wobei »P. sich reichlich ungeschickt anstellte«). Ein glücklicher Tag. Und sie schreibt: »Merci P ...« unten auf die Seite.

Ende des Geburtstags ... Ich blättere weiter, blicke fasziniert durch fremde Augen auf vertraute Szenen. Verschüttete Erinnerungen werden wach.

Unser naiver Flitterwochentraum, mit dem Boot meiner Eltern in Südfrankreich einen Sommer lang Chartergebühren zu scheffeln, zerstob bald. Wir kamen zu spät. Allen Charter-Agenten zwischen Monaco und Cannes stellten wir uns vor, nur um zu erfahren, daß die meisten Buchungen weit vor der Saison vorgenommen werden, normalerweise sechs bis zwölf Monate im voraus. Last-Minute-Kunden gab es so gut wie gar nicht. Jede Menge schöner Yachten lag in den Häfen. Doch die Agenten – die meisten – ließen uns ausreden und sagten aus lauter Mitleid lobende Worte über unsere »Viva«-Broschüre, die wir in London hatten drucken lassen, und versicherten, sie würden zu gegebener Zeit an uns denken.

Schon bald herrschte Ebbe in der Kasse. Zur Hochzeit hatten wir von unseren Familien etwas Geld bekommen, aber nach anderthalb Monaten, in denen wir das Boot unterhalten, Farbe, Lack, Treibstoff kaufen und die sündhaften Liegegebühren im schönen St.-Jean-Cap-Ferrat hatten bezahlen müssen, war alles aufgezehrt. Wir sahen es zerrinnen und machten uns zunächst keine Sorgen: Das Boot war so schön, daß einfach jemand kommen *mußte*, der ein paar herrliche Tage darauf würde verbringen wollen. Außerdem stand es ja zum Verkauf und prangte in den Angebotslisten sämtlicher Yachtmakler der Küste, und Interessenten kamen zur Besichtigung; jeden Augenblick konnte einer das Scheckbuch zücken. Doch niemand charterte, niemand kaufte, und schließlich mußten wir den Hafen verlassen. Wir mußten den billigsten Liegeplatz an unserem Abschnitt der Riviera finden. Er fand sich mitten im Hafen von Monaco. Für 40 Franc die Woche (damals acht Dollar) konnte man hier Anker werfen und das Boot mit einer Heckleine an einer Boje vermuren.

Wir hatten immer noch meinen Wagen, den alten Morris Kombi, an dessen Seiten die Holzleisten verrotteten und Schwamm ansetzten. Auf unseren Werbefahrten zu Charter-Agenten suchten wir die Verzweiflung abzuwehren, indem wir in den provenzalischen Hügeln picknickten, aber auch das verlor seinen Reiz, weil wir jeden Centime umdrehen mußten.

Schließlich tauchte ein rettender Engel auf: Oliver Reed. Er hatte eine 19 Meter lange chinesische Dschunke erstanden, die in Beaulieu lag, nahe St.-Jean-Cap-Ferrat. Ein Engländer namens Tony, ein aalglatter Typ, den wir in jeder Bar in St.-Jean getroffen hatten, schaffte es, auf Ollies Dschunke den Kapitänsposten zu ergattern, und er heuerte J. und mich an, um den gesamten Rumpf aus Teakholz sauberzuschaben und neu zu lackieren.

Die Taschen voll Francs, gingen wir nach unserem ersten Arbeitstag essen (Meeresfrüchte, Salat, Himbeertarte, Wein des Hauses; J. hat es protokolliert wie fast jeden Tag). Und von Tony kauften wir zwei Karten für das Jazzfestival in Nizza. Ein Faltblatt des Festivals liegt zwischen 7. und 8. Juli eingepreßt.

Und unser Ehekrieg – ebenso getreulich protokolliert wie der Speisezettel – ging weiter trotz guten Essens und Musik.

Ich überfliege Seiten, überspringe Wochen. Arbeit, Geld, wunderbares Essen, Ehekrieg, und J.s kleine Chronik der laufenden Ereignisse: die defekte Telefonzelle in Beaulieu, von der man umsonst anrufen konnte; mein Haarschnitt bei dem altmodischen Herrenfriseur in Monaco; Regentage, die unsere Arbeit an Ollies »Ding Hao« unterbrachen. Dann packten wir für ein Picknick (Wein, Pastete, Camembert, Baguette) und fuhren in die Berge.

Nach Abschluß der Arbeiten an der »Ding Hao« ergatterten wir ein paar Charteraufträge, die uns überlastete Skipper abtraten. Ein frischverheiratetes französisches Pärchen mittleren Alters für einen Tag. Vier winzige irische Jockeys und ihre hochgewachsenen Frauen und Freundinnen (alle mit langen Vollblüterbeinen) für vier Tage.

Dann trat uns ein Freund aus St.-Jean, dessen Motor streikte, eine Wochencharter ab, eine englische Familie. Wir waren entzückt. Das hieß echtes Geld. Doch nachdem Derek, Mavis und ihre tolpatschigen Kinder einen Tag über die »Viva« getrampelt waren, konnte J. sie nicht mehr ausstehen, und ihre Abneigung dagegen, daß sie in ihrer Wohnung herumpolterten und -brüllten, übermannte sie. Sie stieg aus. Ich ersetzte sie durch meinen Bruder David, der mit seiner Freundin in dem provenzalischen Bergstädtchen Bargemon Urlaub machte. J. fuhr nach Bargemon, und David und ich schipperten Derek, Mavis und ihre Brut nach Korsika. Sie waren eigentlich ganz in Ordnung, ein bißchen laut und rauh vielleicht, und die Jungen mußten von Rigg und Ruderpinne ferngehalten werden; aber sie verstanden es entwaffnend gut, sich ganz ohne englische Zugeknöpftheit zu amüsieren, und bei allem fragten sie mich respektvoll um Rat. Auf halbem Wege nach Korsika wandte sich Derek an mich und sagte: »Peter, ich muß gleich kotzen. Welche Bootsseite wäre die beste?« Mavis spielte die Köchin und hinterließ sämtliche Töpfe und Pfannen stets rabenschwarz. »Angekokelt« war das Familienwort für angebrannt, und unweigerlich hörte man zur Essenszeit den Schreckensruf: »Mutti, es riecht *schon wieder* angekokelt!« Ich denke heute voller Wehmut an sie zurück. Und David und ich waren die allerbesten Schiffskumpel.

Freitag, der 13. August, mein Geburtstag. Ich sehe, daß ich ein Buch bekommen habe, ›Le Trésor de Rackham Le Rouge‹, und ein Paar Docksiders mit ruschfesten Sohlen. Abends wollten wir nach Menton, wo wir in einem Restaurant mit Peter und Jennie sowie mit David und seiner Freundin verabredet waren. Auf halbem Wege fiel J. ein, daß sie die Adresse auf dem Boot vergessen hatte. Umkehr, hastige Rückfahrt, und siehe da – sie warteten alle beim Boot, mit Essen!

Eine Tageseintragung beschränkt sich auf ein Wort: »Zollkutter«. Lebhaft erinnere ich mich an die Geschichte. Ein Spätsommerabend in Beaulieu am Kai; J. las (oder schrieb vielleicht das Tagebuch, das ich gerade lese) im Cockpit, ich hielt mich in der Kajüte auf. Dann ein Wortwechsel im Cockpit, J. redete mit jemandem. Ein paar Minuten achtete ich nicht darauf, bis mir auffiel, wie ärgerlich ihre Stimme klang. Ich stieg nach oben und fand einen jungen, dunkelhäutigen mediterranen Macho mit nacktem Oberkörper und Jeans, der sich ins Cockpit lehnte und J. lüstern angrinste. Er fragte, ob ich der Yachteigner sei. Ich bejahte und fragte ihn meinerseits, was er wünsche. Sein flegelhaftes südländisches Mannsgehabe reizte mich, und ich machte kein Hehl daraus. Er runzelte die Stirn und kündigte eine offizielle Zollinspektion an. Gedrungen, muskulös und dickbeinig stolzierte er zurück zu einem großen, schnellen Zollkreuzer mit Aufschrift »Douanes«, der vor einiger Zeit eingelaufen war. In fünf Minuten war er zurück, eine Uniformmütze auf dem Kopf und ein Hemd über der Jeans, begleitet von seinem mittelalten Kommandanten und drei anderen Crewmitgliedern des Kutters.

Sie enterten die »Viva« und filzten sie von oben bis unten. Ich fragte sie, was sie suchten, und der Kommandant erwiderte, es handele sich um eine Routineinspektion. Sie fanden nichts; aber der *Passeport du navire étranger*, die Segelerlaubnis für französische Gewässer, war abgelaufen. Normalerweise wurde sie problemlos durch Einstempeln eines neuen Datums verlängert. Doch der Kommandant erklärte, ein Bußgeld von 200 Franc sei fällig, zahlbar sofort in bar. Ich erwiderte, soviel Geld hätten wir nicht dabei (stimmte); entweder könnte ich ihm jetzt einen Reisescheck oder am nächsten Morgen Bargeld geben. Unmöglich, sie liefen am Abend wieder aus, sie brauchten das Geld jetzt. Ich erbot mich, die Buße morgen früh im Zollbüro in Nizza zu entrichten. »*Non!*« riefen Kommandant und Macho-Leutnant einstimmig. Wir sollten jetzt zahlen, cash, sonst werde sich die Strafe verdoppeln. Erschreckend zornig waren sie geworden. Sie sagten, wir müßten doch jemanden kennen, von dem wir uns Geld borgen könnten.

Wir lagen vertäut am schattigen Ende eines langen Kais, in einiger Entfernung von der Masse der anderen Boote im Hafen. Wir waren allein mit dieser Crew von *Douaniers*, und die Bedrohung, die von ihnen ausging, besonders von dem jungen Leutnant, war echt. Er war ohne Zweifel ein Korse, von fast arabischem Aussehen, ein Typ, dem man überall an der südfranzösischen Küste begegnet, und er hatte einen heißen, fanatischen Blick , gegen den mit vernünftigen Argumenten – dem plausiblen Einwand, daß wir soviel Geld jetzt nicht aus dem Ärmel schütteln konnten – nicht anzukommen war. Sie wollten nicht nur schnöden Mammon; zudringlich streiften ihre Blicke J. Wir hatten Angst.

Okay, sagte ich. Wir können das Geld auftreiben. Wir haben Freunde in St.-Jean. Da fahren wir hin, holen den Betrag und kommen sofort zurück. Das schien sie fürs erste zu beschwichtigen. Ich holte Auto- und Bootsschlüssel, schloß das Boot ab, und J. und ich sprangen an Land. Noch einmal sagte ich, wir besorgen das Geld und kommen gleich wieder. Da packte der Leutnant J.s Arm. »Die bleibt hier«, sagte er.

Ich explodierte, außer mir vor Zorn ob meiner gekränkten Männlichkeit. Ich schrie ihn an, sie könnten mich nicht für dumm verkaufen, und meine Frau ließe ich nicht mit Wildfremden allein. Rasch zog ich sie mit mir fort zum Wagen. Ein paar lange Sekunden unternahmen sie nichts; sie waren wohl verblüfft über meinen Ausbruch, vielleicht rätselten sie auch noch über den Sinn meiner (französischen) Worte. Aber als sie uns in das englische Auto einsteigen sahen, aus dessen hölzernen Seitenleisten *champignons* sprossen, spurteten sie los. Es wurde eine filmreife Flucht: Beim Zurücksetzen überfuhr ich sie fast, dann knirschendes Umschalten in den Vorwärtsgang, lähmend langsam beschleunigte der alte Morris, und ein paar Sekunden sah es so aus, als würden sie uns kriegen; dann endlich schüttelten wir sie ab. Noch lange rannten sie auf der Kaimauer hinter uns her.

Wir waren wie betäubt. Begeistert über unsere Flucht, aber immer noch verängstigt, jetzt auch in Sorge um das Boot, das die geprellten *Douaniers* nun vielleicht enterten und kurz und klein schlugen. Wir wußten nicht, was wir tun sollten. In St.-Jean fanden wir Sven Bergström an Bord der »Vagabond«. Wir beichteten ihm unsere Geschichte. Er zeigte Mitgefühl, aber keine große Überraschung. Er erzählte uns, wie korrupt es an der Côte d'Azur sei, vom berüchtigten Mafia-Bürgermeister Nizzas, Jacques Mèdecin, bis hinab zu Kleinganoven wie unseren *Douaniers*, die sich ihre Gesetze selbst machten. Wir beschlossen, in dieser Nacht lieber nicht zum Boot zurückzukehren, sondern am nächsten Morgen im Zollbüro in Nizza den Fall zu melden. Inzwischen sorgte sich auch Sven um die »Viva«. Er setzte seine schwedische Marinemütze auf (ob echt oder Karnevalskostüm, kann ich nicht sagen; sie war über und über besetzt mit goldenen Litzen und wirkte wie ein Admiralshut), wodurch sich seine Körpergröße auf zwei Meter erhöhte, und war mit seinen großen, von Natur aus etwas hervortretenden Augen und seinem kurzgeschorenen Bart eine imposante Erscheinung, die starke, wenn auch unspezifische Autorität ausstrahlte. Er sagte, er werde jetzt nach Beaulieu fahren unter dem Vorwand, uns zu besuchen. Als er nach einer halben Stunde zurückkam, berichtete er, die *Douaniers* hätten ihn angesprochen, während er am Liegeplatz nach uns gerufen habe. Sie hätten erzählt, wir seien fort, eine Besorgung machen. Sie hatten ihn sehr respektvoll behandelt. Er hatte ihnen gedankt und war gefahren. Allem Anschein nach hatten sie es nicht gewagt, an Bord zu gehen. Wir freuten uns, daß sie unser Geld nicht auf den Kopf hauen konnten. Heute abend nicht.

J. und ich fuhren nach Nizza, dinierten in einem kleinen Restaurant am alten Hafen und verbrachten die Nacht in einem Hotel; ein bißchen erschöpft klammerten wir uns aneinander fest. Am nächsten Morgen trugen wir den Beamten in der Zoll-Dienststelle unsere Story vor. Sie schienen verblüfft. Fast eine Stunde ließen sie uns im Wartezimmer sitzen, und als sie zurückkehrten, hatten sie unsere *Douaniers* bei sich, in voller Uniform. Der Korse schrie uns an und beschuldigte uns, wir wollten uns der Strafverfolgung entziehen. Wir verlangten, den amerikanischen Konsul zu sehen. Die Beamten aus der Dienststelle wirkten etwas ratlos. Als die Brüllerei abklang, zahlten wir gegen Quittung 200 Franc, die Papiere wurden gestempelt, und wir gingen.

Später, in Beaulieu, noch bei Tageslicht, sahen wir den Zollkutter auslaufen. Als er am Bug der »Viva« vorbeiglitt, erhob der Korse mit haßerfülltem Blick den Finger, eine unmißverständliche Drohung, sollte ich je wieder seine Wege kreuzen.

Etwas später liefen auch wir aus, Kurs Monaco. Vor dem Hafen blickte ich mich mißtrauisch um, ob der Zollkutter nicht irgendwo auf der Lauer lag oder jäh um eine Huk herum auf uns zubrauste. Doch keine Spur von ihm war zu sehen. Vielleicht hatte die Crew reichere Beute, an der hier kein Mangel war, ins Visier genommen. Noch den ganzen Sommer lang, in Häfen und auf See, blickte ich mich allerdings besorgt um, ob mir nicht vielleicht plötzlich der Zollkutter im Nacken säße.

Dies schweißte uns eng zusammen. Abwehrhaltung nach außen, das klappte prima. Doch wie's drinnen aussah … Ich habe vergessen, wie oft und wie leicht J. in Depression versank. Damals schrieb ich mir an ihrem Unglück ganz allein die Schuld zu. Vielleicht war die Diagnose nicht falsch. Das Zusammenleben mit mir war gewiß kein Zuckerlecken. Doch meine Erinnerungen, ausgelöst von J.s Eindrücken, geben kein gutes Bild der Wahrheit. Objektive Wahrheit – gibt es die zwischen zwei Menschen überhaupt?

Genug. J.s Geburtstag geht zu Ende. Ich stelle den Wecker und gehe schlafen.

24. Juni

*0130: Aufgestanden zum Ausguck, dann wach geblieben und im Radio »Alfie«
als Hörspiel gehört [BBC World Service, Kurzwelle]. Wirklich gut.*

Mein Radio, ein großer schwarzer Kurz- und Langwellenempfänger
von Panasonic, ist mehr an als aus. Auf See, außer Reichweite der Kü-
stensender, ist meist »BBC World Service« oder »Voice of America«
[VOA] eingestellt. Die Musik, die Nachrichten und das eklektische Ge-
schnattere über alle möglichen Themen sind wie eine zweite Person
an Bord, wie ein altes Tantchen, das irgendwo außerhalb meiner Sichtweite auf einem Sofa sitzt; jemand mit unglaublicher Allgemeinbil-
dung, zugleich aber eine Nervensäge, ein pladdernder Wasserfall, dem
ich zuhören, den ich ignorieren, den ich sogar mit einem Knopfdruck
zum Schweigen bringen kann. Aber auch jederzeit wieder einschalten.
Ich weiß nicht, was ich ohne Tantchen täte. Sicherlich käme mir zu Bewußtsein, wie mutterseelenallein ich bin. Sie erspart mir das.

*0400: Knüppeln die ganze Nacht bei raum-achterlichem Wind, großartige
Fahrt. Gerade U.S. Coast Guard, Portsmouth, Virginia, hereinbekommen,
Wettervorhersage für die Küstengebiete. Muß um 0530 den Hochseewetterbe-
richt hören.*
0535: Habe ihn gehört. Nichts Besonderes – Tief bei 42 ° N, 51 ° W – weit weg.
*0730: Wolkig, ganz bedeckt. Könnte Regen geben. Porridge zum Frühstück.
Guter Tag, um den Gibbon anzulesen.*
1355: Auf VOA die Shuttle-Landung in Kalifornien verfolgt.
*1730: Just unter der Wolkendecke hervorgesegelt unter blauen Himmel. Herr-
lich.*
2330: Wunderbare Mondnacht. Delphine spielen rundum. Gehalst.

25. Juni

*0230: Gerade ein Segelboot passiert, ziemlich nah. Ich war beim Halsen und
mußte aufhören und die Lichter setzen. Anschließend in der Kajüte: BASE-
BALL auf VOA! Habe noch nicht rausgekriegt, wer spielt.*

0315: Die White Sox gegen ich weiß nicht wen.

10.40 Uhr : Weiteres Segelboot in SO, kreuzt nordöstlich gegen meinen schönen Kurs, der arme Kerl. Das zweite Segelboot in acht Stunden. So früh im Sommer sind Transatlantikboote so weit östlich noch nicht anzutreffen. Die gesichteten Boote müssen sich auf der Rücketappe des AZAB [Azores and Back Race] befinden, das ein paar Wochen, ehe ich England verließ, von Falmouth aus startete. Habe nicht erwartet, auf der direkten Loxodrome, die ich laufe, viele von ihnen zu sehen. Hätte sie weiter nördlich vermutet, wo sie auf der Nordseite des offenbar ortsfesten Hochs mit Westwinden rechnen können. 1345: Mittagsposition: 41°30′ N, 25°47′ W; 87 Meilen Etmal. Noch 225 Meilen bis Horta – wenn's gut geht, Landfall in zwei Tagen, am siebenundzwanzigsten. Graciosa liegt 180 Meilen entfernt. Ich will es zu sehen kriegen oder zumindest, wenn wir es nachts passieren, das Leuchtfeuer funkeln sehen.

Meine Spannung wächst, als wir uns den Azoren nähern, und Erinnerungen werden wach. Vor zwei Jahren, auf unserem Transatlantiktörn von Florida zum Mittelmeer, verbrachten J. und ich einen ganzen Monat vor Anker im Hafen von Horta, der Hauptstadt von Faial. Es zeugte von wenig Unternehmungslust, daß wir nicht auch die anderen Inseln umsegelt haben, aber es machte einfach zuviel Spaß, Faial zu erkunden und mit anderen Yachties aus den USA, aus England, der Bretagne und Skandinavien zu klönen, zu essen, Feste zu feiern. Wir sahen Menschen und Boote wieder, denen wir in der Karibik und an der amerikanischen Ostküste begegnet waren, und hörten Neuigkeiten von vielen anderen.

Tausend Meilen westlich des portugiesischen Mutterlandes, leicht von allen Seiten zu erreichen, von schlechtem Wetter meistens verschont, war Faial lange Zeit eine bedeutende Drehscheibe für den Atlantikverkehr, ein wichtiges Bindeglied zwischen Alter und Neuer Welt. Es war Anlaufhafen für die Walfänger aus Nordamerika, die hier Walöl und Walbein zum Weitertransport nach England deponieren und neue Crewmitglieder anheuern konnten. Azoreaner – gute Bootsleute, erfahren im küstennahen Walfang – waren als Besatzungsmitglieder auf den Walfängern hochbegehrt. Viele heuerten hier an, kreuzten durch die Fanggebiete der Welt, ließen sich später auszahlen und siedelten sich in New Bedford, Massachusetts, an, in einem Stadtviertel, das im neunzehnten Jahrhundert Faial hieß.

Als es noch keine Unterseekabel gab, diente »Fredonia«, das Haus des amerikanischen Konsuls in Horta, als Weltnachrichtenbörse: Hier trafen sich Kapitäne, Händler, Diplomaten und ozeanüberquerende VIPs, hier wurde diniert, hier wurden Neuigkeiten ausgetauscht und bei örtlichem Wein und Madeira besprochen, ehe man sie an jene weitergab, die auf fernen Kontinenten darauf warteten. Später wurde Faial Kohlenbunker für Dampfer, Außenposten für Kabelstationen und Nachtankstopp für Überseeflüge. Nach dem Zweiten Weltkrieg, als der technische Fortschritt die meisten Zwischenstopps im Atlantikverkehr überflüssig machte, verfiel Faial in Halbschlaf und Isolation. Die Einwohner trieben Landbau, fischten und gingen immer noch in kleinen Ruderbooten mit Handharpunen auf Walfang. Außer vereinzelten Yachten mit wagemutigen Crews kamen kaum mehr Besucher.

Als Eric und Susan Hiscock 1968 in Horta Station machten, lagen drei Yachten im Hafen. Als J. und ich das erste Mal durchkamen, lagen dort schon an die fünfzig. Heute wird Horta von mehr als siebenhundert Booten im Jahr angelaufen, und eine regelrechte Infrastruktur für Segler hat sich entfaltet. Nachhaltigen Eindruck auf den verschmuddelten Fahrensmann, der mit Wasser knausern mußte, macht erst einmal ein kasernengroßes Badehaus direkt am Kai, saubergehalten und geschrubbt, mit alten, großzügig dimensionierten Emailwannen und Messinghähnen und Ozeanen an Warmwasser. Frauen unbestimmbaren Alters, wahre Perlen alteuropäischer Hausfraulichkeit, heißen den Segler willkommen, wenn er mit weichen Knien an Land stolpert, erleichtern ihn um seine peinliche Schmutzwäsche und geben sie so sauber und duftend zurück, daß er sie nicht wiedererkennt.

Der örtliche Verkehrsverein organisiert Regatten für Seekreuzer, mit Preisen und Partys für alle Teilnehmer und Festessen im »Estalgem Santa Cruz«, einem zum Luxushotel mutierten alten Fort, für die Sieger und ihre Crews. (Man erzählte mir, das »Santa Cruz« gehöre dem Schauspieler Raymond Burr, und wenn er anwesend sei, wandele er in spektakulären Kaftans durch die Hotelhalle. Habe ihn leider nie gesehen.) Während unseres Aufenthaltes nahm J. auf der »Toad« mit einer ausschließlich weiblichen Crew an einer Regatta teil, und ich schloß mich einem Einhänder namens Jeffrey an, den wir vor ein paar Wochen auf den Bermudas kennengelernt hatten. J. und ihre Damencrew machten der »Toad« alle Ehre und zeigten dank überlegener Segelführung einer Anzahl neuer, schnittigerer Yachten den Achtersteven. Jeffreys Boot war klein und leicht, und unter den Flautenbedingungen am Renntag ließen wir die meisten größeren Boote hinter uns und gingen als Fünfte durchs Ziel – womit wir, da nach dem sogenannten Handicap-System bewertet wurde, den ersten Platz belegten. Wir wurden zu dem großen Dinner geladen und bekamen kistenweise Wein, aber Jeffrey linkte uns und brannte, als wir gerade nicht aufpaßten, mit meiner Hälfte des stattlichen Preises durch: einer Ladung Proviant aus den Lebensmittelgeschäften der Stadt. J. und ich waren chronisch pleite wie eh und je, und eine Zeitlang hoffte ich, Jeffrey möge sich beim Essen eine heftige Lebensmittelvergiftung zuziehen.

Wer auf einem Boot die Insel erreichte, erfreute sich auf Faial seinerzeit noch einer Gastfreundschaft, wie ich sie nur aus den älteren Hiscock-Büchern kannte, aus den fünfziger Jahren, als Fahrtensegler noch eine Rarität waren: Sie wurden an Kindes Statt angenommen, von den Einheimischen verhätschelt, wie Filmstars behandelt. Wenn J. und ich auf Faial wanderten und trampten, nahmen uns Einheimische mit und ließen uns nicht mehr los. Sie luden uns nach Hause ein, fütterten uns, gaben Picknicks, fuhren uns überall hin, wo wir hinwollten. Sie schienen geschmeichelt, daß Leute extra den langen – und gewiß sehr gefährlichen – Weg aus Amerika auf sich genommen hatten, um sie zu besuchen. Sie bemutterten uns regelrecht. Manche schienen sogar extra mit dem Auto auf den Landstraßen herumzukreuzen und nach Yachties Ausschau zu halten.

Besonders liebten sie es, zuzusehen, wie wir ihre berühmten hausgemachten Würste aßen. Jedermann stellte sie her, und jedermann wollte, daß wir sie meterweise vertilgten. Wir waren keine großen Fleischesser und taten diplomatisch unser Bestes, aber manchmal war es schwierig. Die *Chouriço* schien ausschließlich aus kompaktem gelbem Fett, geronnenem Blut und Knorpel zu bestehen. Einmal, bei einem Picknick am Straßenrand, bewirtet von einem mittelalten Ehepaar, dessen Kofferraum einer riesigen Speisekammer glich, blähten sich meine Backen gerade wie die von Dizzy Gillespie mit ungenießbaren tierischen Abfallprodukten, da kam ein Auto die Straße entlang; als unsere Gastgeber sich danach umdrehten, spuckte ich alles, was ich im Mund hatte, in einen Hortensienbusch. Mein Gastgeber sah das; ich mußte so tun, als sei es ein Unfall gewesen, ein unglückseliger Hustenreiz. Der gute Mann klopfte mir den Rücken, während ich hustete, schnitt dann sofort ein dickes neues Stück *Chouriço* ab, klappte mit großer Fürsorge meinen Mund auf wie ein Zahnarzt und stopfte es hinein. Ihm zuliebe kaute und schluckte ich, die Augen genießerisch verdrehend, aß Brot hinterher und spülte mit gutem Wein nach.

Das Herz der maritimen Besucher-Gemeinde in Horta ist das »Café Sport« auf der steingepflasterten Rua Tenente, die vom Hafen in die Stadt hinaufführt. Sein Gründer Henrique Azevedo hat sich in den vierziger und fünfziger Jahren der wenigen Boote angenommen, die vorbeikamen, hat sich um Wäschewaschen, Proviant und sonstige Bedürfnisse der Skipper gekümmert, und diese Tradition wird von seinem Sohn Peter und seinem Enkel José fortgeführt. Das »Café Sport« ist die erste Anlaufstelle, wenn man an Land geht; man trinkt ein Bier oder ein Glas Wein, schaut sich um, wer da ist, läßt sich seine Briefe und so weiter geben (postlagernd »Café Sport«) und kundschaftet beim Durchblättern des Briefstapels aus, wer sonst noch auf dem Weg hierher ist. Es ist ein Club, dein Club, in dem selbst du willkommen bist. Egal, ob du von einem kleinen Boot wie der »Toad« kommst oder von einem Reicheleute-Superkreuzer, der das Gewicht der »Toad« an Elektronik trägt und von blonden livrierten Domestiken bevölkert ist. Wer Faial erreicht, hat mindestens tausend Meilen Ozean bewältigt, und es sind die kleinen Boote, die mit geringeren Mitteln härter haben kämpfen müssen, um dorthin zu gelangen. In Horta habe ich mich auf der »Toad« so heimisch gefühlt wie fast nirgends sonst auf der Welt.

Die Azoren bieten einen herrlichen Anblick, wenn man sich ihnen von See her nähert. So wie Joshua Slocum beim Landfall 1895 auf seiner berühmten »Spray« erlebten die meisten Fahrensmänner die Sichtung der Inseln:

Frühmorgens am 20. Juli sah ich steuerbord voraus über den Wolken den Pico auftauchen. Als die Sonne den Morgennebel wegbrannte, leuchteten niedrigere Lande auf, und Insel auf Insel kam in Sicht. Beim Näherkommen erschienen bebaute Felder … Nur wer die Azoren vom Deck eines Schiffes gesehen hat, ermißt die volle Schönheit ihres Bildes mitten im Ozean.

Wahrzeichen der Azoren ist der Pico auf der gleichnamigen Insel, 2 345 Meter hoch, ein wahrer Leuchtturm im Ozean, kegelförmig wie der Fudschijama. Unter Wasser setzt sich sein Absturz fast ebenso tief fort: Die zwei Meilen breite Meeresstraße zwischen Pico und São Jorge erreicht Tiefen von mehr als 1 500 Metern.

Die Inseln sind vulkanisch; überall spitzen kleine Krater oder *Caldeiras* (was auf portugiesisch auch Schiffskessel heißt) aus der Landschaft. Die Küsten sind gesäumt von schwarzem Gestein und ebensolchem Sand. Der Boden ist fruchtbar, das Klima mild, und die Berghänge zwischen den hochgelegenen *Caldeiras* und dem Meer tragen ein Schachbrettmuster kleiner grüner Felder. Faial wird auch die »blaue Insel« genannt wegen der dicken Hortensienrabatten, die alle Felder und Straßen säumen und als blaugrünes Gitternetz die Landschaft überziehen. Dazwischen eingesprenkelt weiße Häuser und Dörfer. Nach Tagen oder Wochen auf einförmig blauem Meer ist das Auge geradezu geblendet von dieser Farbenpracht. Selbst unsere beiden Kater Minou und Neptune gerieten in Aufregung, als wir seinerzeit nach einem langen Dreiwochentörn, von den Bermudas kommend, erstmals auf die Azoren zuliefen. Geduckt kauerten sie an Deck, starrten mit großen Augen auf das Gestalt annehmende Land; als wir ins Lee der Inseln kamen, bebten ihre Nasen, als hätten sie die duftende nichtwässrige Welt vollständig vergessen und sähen und schnupperten sie zum ersten Mal.

Viele Tage lang wanderten und trampten J. und ich über die Insel. Bei Bauern und ihren Frauen kauften wir Eier, Obst und Gemüse. Wir erklommen den Leuchtturm hoch über dem Meer bei Punta da Ribeirinha. Wir kletterten auf den höchsten Berg der Insel und blickten in die sumpfige *Caldeira* hinein. Wir spähten nach Pico hinüber, ein Katzensprung von vier Meilen, und blickten weit hinaus auf die See, woher wir gekommen waren, und in die Gegenrichtung, wohin wir zu segeln hofften.

Damals gingen die Einwohner immer noch in kleinen offenen Ruderbooten auf Walfang; wenn der Ruf »Baleia! Baleia!« ertönte, schoben sie eilends die am Strand liegenden Boote ins Wasser und pullten stundenlang den blasenden, auf- und abtauchenden Walen nach. Von hinten pirschten sie sich an die Meeressäuger an und warfen Handharpunen, genau wie die Walfänger von New Bedford und Nantucket vor hundertfünfzig Jahren. Auf unseren bukolischen Spaziergängen über die Berghänge von Faial sahen wir die Wale und die vom Strand startenden Boote und verfolgten die langen, umständlichen Jagdmanöver.

Eines Abends, kurz bevor wir die Azoren verließen, ruderten J. und ich etwas beschwipst und sehr glücklich zur »Toad« zurück, kramten unsere Notraketen hervor und feuerten sie über dem Hafenbecken ab. Andere Boote taten es uns nach, und bald blitzte und knatterte ein Feuerwerk aus Sternsignalen und roten und weißen Fallschirmraketen über dem Wasser. Tags darauf lichteten wir den Anker, und eine Woche später, im Lee des Cabo de São Vicente, schrien wir uns Bosheiten ins Gesicht.

All dies geht mir durch den Kopf im wolkigen Morgengrauen des 27. Juni, zwölf Tage und 1123 Meilen von Falmouth, während ich mit einer Tasse Kaffee im Cockpit sitze, um mich die glatte graue See.

0630: LANDFALL. Graciosa ist an der Kimm aufgetaucht, klar sichtbar, circa 30 Meilen entfernt.

0725: Ich glaube, ich sehe den Pico – den Gipfel – über den Wolken, weit entfernt, Kompaßpeilung 210. Ja, definitiv der Pico. Eine wunderbare Landmarke.

1000: Leichter Regen, verbunden wie üblich mit umspringenden Winden, ärgerlich. Unser wahrer Schiffsort weicht seit England circa sieben Grad W von unserem täglich gegißten Ort ab, also schätze ich, daß der Kompaß eine westliche Deviation von sieben Grad hat.

1100: Froh, daß ich Graciosa und den Pico schon früher gesichtet habe – jetzt hinter Wolken und Schauern versteckt –, sonst kämen mir Zweifel an unserem Landfall.

1200: Graciosa jetzt circa zehn Meilen in südöstlicher Richtung, schwach erkennbar hinter Regenschleiern, hier jedoch Sonnenschein. Von Pico und Faial nichts zu sehen.

1400: Punta de Barca, Graciosa, muß jetzt rechtsweisend Ost liegen, circa acht Meilen. Kleines Patchwork von Farmen hoch über den Küstenklippen. Einsame, unnahbar aussehende Insel.

1500: Sehe jetzt Ponta dos Rosais, Nordwest-Spitze von São Jorge, backbord voraus, deutlich. Und einen Hauch von Faial weit im Südwesten.

1530: Faial, Pico, São Jorge jetzt alle gut zu sehen – von hier aus kann wohl auf Sicht gefahren werden. Fischer in offenem Boot, halbe Meile querab, winken.

1600: Delphine spielen rund ums Boot. Unmöglich, nicht zu glauben, daß sie mich begrüßen.

1830: Jetzt sonnig, Wolken fort, Wasser blau und still zwischen den Inseln. Wunderbar, an einen solchen Ort zurückzukehren; gleich beim ersten Anblick viele Erinnerungen. Leuchtturm von Punta da Ribeirinha wiedererkannt, den ich mit J. erklommen habe, und Punta da Espalamaca, Guia, und das ganze Land um und über Horta. Bittersüße Empfindungen. Wind fast eingeschlafen, Schleichfahrt.

2000: Kreuzpeilung Pico, Guia und Ribeirinha. Resultat: noch acht Meilen bis Horta. In der klaren Abendluft sieht es eher nach zwei Meilen aus. Frustrierend.

2100: Noch vier Meilen bis Horta. Wird dunkler. Hoffe einzulaufen, solange noch ein bißchen Licht da ist, und eine Muring zu erwischen, statt ankern zu müssen, aber Wind schläft immer mehr ein. Vielleicht noch eine Stunde.

2300: Angekommen. Drinnen. Gegen 2230 Hafenmole gerundet. Jede Menge Yachten im Hafen, konnte im Dunkeln keine Muring finden, also doch geankert, etwas weiter draußen. Hier noch leise bewegtes Wasser von meinem geliebten Ostwind, der die »Toad« und mich von Mylor hierhergetragen hat. Erstaunlich, hier zu sein. Viele Gedanken und Gefühle. Froh, es im Alleingang geschafft zu haben, aber traurig, daß J. nicht mehr dabei ist. Gute Zeit – für die alte »Toad« – zwölfeinhalb Tage. Windfahne hat phantastisch gearbeitet, habe von Mylor bis zur Mole von Horta kein einziges Mal gesteuert. Vor zwei Jahren auch zur gleichen späten Abendzeit angekommen, das gleiche Geräusch von der Küste gehört, das Geräusch, das uns klarmachte, daß wir Amerika verlassen und Europa erreicht hatten: das singende Schnarren der Mopeds, die durch den Hafen und über die Küstenstraße fahren. Trinke eine Tasse Tee und freue mich auf acht Stunden Schlaf ohne sechzehnmalige Unterbrechung.

HORTA

26. Juni

Morgens rudere ich an Land und melde mich zum Einklarieren bei der *Capitania*, dem Hafenamt, gebe Name und Verdrängung meines Schiffs, die Anzahl der Crewmitglieder und meinen Zielhafen an. Ich bekomme einen *Livrete de Transito de Embarcações Estrangeiras*. Dann das Bad. Meinen Wäschesack überlasse ich einer stämmigen Frau, die sich am Kai vor mir aufpflanzt und ihn mir einfach mit schüchternem Lächeln aus der Hand nimmt. Die Zwölf-Volt-Batterie, die meine Stereoanlage und mein UKW-Funkgerät mit Saft versorgt, trage ich zum Laden in die Autowerkstatt und gehe dann die Rua Tenente hinauf zum »Café Sport«. Ein Brief von meiner Mutter ist da, mit Glückwünschen und der Bitte, sie anzurufen. Ich benutze das Telefon im »Estalgem Santa Cruz«, wo auch Raymond Burr abzusteigen pflegt.

»Bist du einsam, so ganz allein, mein Junge?« fragt sie.

Ich versuche, ihr etwas von der kostbaren Einsamkeit zu erzählen, die ich draußen auf See zu schätzen begonnen habe. Sie entspricht ein bißchen jener ungreifbaren »Ganzheit«, von der die Esoteriker immer schwärmen. Ein Gefühl, so klein wie Plankton zu sein, aber Teil eines unendlich größeren Ganzen. Doch ich unterbreche mich, ehe ich wie ein Erleuchteter quatsche, und frage sie, wie es ihr geht.

Meine Mutter ist Malerin und lebt in einem Atelier in London. Diesen Winter ist ein Mann, den sie liebte, ein Bildhauer, an Krebs gestorben. Sie hat nicht viel darüber gesprochen. Aber fortan fühlte sie sich, glaube ich, als alternde Frau. Vor ein paar Monaten schenkte ich ihr Gail Sheehys Buch ›Wechseljahre – Na und?‹, was vielleicht nicht besonders taktvoll war. Sie zog eine Grimasse und verdrehte die Augen, und ich glaube, sie hat keine Zeile gelesen.

»Mir geht's gut«, sagt sie. »Habe viel zu tun.« Gut zu hören.

Nachdem ich aufgehängt habe, schaue ich mich in dem Hotel nach einem Mädchen um, das hier vor zwei Jahren gearbeitet hat. Draußen auf See, als ich an Horta dachte, fiel sie mir plötzlich wieder ein. Ich habe nie mit ihr gesprochen, abgesehen von der Bitte, das Telefon benutzen zu dürfen. Zwei Jahre später sehe ich immer noch ihr Gesicht vor mir, und ihre Augen. Letztes Jahr, in London, als frischgebackener Single, merkte ich, daß ich mich bei meinen Annäherungsversuchen an Frauen linkisch wie ein pickeliger Teenager benahm. Jetzt, als Mann, der einhändig tausend Meilen Ozean bezwungen hat, bin ich von neuem Selbstbewußtsein erfüllt. Ich will das Mädchen unter irgendeinem Vorwand ansprechen, ihr sagen, daß ich mich an sie erinnere, und sie, wenn ich auch nur das Fünkchen einer Reaktion bemerke, zum Essen einladen.

Aber sie ist nicht da. Und Raymond Burr auch nicht.

Ich gehe spazieren, wonach ich regelmäßig dürste, wenn ich von einem Törn an Land komme. Auf dem Küstensträßchen wandere ich aus der Stadt hinaus, am Strand entlang und bergan nach Punta da Espalamaca, der vorspringenden Landzunge, nach der ich beim Hereinkommen navigiert habe. Von hier aus sieht man ganz Horta samt Hafen und ein Panorama von Südost-Faial, und man kann über die vier Meilen breite, von tückischen Strömungen durchzogene Meeresstraße auf den Fudschijamakegel des Pico blicken, was J. und ich viele Male getan haben, wenn wir diese Straße hinauf- und auf der anderen Seite wieder hinabwanderten zu den Fischer- und Walfängerdörfern Praia und Pedro Miguel.

Plötzlich, aus heiterem Himmel, überfällt mich qualvolle Einsamkeit. Sticht mich zwischen die Rippen, bohrt sich nach innen und zerquetscht mein Herz. Wie ein Schock kommt sie über mich, würgend, atemverschlagend, und ebbt dann langsam ab, verfließt, läßt mich leer und erschöpft zurück, mit eingestürzten seelischen Festungsmauern. O Gott. Ist das der Preis des Alleinsegelns? Draußen auf See habe ich nie etwas gespürt, was dem auch nur entfernt gleichgekommen wäre. Auf dem Boot, ein Ziel vor Augen, glaubte ich aus irgendeinem Grunde, nach der Ankunft würde ich weniger einsam sein.

Ich kehre um und wandere hügelab nach Horta zurück. Ich beginne mich zu fragen, wann ich abfahren soll.

Am nächsten Tag treffe ich Bob Silverman im »Café Sport«. Bob, ein Amerikaner, und seine Frau sind hier durchgesegelt, hängengeblieben und leben jetzt das ganze Jahr auf Faial in einem kleinen Bauernhaus nicht weit von Punta da Espalamaca. Ich lernte ihn vor zwei Jahren kennen und kaufte seine Azoren-Segelbroschüre ›Cruising Guide to the Azores‹, die er im Selbstverlag veröffentlicht hat. Ein liebevoll gestaltetes kleines Opus, gedruckt von der Lokalzeitung ›O Telegrafo‹, mit weichem Deckel, drahtgeheftet, illustriert mit Karten, die wohl Bob oder ein Kind aus dem Dorf gezeichnet hat, und antik aussehenden Fotos von Azorenhäfen und -landschaften, auf denen man freilich auch moderne GFK-Yachten entdecken kann. Vor zwei Jahren war es das einzige Seglerbuch über die Azoren, voll Insiderwissen, das die offiziellen Seehandbücher nicht boten, und bei fünfhundert Yachtbesuchen im Jahr ging es im »Café Sport« weg wie warme Semmeln. Bob erledigt auch Segelreparaturen in Heimarbeit und betreut die kleine, aber wachsende Zahl von Booten, die zum Überwintern in Horta gelassen werden.

Wir trinken ein Glas mit Leuten von zwei anderen Booten, und Bob lädt uns alle für morgen, Sonntag, zu einem Umtrunk in sein Haus ein.

Auf dem Rückweg zum Hafen kaufe ich die Samstagsausgabe des ›O Telegrafo‹ und finde die »Toad« unter den neu angekommenen *Iates de Recreio: »335 – TOAD, americano. Desloca 5 tons e é tripulado pelo navegador solitario Peter Nichols. Procede de Falmouth em 13 dias e vai para Camden (Estados Unidos).«**

Noch ein weiterer Einhandsegler findet Beachtung, diesmal im redaktionellen Teil. Eine Schlagzeile, NAVEGADOR SOLITARIO ENCONTRADO MORTO A BORDO DO SEU IATE**, darunter die kurze Story: Hundertundsechzig Meilen südwestlich von Faial sichtete ein Handelsschiff die 8,30 Meter lange treibende Yacht »Mariner«. Die portugiesische Korvette »Jacinto Candido« nahm sie auf den Haken und schleppte sie nach Faial. Der *Iatista solitario*, Mark Spring, ein Engländer, wurde in der Kajüte gefunden, ausgemergelt und tot.

Die »Mariner«, ein kleines Boot etwa so groß wie die »Toad«, dümpelt jetzt, während ich dies lese, an einer Muringsboje hundert Meter vor mir. Sie wirkt gespenstisch, wie das Schiff des Fliegenden Holländers. Die Segel zerschlissen, Leinen träge im Wasser schwappend, bietet sie ein Bild so trostloser Verlassenheit, wie ich es noch nie bei einem schwimmenden Boot gesehen habe. Im Hafen geht das Gerücht, der *Iatista solitario* habe bei Flaute festgelegen (ob motorlos oder ohne

---

* »US-335 – TOAD, Verdrängung 5 Tonnen, Eigner Einhandsegler Peter Nichols. Gekommen von Falmouth in 13 Tagen, Weiterfahrt nach Camden (USA).«
** Einhandsegler tot an Bord seiner Yacht gefunden

Sprit, weiß ich nicht), bis er den letzten Proviant aufgebraucht habe und verhungert sei. Eine gruselige Geschichte, aber für mich etwas unglaubwürdig. So lange dauern Flauten nicht, außer im ›Ancient Mariner‹ von Coleridge. In sieben Jahren motorlosen Segelns dauerte die längste Windstille, die ich je erlebt habe, drei Tage. Die »Mariner« ist ein leichteres, moderneres Boot als die »Toad« und segelt sich wahrscheinlich besser; sie hätte es problemlos bis zum nächsten Hafen schaffen müssen. Herbeigeführt worden ist das schreckliche Ende – schlimmer, meine ich, als über Bord zu gehen – wohl eher durch einen Unfall oder eine tödliche Krankheit.

Klar, daß dem Segler, in seiner Wasserwüste, körperlich einiges zustoßen kann. Eine gute Bordapotheke samt Antibiotika und Injektionsspritzen sowie ein medizinisches Handbuch gehören zur Grundausstattung, ehe man in See geht. Das gängigste Problem für den Segler dürfte Zahnschmerzen sein, aber natürlich gibt es Schlimmeres. Im März 1960 kreuzten Eric und Susan Hiscock in einem der einsamsten Teile des Pazifik zwischen den Galapagosinseln und den Gambierinseln (Südpolynesien), weit von allen Schiffahrtswegen, als Eric plötzlich Bauchschmerzen bekam:

Es war noch ziemlich am Anfang des Törns, da ließen mich bohrende Schmerzen im Unterleib, zwischen Nabel und Hüftbein, an Blinddarmentzündung denken. Eine Aussicht auf Hilfe, so erkannte ich niedergeschlagen, gab es nicht; lang, mühselig und rauh wäre der Rückweg zu den Galapagosinseln gewesen, und außerdem gab es dort keinen Arzt. Es hatte keinen Sinn, Susan von meinen Symptomen zu erzählen, aber nach ein, zwei Tagen mußte ich das schreckliche Geheimnis lüften.
»Ich habe Bauchweh«, sagte ich, »und fürchte, es ist Blinddarmentzündung.«
Susan wirkte nicht so erschrocken, wie ich erwartet hatte, und nachdem ich auf die Stelle gedeutet hatte, sagte sie: »Also, auch ich habe seit ein paar Tagen dort Schmerzen, und bei mir kann es der Blinddarm nicht sein, weil ich gar keinen mehr habe.«
Mir fiel ein Stein vom Herzen, und wir kamen zu dem Schluß, daß es sich um irgendeine Vergiftung handeln mußte, wahrscheinlich durch das Wasser in der Wreck Bay, obwohl wir es abgekocht hatten. Langsam genasen wir.

Wer in dieser Lage einen Partner hat, der sich um ihn kümmert, kann sich glücklich schätzen. Der Einhandsegler hat nur seine Phantasie. Robin Knox-Johnston, der Engländer, der 1968–69 erstmals einhand und nonstop die Welt umsegelte, litt unter ähnlichen Ängsten. Sein Speisezettel – den er liebte – bestand aus kompromißlos kalorienreicher englischer Hausmannskost: Rind- und Schweinefleisch, Eintopf, Currys und schwere Pasteten, die er bei Gilbert-und-Sullivan-Operetten aß. Trotz allem bekam er mehrmals Verdauungsstörungen, in einem Fall in beängstigendem Ausmaß:

Das Magendrücken verstärkte sich zu einem chronischen Schmerz in der Bauchmitte. Ich holte meinen ›Ship Captain's Medical Guide‹ heraus, und als ich all meine Symptome und die möglichen Ursachen nachgeschlagen hatte, schwitzte ich Blut und Wasser. Von Blinddarm bis Magengeschwüren kam scheinbar alles in Frage. Ich setzte mich auf eine Diät aus Nudeln mit Käse und Milchreis, was äußerst unbefriedigend war, aber dadurch besserte sich die Lage etwas. Ich nahm auch Verdauungstabletten, trotz allem blieb der Schmerz. Nun schien sich der Schmerzherd auch noch zu verschieben, was mir die Haare zu Berge stehen ließ. Ich nahm meine Karten und maß die Entfernung zum nächsten größeren Hafen, Belém an der Amazonasmündung, das waren tausend Meilen, eine Segelzeit von mindestens zehn Tagen. Wenn's wirklich Blinddarmentzündung war, dann würde ich diese zehn Tage nicht lebend überstehen, denn ich hatte keine Antibiotika an Bord. Ich verfluchte mich, daß ich Antibiotika nicht auf die Medikamentenliste gesetzt hatte und mir vor der Abfahrt nicht den Blinddarm hatte herausnehmen lassen.

Die »bessere« Ernährung ließ Knox-Johnston langsam genesen. »Aus der Rückschau kann ich meine Beschwerden, glaube ich, als Kombination chronischer Verdauungsstörungen und akuter Phantasie diagnostizieren, und es zeigt, wie riskant es ist, einem Laien ein medizinisches Buch in die Hand zu geben!«

Blinddarmentzündung ist für den Segler auf hoher See heute nicht mehr so gefährlich wie ehedem. Antibiotika können in den meisten Fällen die Infektion wochenlang in Schach halten, bis ein Hafen erreicht ist, oder sie sogar ganz heilen. Andererseits hört man aus Fachkreisen, daß wir dem Niedergang des Antibiotika-Zeitalters entgegengehen, daß immer mehr mutierende Keime in naher Zukunft resistent gegen Antibiotika sein werden; so wird das Fahrtensegeln vielleicht wieder das gefahrvolle Abenteuer, das es einmal war. Die erschreckendste Krankheitsgeschichte eines Einhandseglers, die ich kenne, stammt von dem Argentinier Vito Dumas, der 1942, als es noch keine Antibiotika gab, die Welt umsegelte. Sein Arm war so schwer infiziert, daß er an Selbstamputation denken mußte.

> Eine weitere Nacht mit meinem Arm in diesem Zustand hätte ich nicht überstanden. Land? Land war nicht mehr rechtzeitig zu erreichen. Wenn es sich morgen nicht besserte, würde ich den nutzlosen Arm, der schlaff in einer Schlinge hing und schon nach Verwesung roch, amputieren müssen. Er starb und zerrte mich mit ins Verderben. Ich hatte eine Blutvergiftung. Ich durfte nicht aufgeben, ohne mein äußerstes zu versuchen. Mehrere offene Wunden eiterten …, aber ich konnte in dieser formlosen Masse den septischen Herd nicht ausfindig machen. Irgendwo, am Ellenbogen, an der Schulter, weiß Gott wo, würde ich den Arm mit einer Axt oder meinem Seemannsmesser abtrennen müssen.

Stephen King hätte sich keine bessere Horrorstory ausdenken können. Gottlob blieb Dumas das Grauen der Selbstamputation erspart. Er fiel in eine fiebrige Ohnmacht, und als er erwachte, war sein Arm nur noch halb so groß, die Koje eitergetränkt, die Krise vorüber.

Wie Knox-Johnston schreibt, erwägen manche Segler, sich vor großer Fahrt vorbeugend den Blinddarm entfernen zu lassen. Ich bin sicher, daß der eine oder andere diesen Eingriff hat machen lassen, und es ist eine Routineoperation; andererseits weiß ich von einem Fall, in dem ein junger Mann sich vor einem Pazifiktörn den Appendix herausnehmen ließ und dann auf See an einer durch die Operation verursachten Infektion starb.

Immer wieder hört man Stories und liest sie in der Segelpresse: Das Insulin eines Zuckerkranken verdirbt in der Tropenhitze, und er stirbt ein paar Tage später. Ein junger Einhandsegler mit unerkanntem Herzleiden wird nördlich der Karibik in seinem Boot tot aufgefunden. Der segelnde Eremit kann Schlaganfälle erleiden, kann stürzen und sich den Kopf anschlagen, sich verletzen und Adern aufreißen, und dann ist er auf sich selbst und irgendeinen medizinischen Ratgeber angewiesen.

Mark Springs Tod bleibt mir ein Rätsel. Krankheit, Unfall, vielleicht auch seemännisches Unvermögen werden dahintergestanden haben. Manche Leute gehen auf Fahrt, ohne navigieren zu können. Ich habe sie kennengelernt, habe sie erzählen hören, wie sie vorbeikommende Schiffe per Funk um Orientierung gebeten haben; der Schutzengel der

Törichten wacht über sie. Doch nie würde ich der See am Tod eines Menschen die Schuld geben, ebensowenig wie ich einer Straße, nicht einmal einer vereisten Straße mit einer scharfen Kurve, an einem Unfall die Schuld geben würde; dem Fahrer obliegt es, sich entsprechend zu verhalten.

Die traurige, verwahrloste »Mariner« – gespenstisch.

3. Juli

Klaus Alvermann gehört zu der Gruppe, die sich am Sonntagvormittag im »Café Sport« trifft, um zu Bobs Haus hinaufzupilgern. Klaus hat seinen hübschen Acht-Meter-Kutter »Plumbelly of Bequia« in Bequia (Karibik) selbst gebaut, am Strand, aus heimischen Hölzern und Rohstoffen, mit Hilfe örtlicher Bootsbauer, und ihn dann ohne Motor um die ganze Welt gesegelt. Ich habe über ihn schon von Ed Boden gehört, dem limerick-brabbelnden Raketenfachmann, der ungefähr zur gleichen Zeit auf Weltreise ging. Die »Plumbelly« hat keine ausreichende Stehhöhe, und Klaus ist ein Hüne von fast zwei Metern. Er kleidet sich lässig-gepflegt, mit Hemd und ordentlich gebügelten weiten Hosen, und sieht aus wie ein Banker am Wochenende. Er ist auf dem Weg nach Europa.

Klaus und ich sind in Begleitung zweier amerikanischer Pärchen, beide von unattraktiven GFK-Booten der Zwölf- bis Dreizehn-Meter-Klasse, ausgestattet mit allem Komfort, Buicks zur See. Auf kopfsteingepflasterter Straße wandern wir aus der Stadt bergan.

Die Häuser überall auf der Insel sind aus schwarzem Lavastein gebaut, meist verputzt und weißgetüncht, die Fenster breit umrandet mit einem Blau, das gut zu den Hortensien paßt. Bob und seine Frau wohnen in einem niedrigen Bauernhaus, dessen Innenwände großenteils entfernt sind, so daß ein geräumiges helles Interieur entstanden ist, mit einer offenen Küche, die ins Wohnzimmer hineinreicht, und großen Fenstern mit Panoramablick über Felder, über Horta und den Hafen und weit übers Wasser bis Pico.

Es ist genau die Art Inselhaus, in der ich gerne wohnen würde, wenn ich nicht auf einem Boot lebte. Wir trinken Bier und Wein zu einheimischem Ziegenkäse, der dem spanischen *Manchego* sehr ähnlich ist, und reden, wie es Segler ohne Unterlaß tun, über Riggs, Reffs und Roringsteks.

Auf dem Rückweg in die Stadt ein paar Stunden später lasse ich verlauten, wie sehr mir Bobs Heim gefällt und wie großartig er und seine Frau sich dort eingerichtet haben. Sie haben's wohnlich, leben in einem Gemeinwesen, in dem es frische preiswerte Landprodukte in Fülle gibt, können Umgang pflegen mit Seglern aus aller Herren Länder. Eine der amerikanischen Frauen, Gail, dreht sich um und blickt mich an, als hätte ich gerade gefurzt.

»Aber hier *leben*? Mit diesen Leuten?« sagt sie. »Die arme Frau.«

»Wie? Du glaubst, es gefällt ihr hier nicht? Und was heißt, mit diesen Leuten?«

»Peter, es sind Bauern. Sie ist Amerikanerin. Sie ist todunglücklich.«

»Echt?« Ich bin verblüfft. »Was hat sie denn gesagt?«

»Sie brauchte nichts zu sagen.«

Vielleicht hat sie recht. Aber jetzt weiß ich: Gail und ihr Mann können glücklich sein an Bord ihres schrecklichen Kunststoffbootes mit seinen Riesenfenstern und zehn an die Reling gezurrten Benzinkanistern auf jeder Seite und seinem widernatürlichen Profil. »Sinken sollen sie – ab damit zum Meeresboden«, pflegte mein Freund Mike Underhill, ein literarischer Einsiedler, der in einer Blechhütte auf Tortola lebte, über solche Boote zu sagen.

Gails Bemerkungen wurmen mich. Ich glaube nicht, daß Bobs Frau unglücklich ist. Aber ich fange an, über Isolation nachzudenken, und als ich mich, zurück auf der »Toad«, in meinem kleinen Heim umschaue, habe ich Klaus' Gesicht vor Augen und bin irritiert. Er wirkte in Bobs Haus reserviert, unbeteiligt. Obwohl höflich und freundlich, schien er an der Gesellschaft nicht viel Freude zu haben. Mir ist unklar, warum er mitgegangen ist – zumal Bob uns keinen Lunch angeboten hat.

Ich beginne mich zu fragen, ob Klaus nach all den Jahren allein auf See, mit nur kurzen Sprüngen an Land, vielleicht die Kunst des mitmenschlichen Umgangs verlernt hat. Vielleicht hat er sich uns nur aus Pflichtgefühl (»Das tut man an Land«) angeschlossen. Der Gedanke macht mir angst. Ich weiß, daß ich meinen Seelenzustand auf Klaus projiziere. Vielleicht ist er ja ganz glücklich, aber ich fühle mich in

Horta nach wie vor schrecklich allein, unter Menschen noch viel mehr als draußen auf See. Schon will ich so bald wie möglich wieder Segel setzen. Ich kann sehen, wie ich mich in das verwandle, was ich Klaus unterstelle: in einen ozeanischen Erdtrabanten, der den Globus mit vier Knoten umrundet, dem Diktum von Robert Louis Stevenson folgend, hoffnungsvoll zu reisen sei besser als anzukommen. Das Abfahren könnte eine größere Attraktion gewinnen als das Bleiben. Daran reizt mich vieles – diese Art von Autonomie gehört ja zu den großen Lockungen des Fahrtensegelns –, nur fürchte ich, daß der Reiz übermächtig werden, mich dem Land entfremden, ewig auf See festhalten könnte.

Oder daß ich, weitere Horrorvorstellung, zu Wilfred aus Mylor mutieren könnte, einem nautischen Einsiedlerkrebs, in irgendeinem Loch verkrochen, heruntergekommen, kraftlos, ungeliebt.

Nein, dazu wird es wohl nicht kommen. Ich bin allein. J. fehlt mir schrecklich, vor allem hier, wo wir so glücklich und einander so nahe waren. Ich suche Anschluß und fühle mich ausgeschlossen. In Silvermans Haus wurde mir warm ums Herz durch das Leben, das Bob und seine Frau sich geschaffen haben. Ich beneide sie um dieses Leben und darum, daß sie einander haben.

In einer Glasvitrine im »Café Sport« liegen Pottwalzähne mit feinen Bildgravuren, sogenannte *Scrimshaws*. Jedesmal, wenn ich ins Café gehe, betrachte ich diese Exponate wie ein Museumsbesucher. Ich habe *Scrimshaws* in den Walfangmuseen in New Bedford und Nantucket gesehen, und die hiesigen scheinen Museumsqualität zu haben. Männer in Walbooten, auftauchende Pottwale, Rahsegler, akkurat in Form und Proportion, schön komponiert, feinstrichig geschnitten in glatte, runde, zehn bis zwölf Zentimeter lange Zähne, von sattem gelblichen Beige, wie in meiner Kindheit in England der Rahm auf den Milchflaschen. Sie stammen alle von einem einzigen Schnitzer, Othon Silveira, hier von der Insel, und sind verkäuflich. Liebend gern hätte ich einen davon, aber sie übersteigen mein Budget. Immerhin, ich tue das Zweitbeste: Ich frage, wo Othon lebt, und spaziere zu seinem Haus auf der Westseite von Horta, nicht weit vom Hafen, in der Hoffnung, den Künstler bei der Arbeit sehen und fotografieren zu können.

Seit ich vor zwei Jahren azoreanische Walboote sah und beobachtete, wie sie den blasenden Pottwalen im Kanal zwischen Faial und Pico nachjagten, fasziniert mich die Walfängerei – nicht die Metzelei mit Fabrikschiffen, sondern Walfang wie bei Moby Dick: mit Ruderbooten und Handharpunen. Was ich in jenem Jahr auf Faial sah (es war das letzte Jahr, in dem die Azoreaner auf Fang gingen, ehe ein weltweites Moratorium ihnen Einhalt gebot, vielleicht für immer), war eine unverfälschte »Live«-Demonstration der Methode der neuenglischen Walfänger früherer Jahrhunderte. In den letzten beiden Jahren habe ich mehrere Bücher über Walfang gelesen und mich in die Kunst des *Scrimshaw*, des Gravierens von Walzähnen, verliebt. Sie scheint mir die Krone der vielen und schönen Seemannskünste.

Vor einem Jahr, auf unserer Fahrt vom Mittelmeer nach England, machten J. und ich Station im spanischen Hafen Motril; dort kriegte ich mich mit einem Amerikaner namens Whit, der mit seiner Frau nach Osten ins Mittelmeer wollte, über *Scrimshaws* in die Haare. Whit vertrat einen moralistischen Standpunkt. Aufgebracht klagte er, *Scrimshaw*-Liebhaber wie ich trügen Schuld an der Abschlachtung der Wale. Ich entgegnete, zwar bedauerte ich grundsätzlich jedes Töten von Walen, glaubte aber nicht, daß die Azoreaner extra die Zähne zögen, um sie an Touristen zu verkaufen; *Scrimshaw* verwerte einfach ein ansonsten nutzloses Abfallprodukt des Wals und sei schön und historisch interessant. Dies wischte Whit als atavistische Ausrede vom Tisch, und ich dachte: »Du selbstgerechter Schnösel; was ist mit den aus Erdöl gemachten Polyesterleinen und -segeln auf deinem biologisch nicht abbaubaren Kunststoffboot, das irgendwo auf einer Müllkippe tausend Jahre lang Menschen und Maden ärgern wird? Das sind keine Abfallprodukte der Autoindustrie; da haben Leute extra für dich die Umwelt verschmutzt und die Erde weniger lebensfähig gemacht.«

Othon ist mittleren Alters und lebt bei seiner Mutter. Sein Atelier liegt im Erdgeschoß. Wie jeder Azoreaner, den ich kenne, freut er sich aufrichtig und herzlich über jeden fremden Segler, der den Weg zu seinem Haus findet. Als ich ankomme, ist bereits ein deutsches Pärchen von einem anderen Boot da und kauft pfundweise *Scrimshaws*. Gier glimmt in ihren Augen; sie wissen, daß sie hier weit weniger zahlen als an jedem anderen Ort, und brennen darauf, abzufahren und bis ans Lebensende allen, die sie treffen, zu erzählen, welch tolle Schnäppchen sie gemacht haben. Sie behandeln Othon wie einen unzivilisierten

Bantu, der einen Armvoll Elfenbein feilbietet. Ich sage hallo und lasse ihn wissen, daß ich nur gekommen bin, um zuzuschauen und vielleicht ein paar Fotos zu schießen, aber daß ich auch ein andermal wiederkommen kann. Ich bin sichtlich kein zahlender Kunde, doch Othon nimmt sich die Zeit, ein paar besonders schöne Stücke zusammenzusuchen, und bittet mich, alles mit nach draußen zu nehmen und die Stücke auf einem schwarzen Samttuch bei Tageslicht zu fotografieren.

Draußen eilen die Deutschen an mir vorbei, giggelnd und gicksend, die Augen niedergeschlagen

Später plaudere ich mit Othon, während er von einem großen Pottwalzahn eine ovale Scheibe absägt und die Schnittflächen auf einer elektrischen Schwabbelscheibe poliert. Ich fotografiere ihn, während wir über *Scrimshaw*, Walfang, das Moratorium und über Segeln sprechen. Beiläufig fragt er mich, ob ich ein Bild meines Bootes dabei hätte. Habe ich: In meiner Brieftasche trage ich ein Foto von J. bei mir, wie sie die »Toad« während der Regatta im Pico-Kanal vor zwei Jahren führt. Ich zeige es ihn. Othon bestreicht nun die eine Seite der Zahnscheibe mit schwarzer wasserfester Tusche und beginnt den Zahn mit einem Stichel, der in einem Halter steckt und eine Karbidspitze hat, zu gravieren. In Weißlinientechnik erscheint ein Bild auf dem schwarzen Walzahn – verblüfft und fasziniert erkenne ich die »Toad«: Bugspriet, Wasserstag, Baumstütze, alles in den Proportionen, die ich so gut kenne, drei Segel gefüllt, eine kleine Figur – J. – an der Pinne, Wolkenbänke hinter den Segeln, im Vordergrund feine gestrichelte Wellen. All dies auf einem 2,5 mal drei Zentimeter großen Oval, mit einigen Millimetern unberührten schwarzen Randes rings um das Bild.

»Wie heißt dein Boot?« fragt Othon.

»Toad«, sage ich, und ich platze fast vor Stolz.

Othon läßt mich den Namen buchstabieren, während er die Lettern in Anführungszeichen unter das Bild setzt. Dann bestreicht er das Ganze erneut mit schwarzer Tusche. Sekundenschnell trocknet sie, und er poliert den Zahn wieder auf der Schwabbelscheibe. Schwarz bleibt das eingeschnittene Bild stehen – die »Toad« mit J. am Ruder im Pico-Kanal als Gravur auf einem cremefarbenen Stück Pottwalzahn. Othon reicht mir das Kunstwerk.

Ich weiß nicht, wie ich ihm danken soll, aber er scheint zu wissen, was ich fühle, und lächelt und sieht fast so glücklich aus wie ich.

Zurück an Bord der »Toad«, die leise an ihrem Ankerplatz dümpelt, betrachte ich mein kostbares persönliches Stück *Scrimshaw* und überlege mir, was ich damit tun soll. Schließlich entscheide ich mich, es zu tragen, wie es wohl auch die alten Walfänger oft getragen haben: Ganz oben, über dem Mast der »Toad«, bohre ich vorsichtig ein Loch in das Bild, ziehe ein Stückchen Marlleine durch, verknote sie und ziehe sie mir über den Kopf. Mein *Scrimshaw* – als Halsschmuck.

Und so trage ich es auch jetzt, während ich dies schreibe.

Hier in Horta wenden sich meine Gedanken, wenn sie nicht zwanghaft mit J. beschäftigt sind, immer öfter anderen Frauen zu.

Im Hafen liegt ein rotes Boot namens »Jeshan«, ein stählerner Knickspantkutter. Ich habe gehört, er sei von einer Australierin gebaut und einhändig um die halbe Welt gesegelt worden. Eine Ausnahmeerscheinung: Im Pantheon der Einhandsegler, und auf See überhaupt, sind Frauen eine Seltenheit. Die Britin Naomi James – später Dame Naomi – ist allein um die Welt gesegelt, mit nur einem Zwischenstopp in Südafrika; die Amerikanerin Tania Aebi umfuhr die Welt in einem kleineren Boot als die »Toad« und war bei der Abfahrt noch keine zwanzig Jahre alt. Ann Gash, die »segelnde Großmutter« aus Australien, schaffte den größten Teil einer Weltumsegelung allein; Isabelle Autissier und Florence Arthaud, beide aus Frankreich, sind formidable Wettbewerberinnen bei Grandprix-Einhandregatten. Es ließen sich noch weitere Namen nennen. Dennoch bleiben Frauen eine Minderheit in diesem männlich dominierten Feld. Einen triftigen Grund dafür gibt es nicht; physisch sind Frauen ebenso guter Bootsführung fähig wie Männer. Und seelisch könnten sie wahrscheinlich sogar noch mehr Kraft und Härte aufbringen. Doch der erste Entschluß, die auftrumpfende Kühnheit, sich allein auf einen Ozean wagen zu wollen, das ist wohl eher Männersache – dem haftet ein Hauch von Machismo an.

Gerade deshalb würde ich gerne einmal eine weibliche Einhandseglerin kennenlernen. Vielleicht würden sich unsere Wege in entlegenen Häfen wieder kreuzen. Ich sehe uns schon im Südpazifik, am Aitutaki-Atoll, aneinander vorbeisegelnd, uns aus einer halben Meile Entfernung lässig zuwinkend. Doch jedesmal, wenn ich auf dem Hin- oder Rückweg vom Land an der »Jeshan« vorbeirudere, sind mindestens fünf Dingis am Heck festgemacht, und ein Schwarm Männer umlagert die Blondine im Cockpit. Ich rudere weiter.*

An mehreren Abenden esse ich in einem winzigen Café an der Praça do Infante, wo J. und ich oft gewesen sind. Das Essen ist spottbillig und nicht sehr gut, aber hier verkehren viele Segler, und ich gehe hin in der Hoffnung, mit irgend jemand ins Gespräch zu kommen. Eines Abends treffe ich hier drei Deutsche, einen jungen Mann und zwei Mädchen, Touristen ohne Boot, was in Horta ungewöhnlich ist. Sie sind fasziniert vom Fahrtensegeln, und ich lade sie auf die »Toad« ein. Rasch merke ich, wer zu wem gehört, und fange an, mir Hoffnungen auf das »freie« Mädchen zu machen.

Wir stiefeln zum Hafen und steigen in mein Dingi. Es ist ein kleines Segeldingi mit einem offenen Schwertkasten in der Mitte. Als ich vom Kai fortpulle, sehe ich, daß das Gewicht von uns vieren (die Mädchen sind stämmige Germaninnen) den oberen Rand des Schwertkastens unter die Wasserlinie gedrückt hat; Wasser strömt herein. Ich versuche, meine Passagiere zum Schöpfen mit der an Bord befindlichen Plastikflasche zu bewegen, aber sie begreifen den plötzlichen Ernst der Lage nicht, und ich will sie nicht durch Anschreien in Panik versetzen. Ich wende und rudere an Land zurück, aber wir sind schon recht weit draußen im Hafenbecken. Immer rascher machen wir Wasser, die Situation verschlechtert sich mit exponentiell steigender Geschwindigkeit. Dann jäh das Ende, das Dollbord erreicht den Wasserspiegel, Katarakte stürzen herein, und das Dingi verschwindet unter uns. Kalt ist das Meer, alles ringt um Luft. Die Deutschen sind überrascht, aber auch wassertretend bleiben sie höflich und gutmütig und unterwerfen sich nach wie vor meiner nautischen Autorität. Sie fragen, was wir tun sollen. Ich sage: an Land schwimmen. Zum Glück können alle schwimmen. Das Dingi, unter dessen Sitzen Auftriebskörper eingebaut sind, taucht halb wassergefüllt wieder auf; es nachschleppend, folge ich meinen Gästen ans Ufer.

Bibbernd und lachend steigen die Deutschen an Land und danken mir für dieses großartige Abenteuer. Ihr Mißtrauen gegen das noto-

---

* Die Frau war Julia Hazel, und ich habe sie und ihr Boot später wiedererkannt, als sie anfing, Artikel für ›Cruising World‹ zu schreiben. Sie hat ihre Weltumsegelung anschließend fortgesetzt und erfolgreich beendet.

risch gefährliche Kleinbootsegeln hat sich bestätigt. Es wird gewitzelt, wie ich's denn ohne abzubuddeln von England bis hierher geschafft hätte. Sie beschließen, in ihre Pension zu gehen und sich umzuziehen. Wir sagen gute Nacht.

Ich glaube, es ist Zeit auszulaufen – nach Maine.

VON FAIAL
NACH 36°08′ NORD, 53°12′ WEST

8. Juli

1035: Welch eine Nacht. Kurz und gut – als ich um zwei Uhr, lange nach Ab-
flauen des Windes, volle zwei Minuten pumpen mußte, merkte ich, daß wir
viel zuviel Wasser machten. Ich glaube, ich habe die Hauptquelle gefunden:
die Beplankung am Vorschiff. Ich sah sie bei jeder Welle federn und sah beid-
seits des Vorstevens Wasser eindringen. Die gesamte Nacht von zwei Uhr bis
zehn Uhr morgens habe ich damit zugebracht, Sperrholz aus meinen Holz-
vorräten zuzuschneiden und zusätzliche Bodenwrangen anzubringen. Sie
sind etwas windig, aber jetzt wird das Boot hoffentlich nicht völlig aus dem
Leim gehen, oder wenn doch, dann wenigstens langsamer. Leider muß ich
mich nun mit dem Gedanken anfreunden, die »Toad« eines Tages aufgeben zu
müssen ...

Bei diesem Wort stockt die Feder. Ich stehe auf und mache mir eine
neue Tasse Kaffee, und was ich gerade geschrieben habe, wirbelt hal-
lend durch meinen Kopf wie ein Donnerschlag in einem Canyon: laut,
dann leise, dann wieder laut. Mit dem Kaffee gehe ich zurück zum
Kajütentisch und setze die Logbucheintragung fort.

Auf jeden Fall gehe ich erst von Bord, wenn das Boot unter mir wegsinkt. Ich
kann damit leben, häufig zu pumpen, ich hoffe nur, daß es nicht sehr viel
schlimmer wird. Gestern, nach einem Tag Aufkreuzen, nicht einmal gegen hef-
tigen Wind, wurde es ziemlich bedrohlich (wir kreuzen auch jetzt noch, aber
gegen leichteren Wind). Erster Gedanke: zurück zu den Azoren. Aber was
könnte ich dort ausrichten? Für eine sachgerechte Reparatur habe ich kein
Geld. Arbeit würde ich auf Faial wahrscheinlich nicht finden. Ganz zurück
nach Europa? Dann kann ich auch gleich weiter in die Staaten, wo ich we-
nigstens Arbeit bekomme, und überhaupt, ich will nicht nach Europa zurück.
Also pumpen und weiter Kurs Bermudas. Sollten wir in der Nähe der Bermu-
das noch einigermaßen schwimmfähig sein, geht's weiter nach Maine. Schnur-
stracks eine Reparaturwerft in Camden anlaufen, aufslippen und an Bord
leben, Arbeit finden, Geld verdienen, Boot flicken. Zu Wasser lassen. Um die
Welt segeln. Klingt gut. Vielleicht ist's Wahnsinn weiterzusegeln. Hoffentlich
nicht.
1315: Mittagsposition 32°52′N, 32°08′W. Magere 49 Meilen nach Südwe-

sten gutgemacht seit gestern mittag. 446 seit Abfahrt aus Horta vor sechs Tagen. Noch 2 000 bis zum Ziel.

Nach der Logbucheintragung esse ich zu Mittag. Azoreanischen Kohl, mein Brot, eine Büchse geräucherte Austern. Das erste Mal seit heute nacht, daß ich zur Ruhe komme. Die Sonne scheint. Warm und schön. Ich werd's in den Griff bekommen – das wär' doch gelacht.

Die meisten traditionell gebauten Holzboote lecken, besonders bei rauhem Fahrstil. Die Rümpfe »arbeiten«, Wasser findet den Weg ins Innere. Sie lecken in neuem Zustand nach dem Stapellauf. Sie lecken nach dem Winterlager: An Land trocknen und schrumpfen Planken und Holzwerk und quellen erst einige Zeit nach dem Eintauchen wieder auf und werden wasserdicht. Sie lecken, wenn sie nach langem Liegen wieder in See gehen. Sie lecken, wenn sie liegen.

Wasserdicht war die »Toad« nie. Als wir von den Jungferninseln nach St. Barts durch die Anegada-Passage kreuzten; als wir, nach monatelangem Liegen vor Dinner Key, durch die Floridastraße die Bahamas ansteuerten; und als wir nachts in der Straße von Gibraltar gegen einen heftigen Levante anknüppelten, der aus dem Mittelmeer herauswehte – stets schwappte Wasser in der Bilge, und wir haben eine ganze Weile pumpen müssen, um es herauszukriegen. Aber immer, wenn die Rumpfbelastung nachließ, der Streß vorbei war, kam auch kein Wasser mehr herein.

Das hat sich geändert. In den letzten beiden Tagen, 6. und 7. Juli, sind wir durch kurze, jedoch steile Wellen gegen einen nicht allzu harten Westsüdwest angekreuzt. Heute morgen drehte der Wind auf Nordwest und flaute ab, und die »Toad« läuft wieder wie auf Daunen gebettet. Trotzdem kommt Wasser herein.

Ich kenne die »Toad« und all ihre Planken und Holzteile wie meine Westentasche: Da hat sich etwas verändert, und nicht zum Besseren. An eine strukturelle Schwäche des Rumpfes kann ich nicht glauben, und meine in mühsamer Nachtarbeit eingezogenen Bodenwrangen waren, bei Lichte besehen, eine gedankenlose Reaktion auf das am Bug eindringende Wasser. Sie haben die Leckage nicht gestoppt. Sie haben mir nur die Sicherheit gegeben, daß der Bug nicht nach innen wegbrechen wird.

In den letzten fünf Jahren habe ich neben die alten Spanten in Lamelliertechnik mehr als achtzig neue gesetzt – dünne Furnierschichten aus Douglasfichte wurden mit Epoxidharz neben die alten geklebt, bis die gewünschte Dicke erreicht war; dann wurden sie von außen durch die Beplankung hindurch mit Hunderten von Bronzeschrauben fest an den Rumpf gezogen. Dadurch hat sich die Skelettstärke des Bootes effektiv verdoppelt. Bis heute glaube ich, daß die »Toad« im wesentlichen noch so stabil ist wie in ihrem Geburtsjahr 1939. Nirgendwo ist Holzfäule. Als J. und ich das Überwasserschiff abschmirgelten, um es neu anzustreichen, und uns durch jahrzehntealte Farbschichten bis auf die nackte Beplankung durcharbeiteten, sah das Lärchenholz wie neu aus und duftete auch so; stellenweise tropfte noch harziger Saft heraus. Nach meiner Panik-Tischlerei letzte Nacht glaube ich immer noch, daß die »Toad« strukturell gesund ist. Die Ursache muß anderswo liegen.

Der Voreigner der »Toad«, ein Holländer namens Henry, hat vor zehn Jahren in England das gesamte Unterwasserschiff mit einer Tuchbeschichtung aus Nylon überziehen lassen, die damals unter dem Namen Cascover im Handel war. Er wollte damit das Schiff gegen den Schiffsbohrwurm (Teredo) schützen, einen fast unsichtbaren Organismus, der im Seewasser lebt und sich gern in Planken einbohrt, wo er zu einem Wurm mit scharfen holzschneidenden Zähnen heranwächst. In den Tropen, wohin Henry das Boot führte, kann der Teredo bis zwei Meter lang werden und verheerende Schäden in der Beplankung anrichten. Beim Teredo habe ich immer eine Horrorfilmszene im Stil der fünfziger Jahre vor Augen: Hinter dem ahnungslosen Skipper, der Cola trinkt und BBC hört, bricht ein pythongroßes Monster mit knirschenden Reißzähnen aus den Planken und zermalmt ihn mit Haut und Haar. In Wahrheit bleibt der Teredo brav im Holz und wird nicht größer als Spaghetti. Aber er kann schon beängstigende Wühlarbeit leisten und ganze Planken in Pappmaché verwandeln. Gute Bodenfarbe, dick aufgetragen, hält den Wurm draußen, doch Farbe kann bei versehentlicher Grundberührung abgekratzt werden, oder der geldklamme Skipper läßt sich zuviel Zeit bis zum nächsten Neuanstrich. Eine Rumpfverkleidung in irgendeiner Form ist besser. Jahrhundertelang erhielten Holzrümpfe von Schiffen (und Yachten) einen dünnen Kupferblechbeschlag, der nicht nur Wurm-Attacken abwehrte, sondern durch Abgabe giftigen Kupferoxids auch die allgegenwärtige

Meeresflora fernhielt, die sich sonst überall ansetzt und einen schleimigen Bewuchs bildet. Glasfaserbeschichtung wäre eine moderne Alternative, doch diese haftet an den flexiblen Rümpfen traditionell gebauter Boote nicht gut. Besser haftet sie auf verwindungssteifem Sperrholz oder modernen Kunststoffrümpfen, und dann mit dem teureren, aber härteren und wasserfesteren Epoxidharz.

Cascover wurde als Decksbelag entwickelt. Ich weiß nicht, ob der Hersteller es auch als Rumpfbelag empfahl, aber Henry verwandte es als solchen und klebte es mit Resorzinkleber auf das Holz. Es hat zehn Jahre gehalten. So ganz glücklich war ich damit nie. Resorzinkleber kann im Laufe der Zeit brüchig werden, während Epoxid eine gewisse Elastizität behält. Vor dem Auslaufen aus Mylor bemerkte ich, daß der Belag unter der Wasserlinie stellenweise delaminierte, das heißt sich vom Rumpf abpellte. Ich hielt dies für die Ursache, daß das Wasser periodisch in die Bilge der »Toad« einsickerte, und klebte den Rumpfbelag mit Epoxidharz wieder fest. Aber die alten, resorzinverklebten Partien machen mir Sorgen. Ich habe beschlossen, in Maine den gesamten Belag zu entfernen und es mit etwas anderem zu versuchen, entweder einem guten Antifouling oder einer Neubeschichtung des Rumpfes, einer zweiten Außenhaut aus Holzfurnier und Epoxid. Damals in Mylor dachte ich mir: Hat der alte Belag zehn Jahre gehalten, dann hält er auch noch zwei, drei Monate bis Maine.

Vielleicht. Sofern's überhaupt daran liegt. Ich muß es herausfinden.

Wir laufen zwei bis drei Knoten. Ich krame Maske und Schnorchel hervor, wandere nach vorn und setze mich auf das Bugspriet, halte nach Haien Ausschau, sehe aber keine. Sie zeigen sich ja auch nicht wie auf dem Präsentierteller. Ich lege Maske und Schnorchel an und klettere hinab auf das Wasserstag, die Kette, die von der Spitze des Bugspriets hinabläuft zu einem Augbolzen im Vordersteven direkt über der Wasserlinie. Hier ist der beste Logenplatz, wenn die Delphine auftauchen, an unserer Bugwelle vorbeitollen und vor dem Boot Kapriolen schlagen. Noch einmal blicke ich rundum, dann lasse ich mich ins Wasser gleiten, die Hände fest an der Kette. Ich inspiziere den Vorsteven und beide Seiten des Rumpfes. Die reparierten Stellen sehen gut aus. Auch an den übrigen Belagpartien kann ich nichts Verdächtiges entdecken, keine Abschälungen.

Dann, einen Augenblick lang, schaue ich in den Ozean hinab. Blauneblig sieht er aus, durchstochen von tänzelnden Lichtpfeilen. Wie in einem Vakuum schwebt die »Toad« in einer Wassertasche, die seltsam klar und ungefärbt ist vom umgebenden Blau. Ich blicke mich in der Horizontalen um und sehe nichts als Blau. Mich packt eine unglaubliche blinde Angst vor den Tiefen unter mir, den unendlichen Wassermassen um mich und dem, was plötzlich aus dem transparenten Blau auftauchen und auf mich zugleiten mag. Mir fällt ein, daß Robin Knox-Johnston einmal Stunden im Wasser verbracht hat, um einen lecken Plankenstoß in seinem Holzboot »Suhaili« abzudichten, und ich zwinge mich, noch einen Augenblick länger am Wasserstag zu hängen. Dann kann ich nicht mehr, keine Nanosekunde mehr, und schnelle mich über Wasserstag und Bugspriet an Deck, wo ich keuchend und triefend stehe.

Unten im Boot sammelt sich schon wieder – und diesmal aus mir völlig unerklärlichen Gründen – Wasser, gurgelt in der Bilge umher, steigt. Ich pumpe es aus.

Den Nachmittag verbringe ich mit dem Packen einer Nottasche für den Fall, daß die »Toad« sinkt und ich eilends ins Dingi muß: Angelzeug, Proviant (unter anderem das Erdnußmus aus »Neal's Yard«, das ich seit England kaum angerührt habe, welches mir aber aus irgendeinem Grund jetzt wie unabdingbare Survival-Nahrung erscheint), Wasser, Reisepaß, Sextant, Armbanduhr, nautisches Jahrbuch und Tabellen, Sunblocker, Hut, Schweizer Armeemesser, Notraketen und Gibbons ›Verfall und Untergang des Römischen Reiches‹, zu dem ich, wie zum Erdnußmus, bisher nicht den rechten Zugang gefunden habe. Vielleicht werden Buch wie Erdnußmus für den Schiffbrüchigen im tanzenden Dingi einmal zur wahrhaft lebensrettenden »Nahrung«.

Ein Rettungsfloß habe ich nicht an Bord. Es war mir immer zu teuer, und da ich viele Berichte über Rettungsflöße gelesen habe, die sich nach dem Zuwasserbringen nicht aufbliesen oder nach kurzer Zeit zerrissen, empfinde ich das nicht als allzugroßes Manko. Unter dem Cockpit verstaut ist unser altes, geflicktes Schlauchboot, aber das würde ich nur im äußersten Notfall benutzen. Sollte ich wirklich von Bord müssen, dann will ich in mein 2,5-Meter-Segeldingi steigen, das durch Auftriebskörper unsinkbar ist, den Mast aufstellen, das Segel setzen und starten. Mit wirklich schwerem Wetter rechne ich nicht. Hineingeschwapptes Wasser kann ich ausschöpfen. Ich kann beidrehen und schlafen. Bei Windstille werde ich mich mit der stürmischen Geschichte Roms beschäftigen. Und vor allem, ich kann ein Ziel ansteuern, ohne passiv auf Rettung warten zu müssen (selbst an Rettungsinseln voll verzweifelt winkender Schiffbrüchiger laufen Dampfer bekanntermaßen immer wieder blind vorbei). Ich werde die Bermudas oder die Azoren ansteuern, je nachdem, was näher liegt. Daß ich nicht tatenlos herumsitzen muß, wird mir psychologisch eine große Hilfe sein.

Das Wetter – das nie wirklich schlecht war, obwohl wir in den letzten Tagen grauen Himmel, Kabbelsee und Gegenwind hatten – wird wieder richtig schön.

Heute abend: glatte See, drei Knoten Fahrt, ein seidiges Gleiten direkt in den Sonnenuntergang hinein. Das Leben an Bord der »Toad« ist so schön wie eh und je. »Jazz Hour« auf VOA, Meredith D'Ambrosios Klavierspiel, angesagt von Willis Conover mit rauchiger Stimme. Aus dem Dampfkochtopf kommt ein herrliches Abendessen: Bohneneintopf mit Tomaten, Zwiebeln, Knoblauch, Kräutern und diversen azoreanischen Gemüsen. Ich trinke azoreanischen Wein. Ich sehe die Sonne auf die glatte Kimm sinken, sehe das grünliche Funkeln. Die ganze Zeit grüble ich, ob ich die »Toad« werde verlassen müssen.

9. Juli

Zwei Minuten Pumpen pro Stunde, und die Bilge ist wieder einigermaßen leer. Die eindringende Wassermenge scheint konstant; kein Problem, solange es nicht mehr wird. Das Wetter heute ist immer noch freundlich, und an Bord der »Toad« scheint alles in bester Ordnung. Doch nun, da ich die Möglichkeit in Betracht gezogen habe, das Boot könne sinken, frage ich mich, wie ich J. diesen Verlust beibringen und was sie denken würde. Wird sie mir die Schuld geben? Mich verachten? Mich hassen? Wird dies das Ende unserer Beziehung besiegeln? Gewiß, ich segle die »Toad« in die Staaten, um sie zu verkaufen, aber sie ist für uns mehr als toter Besitz. Eher ein Kind, das wir schweren Herzens zur Adoption freigeben. Nach allem, was wir auf diesem Boot gemeinsam erlebt haben, scheint es immer noch undenkbar, es in fremde Hände zu geben, ebenso wie es mir in gewissen Augenblicken immer noch seltsam erscheint, daß J. nicht an Bord ist. Solange die »Toad« flott bleibt, dachte ich immer, besteht eine leise Hoffnung, daß wir wieder zusammenkommen.

Unweigerlich wirft dieser Gedanke die Frage auf, die ich mir ständig stelle – woran unsere Beziehung zerbrochen ist. Und unwiderstehlich fühle ich mich bei der Suche nach einer Antwort zu J.s Tagebüchern hingezogen, jetzt, da ich den Sack geöffnet und sie gefunden habe. Tagträumend, in wehmütiger und schmerzhafter Erinnerung, blättere ich in ihnen.

Im Spätherbst, nach fast sechs Monaten in Südfrankreich, wurde die »Viva III« verkauft. J.s Stimmung hatte sich aufgehellt, besonders im September und Oktober, nachdem die Massen die Küste verlassen hatten. Wir waren nun schon so lange hier und kannten uns so gut aus, daß wir uns wie Einheimische fühlten. J. hatte die Yacht als Zuhause liebgewonnen, und es kam sie hart an, sie räumen zu müssen.

Stumm und bedrückt packten wir unsere Siebensachen und fuhren heim nach England. Irgendwo auf dem Lande in Nordfrankreich – schreibt sie, und mir fällt es wieder ein – sammelten wir am Straßenrand eine heruntergefallene Ladung köstlicher weißer Zuckerrüben auf und aßen tagelang davon.

In London fiel J. in schwere Depressionen. Nach sechs Monaten Zweisamkeit auf dem Boot mußte sie mich wieder mit ihrem Bruder und meiner Familie teilen, mußte zusehen, wie ich lustvoll meine alten menschlichen Kontakte erneuerte; dadurch fühlte sie sich hintangesetzt. Nichts, was ich sagen oder tun konnte, änderte daran etwas – außer, ich verzichtete auf Besuche bei David und Martin und meiner Mutter. Auf einer einsamen Insel, glaubte ich, wäre sie mit mir glücklicher gewesen. Das machte mir angst. Tag für Tag schreibt sie in ihr Journal, daß sie unglücklich ist, niedergeschlagen, daß wir streiten. Je deprimierter sie wurde, desto leichter fand ich es, meine Schritte und Augen anderswohin zu richten.

Daran erinnere ich mich; das Ausmaß ist es, das ich vergessen hatte. Aber da steht es schwarz auf weiß, eine unerbittliche Chronik ihres

Elends, in kleiner, in sich gekehrter Handschrift. Rasch überfliege ich viele Seiten, die schildern, wie enttäuscht sie von mir ist – ein Appell an mich? Wollte sie, daß ich es lese? Hätte es sich um meine Tagebücher gehandelt, hätte sie garantiert schon sehr bald jedes Wort gelesen. Aber ihre lagen jahrelang herum, und erst jetzt schlage ich sie auf. Hätte ich es früher tun sollen?

Zu Weihnachten fuhren wir mit Martin, seiner Freundin und J.s und Martins Vater und Stiefmutter auf die Virgin Islands. Das war nicht mehr mein Heimatrevier – wie J. London sah –, und sie war glücklicher. Wunderschön war es hier, und überall lagen Boote. Der Wunsch, wieder auf einem Boot zu leben, wurde übermächtig, und wir planten an jenem Weihnachtsfest, so bald wie möglich zu den Virgins zurückzukehren und ein Boot aufzutreiben. J. freute sich, aus London wegzukommen, und mir war klar, daß dies für uns kein gutes Pflaster war. Ein Tapetenwechsel mochte uns guttun.

Den Frühling verbrachten wir in Washington, D.C., im Haus ihres Vaters in Georgetown, und verdienten Geld für unseren Umzug. Ich fuhr Taxi, meist nachts, von Arlington aus, und J. arbeitete in einer Boutique in Georgetown.

Plötzlich eröffnet mir ihr Tagebuch Einblick in Entwicklungen, von denen ich keine Ahnung hatte. Offensichtlich war auch José, ihr alter bolivianischer Freund, in Washington, und sie begannen einander zu treffen: in einer Bar namens »Charing Cross«; an anderen ungenannten Orten; und mindestens einmal sind sie nach Great Falls gefahren und haben gepicknickt. Immer wieder Verabredungen, viele Wochen lang, nach der Arbeit, während ich Taxi fuhr, drüben in Virginia, auf der anderen Seite des Potomac. Sie schreibt, wie schön diese Treffen waren, wie locker und gelöst; er sei so lieb wie früher, und sie fühle sich wohl mit ihm. Und sie schreibt: Sie und ich förderten gegenseitig das Schlimmste zutage, das in uns stecke, wir deprimierten einander, und sie frage sich, warum wir noch zusammenseien.

Ein gelinder Schock ist es, dies jetzt, nach Jahren, zu lesen. Ich entsinne mich nun, wie oft sie mir gesagt hat, sie gehe nach der Arbeit mit Cindy aus, ihrer Kollegin aus der Boutique. Ja, J. und Cindy waren befreundet, ja, sie sind zusammen ausgegangen, aber anscheinend doch etwas weniger, als ich wußte.

Die näheren Einzelheiten der Meetings läßt das Tagebuch im dunkeln. Das ist eigentlich wenig typisch. Ob sie daran gedacht hat, mich zu verlassen, mit ihm zu gehen? Hat sie gewollt, und er nicht? Wie sehr stand für sie alles auf der Kippe? Warum ist sie bei mir geblieben?

Jedenfalls: Sie blieb. Wir verfolgten unsere Pläne weiter. Im März flogen wir nach St. Thomas und setzten per Fährschiff nach Tortola über, eine der Britischen Jungferninseln. Nach ein paar Tagen in einer Pension in Road Town und Besichtigung diverser Wohnungen und kleiner Häuser auf der Insel mieteten wir eine Wohnung auf Frenchman's Cay, dem vorgelagerten Eiland von West End. Damals war das ein verschlafenes Fleckchen. Eine einzige Bar gab es, »Poor Richard's«, betrieben von Rick, einem gastfreundlichen, aber mysteriösen Amerikaner, der über seine Vergangenheit und sein Leben außerhalb seines Lokals nur sehr wenig Worte verlor. Charterboote gab es hier nicht, bloß ein paar Fischerkähne und einige kleine Holzyachten, vor Anker in dem blauen, zehn Faden tiefen Wasser der Bucht.

Plötzlich waren wir glücklich. Schlagartig ändern sich Ton und Erscheinungsbild des Tagebuchs: keine halbleeren Seiten mehr mit ein paar hingeworfenen Notizen oder Klagen über P. Die Seiten sind nun vollgeschrieben, in größerer, sichererer Schrift, mit Berichten über gemeinsame Erlebnisse. Wir wanderten und trampten über die gesamte Insel, machten Erkundungstouren, schwammen, schauten uns Boote an. Wir trafen englische Aussteiger, die uns im Auto mitnahmen und manchmal von zum Verkauf stehenden Booten wußten.

Wir verliebten uns in Tortola. Die Insel ist mir – zumindest aus unserer allerersten Zeit dort – im Gedächtnis geblieben als unverdorbenes Karibik-Eiland, von allen außer den Ureinwohnern verlassen. Vielleicht lag's an der Jahreszeit, vielleicht daran, daß wir stets zu Fuß gingen und uns eigene Pfade suchten und scheu wie Pandas allen Zeichen der Zivilisation aus dem Wege gingen: Jedenfalls schienen wir nur leere Strände und unberührte Landschaften zu finden. Durstig stolperten wir aus den Bergen in kleine Dörfchen aus Wellblechhütten, fanden die Holzbude, die als Dorfladen diente, und kauften eisgekühlte Flaschen *Malta*, ein süßes alkoholfreies Malzgetränk, das keiner von uns zuvor gekostet hatte. Man sah so wenig Zeichen von Tourismus, daß man sich in den vierziger Jahren wähnen konnte. Ich trug eine Machete bei mir, und manchmal schlug ich, wie Stewart Granger in einem Dschungelfilm, damit mannhaft einen Weg für uns durchs Gestrüpp. Ich schnitt meiner Gefährtin wilde Papayas auf und turnte auf Kokospalmen hinauf, wo ich junge Nüsse köpfte, damit wir die Milch trinken konnten. Wie im einsamsten Polynesien kamen wir uns vor, und auf unseren Entdeckungsgängen schwatzten wir über Boote und darüber, wohin wir eines Tages segeln wollten.

Wir lernten Mike Underhill kennen, einen Engländer, der mit seinen beiden Kindern, der fünfzehnjährigen Sally und dem zwölfjährigen Ian, in einer versteckten Blechhütte im Wald bei West End lebte. Mike war kahl und sah aus wie der Schauspieler Robert Duvall. Daheim trug er nie etwas anderes als eine kurze Badehose; draußen zog er noch Hemd und Kappe an. Die beiden Kinder waren dunkel, glatthaarig und hübsch; die Mutter stammte aus Britisch-Guayana, lebte in Road Town und besuchte die Familie hin und wieder. Mike tauchte nach Langusten, die er an Rick im »Poor Richard's« und an andere verkaufte. Dies war seine Haupteinnahmequelle, doch im Wohnzimmer hatte er zudem eine gutausgestattete Werkstatt für Metallbearbeitung, sogar mit Drehbank, und führte gelegentlich Reparaturen für Segler aus, die den Weg zu seiner Tür fanden. Er war intelligent, hatte Tausende von Büchern herumstehen, war äußerst belesen und besaß viel Humor sowie einen ausgeprägten Verfolgungswahn, was die »Eingeborenen« anging. Stets war er sicher, daß mehrere von ihnen im Gebüsch lauerten, um etwas zu stehlen, und unter den Kissen in seinem schmuddeligen Schlafbereich lagen mehrere geladene Revolver. Als wir ihn kennenlernten, war er zugeknöpft, taute aber später auf. Stundenlange Gespräche führten wir mit ihm in seiner Hütte. In unseren drei Jahren auf den Jungferninseln wurde er zum treuen Freund. Er lieh mir Bücher und brachte mir bei, vor dem Tauchen zu hyperventilieren.

Der 23. April war unser einjähriger Hochzeitstag. Wir besuchten Mike, zogen uns dann gut an und trampten nach Road Town, wo wir im »Moorings« ein Bier tranken und dann im »Fort Burt Hotel« am Hafen dinierten, wo eine Steelband spielte und wir zu den Klängen der zu Trommeln umfunktionierten Ölfässer tanzten, was, wie J. schreibt, sogar mir Spaß machte.

Wir hörten, auf St. Thomas stehe ein interessantes Boot zum Verkauf, und fuhren hin, um es uns anzusehen: »Fomalhaut«, ein elf Meter langes kuttergetakeltes Schiff mit Senkrechtbug, entworfen von

Sam Crocker, 1939 gebaut vom heute berühmten Bud McIntosh in New Hampshire. Es lag am Kai der Antilles Yacht Services, einer Bootswerft in einer mangrovengesäumten Bucht an der Südostseite der Insel, die im Volksmund »die Lagune« hieß. Ein Ort, den wir nur zu gut kennenlernen sollten. Das Boot gefiel uns auf Anhieb, wir fanden es schön und konnten uns gut vorstellen, an Bord zu leben. Leider war die »Fomalhaut« – so Billy Walker, Bootsbauer der Werft – von der Substanz her in schlechtem Zustand und nur unter hohem Zeit- und unangemessenem Geldaufwand zu restaurieren. So mußten unter anderem sämtliche Schrauben im Rumpf erneuert werden. Niedergeschlagen fuhren wir nach Tortola zurück.

Klar war: Wenn wir ein Boot finden wollten, mußten wir nach St. Thomas umziehen. Auf Tortola hatten wir alles gesehen, und auf St. Thomas gab es mindestens zehnmal so viele Boote. Wir hatten sogar eine Bleibe. Auf der Bootswerft an der Lagune hatten wir Newt Farley kennengelernt, einen Schiffsprüfer und -gutachter, der auf seiner Privatyacht »Xanadu« in Red Hook am Ostende von St. Thomas wohnte. Er hatte uns Logis an Bord angeboten, wenn wir ein paar Lackierarbeiten übernähmen. So eng auf Tuchfühlung wollten wir eigentlich nicht mit ihm gehen – bis wir erfuhren, daß die »Xanadu« eine 34 Meter lange Dampfyacht war und wir unsere eigene Luxuskabine haben würden.

Schwer wurde der Abschied von Tortola. Wir zögerten den Umzug noch einige Wochen hinaus, dann bereitete der Amtsschimmel unserem Inselmärchen ein jähes Ende. Die Einwanderungsbeamten von Tortola, hoheitsvoll und eigensinnig wie Sultane (leidiges Erbe der britischen Kolonialverwaltung in der Karibik), weigerten sich, unsere Visa zu verlängern, und wir bekamen einen Tag Zeit, um unsere Sachen zu packen und die British Virgins zu verlassen. Gerade mal einen Monat waren wir hier gewesen.

Ich rief Newt Farley an, der sein Angebot – Kost und Logis gegen ein paar Verschönerungsarbeiten an seinem Schiff – erneuerte, und wir schnürten hastig unser Bündel und nahmen noch am selben Tag die Fähre nach St. Thomas. Mit dem Bus fuhren wir nach Red Hook, wo die »Xanadu« vor Anker lag, und kamen in tropischer Dämmerung an. Newt trafen wir auf dem Kai in Johnny Harms Sportangler-Marina, mit seiner Frau Deirdre, gerade von der Arbeit heimgekommen, und Bob, einem weiteren Aussteiger, der auf der »Xanadu« mitlebte. In Newts Beiboot knatterten wir alle hinaus zu der großen Yacht.

Das alles ging viel zu schnell für J. Ihre Tagebucheintragung, geschrieben an jenem Abend in unserer neuen Kabine, hat einen gehetzten, verwirrten Ton. Sie war der Verzweiflung nahe, fühlte sich in die Enge getrieben, alleingelassen …

Rasch wurde uns klar, daß das Leben auf der »Xanadu« nur eine Not- und Übergangslösung sein konnte. Das Boot war extraordinär: 1915 in Maine gebaut, Vorbesitzer J. P. Morgan, später ein Vanderbilt; langer Klipperbug, Bugspriet, schlankes überhängendes Heck, hoher Schornstein und zwei Masten, der hintere etwas größer, alles mit Fall, das heißt leicht nach achtern geneigt, was das Schiff schon im Stillstand elegant und schnell wirken ließ. Eine echte Luxusyacht, die prächtigste, auf der ich je gewesen bin. Doch ihre Schönheit rührte allein aus ihren Linien und aus der Aura einer versunkenen Epoche, die sie umgab; sie war heruntergekommen und gehörte einem Träumer, der sich den Unterhalt nicht leisten konnte. Am Wasserpaß waberte Bewuchs (»Kaum etwas sieht verkommener aus«, urteilte Eric Hiscock streng); das lackierte Teakholz, unzählige Quadratmeter, warf Blasen; die Tropensonne hatte Deck und Rumpfbeplankung so ausgedörrt, daß das Schiff leckte wie ein Sieb. Die Dampfmaschine war »vorübergehend« außer Betrieb, so daß das Schiff nur noch mit Schlepphilfe hätte laufen können. Aber es lief nicht mehr. Es war an Land festgewachsen, ein liebenswürdiges Relikt aus einer anderen Welt, nutzlos in dieser.

An Bord, in dieser verrotteten mondänen Schönheit, lebten Newt, der Sachverständige, der den Zustand seines Bootes nur allzugut kannte, und Deirdre, die auf Grande Dame machte, obwohl sie nicht den ganzen Tag in einer Luxuskabine residierte, sondern allmorgendlich an Land ging und in einer Touristenboutique in Charlotte Amalie arbeitete. Abends kam sie heim mit Steaks, nicht aus dem Supermarkt, wo die *Peons,* die südamerikanischen Tagelöhner, kauften, sondern von »Jerry Meats«, einem noblen Feinkostladen, der Fleisch frisch aus Texas einfliegen ließ und nur die besten Restaurants in St. Thomas – und Deirdre – belieferte. Wie die Vanderbilts dinierten wir im mahagonigetäfelten Speisesaal der »Xanadu«, während Deirdre sich voller Verachtung über die Pauschaltouristen ausließ, die heute wieder durch ihren Laden getrapst waren. Im Lauf des Abends stieg bei ihr und

Newt regelmäßig der Alkoholpegel, und sie begannen, sich üble Dinge an den Kopf zu werfen. Dann zogen J. und ich uns stillschweigend zurück aufs Deck, oder wir nahmen das Beiboot und fuhren an Land, oder wir schlichen uns einfach die Treppe hinunter in unsere getäfelte Kabine und versuchten zu lesen oder einander zu trösten oder Fluchtpläne zu schmieden, während irgendwo, durch mehrere Schotten hörbar, Newt und Deirdre schrien und keiften.

Bob, das andere Mitglied unserer Schiffsfamilie, war ein großer, gemütlicher, rotbärtiger Mann aus Maine, der hier zu den gleichen Bedingungen lebte wie wir: Kost und Logis gegen Mithilfe beim Kampf gegen den galoppierenden Verfall. Er schien vollkommen glücklich an Bord. Newts und Deirdres Auseinandersetzungen ließen ihn kalt. Er puzzelte auf dem Boot herum, nahm kleine Pumpen, Winschen und sonstige unwichtigen Geräte auseinander, legte ihre Einzelteile säuberlich in Reih und Glied und ölte sie ein. Solche Arbeiten, die nur einen Schraubschlüssel und Fleiß erforderten, waren praktisch das einzige, was man an Bord der »Xanadu« tun konnte. Grundsanierungen wie die Reparatur der riesigen antiken Maschine, Neuverschraubung und Kalfaterung des Rumpfes sowie Beseitigung der Holzfäule hätten Hunderttausende Dollar gekostet; eine komplette Restaurierung Millionen. Dennoch, Bobs Fleiß war unermüdlich. Und abends, nach dem Essen, während Newt und Deirdre im Speisesaal Amok liefen, ging Bob still aufs Deck mit einem Bier und warf ein paar Abfälle als Köder für Haie ins Wasser, so glücklich wie ein Angler an einem Waldsee.

Er und J. wurden große Verbündete durch ihre gemeinsame Fixierung auf Haie. Eines Abends kam Bob mit einer zwei Meter langen Kette und einem zwanzig Zentimeter langen Hai-Haken aus Harms Marina. Er und J. steckten eines der frisch eingeflogenen Lendensteaks an den Haken und warteten auf den weißen Hai. Gottlob kam er nicht.

Vormittags arbeiteten wir auf der »Xanadu«, nachmittags gingen wir an Land und suchten Arbeit. Ich fand schließlich einen Abendjob als Barmann und J. eine Stelle als Kellnerin in einem mexikanischen Restaurant, »El Papagayo«. Oft fuhr sie mit einer anderen »Papagayo«-Kellnerin zur Arbeit, die in der Werft-»Lagune« auf einem Boot lebte. Eines Abends kam sie zur »Xanadu« zurück und erzählte mir von einem englischen 8,30-Meter-Kutter, den sie in der Lagune gesehen hatte. Am nächsten Tag nahmen wir ihn in Augenschein.

Die »Suky« – eine pummelige kleine Lady, aufgeslippt, der Eigner irgendwo unter dem Rumpf am Werkeln, an den Planken ein Schild ZU VERKAUFEN – gefiel mir auf den ersten Blick überhaupt nicht. Doch J. entdeckte ihre starken Seiten eher als ich. Mir gefiel der hohe kastenförmige Kajütaufbau nicht – orange gestrichen auch noch –, der sie in meinen Augen entstellte. Nein, eine Schönheit war sie nicht. Charaktervoll, vielleicht. *Vielleicht.* Innen definitiv hippie-mäßig, wie ein VW-Bus aus Haight-Ashbury, der Hochburg der Blumenkinder in San Francisco bis 1968. Sie war eine Promenadenmischung. Aber sie hatte ein nettes langes Bugspriet. Und sie war gerade über den Atlantik gesegelt.

Der Eigner, ein Holländer namens Henry, mit einer Muschelkette um den Hals, versicherte uns, sie segele sich sehr leicht. Die Maschine habe irgendwo in den Grenadinen den Geist aufgegeben, und er habe sie über Bord geworfen und sie bisher nie vermißt. Wir fragten, warum er denn verkaufe. Henry zuckte die Achseln und grinste. Mal was anderes, Abwechslung, sagte er.

Ein Spinner, dachte ich, das Boot eines Spinners. Während wir zuschauten, hantierte er mit Tuchbahnen und Kleber am Unterwasserschiff herum. Auf meine Frage hin sagte er: »Großartiges Zeug, Mann, Cascover, Rumpfbeschichtung, du pappst es drauf, und es hält die Würmer draußen, und du brauchst nie wieder zu kalfatern.« Er überklebte gerade eine alte Bahn, die sich etwas gelöst hatte, mit einer neuen. 7000 Dollar wollte er für sein Schiff.

Nachdenklich fuhren wir zur Arbeit. Nach ein paar Tagen war uns die freakige »Suky« noch nicht aus dem Kopf gegangen, im Gegenteil. Das Orange der Kajüte, nun ja, das konnte man überstreichen. Warf man Henrys Krimskrams aus dem Boot, würde das Interieur eigentlich stark an Hiscocks »Wanderer III« erinnern. Tatsächlich hatte die »Suky« viel mit Hiscocks Boot gemein: Baujahr 1939, elf Jahre vor der »Wanderer«; beide waren traditionelle englische Kutteryachten mit zahlreichen Ähnlichkeiten. Der Hauptunterschied war, daß die »Wanderer« nahezu einen Meter länger war und einen Drittelmeter tiefer im Kiel, so daß die Hiscocks auch ohne hohen Kajütaufbau genügend Stehhöhe hatten. Der geringere Tiefgang der »Suky« war andererseits günstiger für seichte Gewässer. Sie würde ein gutes Boot für die Flachwassergebiete der Bahamas abgeben, wo, wie Eric in ›Atlantic Cruise in Wanderer III‹ klagt, ein Tiefgang von 1,70 Meter sie nervös machte und sie von vielen Ankerplätzen fernhielt. Die »Suky« war die knuffige kurzbeinige Schwester der »Wanderer«.

Der größte Reiz des Bootes war, daß wir dachten, wir könnten den Kaufpreis zusammenkratzen. Dann hätten wir endlich einen eigenen schwimmenden Untersatz, von dem uns keiner verjagen könnte. Ein eigenes Heim. Unabhängigkeit.

Tage später fuhren wir zur Werft und inspizierten das Boot erneut. Frisch gestrichen würde es Klassen besser aussehen. Adretter. Ein Bastard, ja, aber die sind ja oft besonders liebenswert. Unser Bastard sah aus, als könnte er einem eines Tages ans Herz wachsen, doch im Moment wirkte er recht trostlos mit dem nackten Rumpf, der abgekratzten Farbe, dem aufgekleisterten Tuch. Und der grauenvolle Kajütaufbau – er hatte die Farbe von *Sauce rouille*, die sich in einer Bouillabaisse gut macht, aber nicht auf einem Boot. Nicht auf einem häßlichen Entlein, das ein gekonntes Make-up braucht, um gut auszusehen. Es machte mich wütend: Henry war ersichtlich ein Banause, ein Anti-Ästhet, ein Bootsschänder.

Er war nicht an Bord. Wir fanden ihn am anderen Ende der Werft auf der »H. M. S. Pinafore«, einem Wrack, das man irgendwann aus dem Wasser gezogen, in Thekenhöhe abgesägt, mit einem Dach versehen und zur Bierkneipe umfunktioniert hatte. Wir boten 5 000 Dollar vorbehaltlich einer Prüfung durch einen Gutachter. Sein Gegengebot: 6 500 Dollar plus Werftrechnung. Unser Gegengebot: 6 000 Dollar plus Werftrechnung – wenn sie nicht zu hoch war. Er schlug ein.

Abends erzählten wir Newt, Deirdre und Bob aufgeregt von der »Suky«. Sie freuten sich und gratulierten uns. Deirdre hatte ein paar alte Bettlaken, die sie entbehren konnte. Newt sagte, er werde das Boot kostenlos für uns begutachten.

Ein paar Tage später tat er es. Fachmännisch fing er am Bug an, polkte mit einem kleinen Schraubenzieher im Vorsteven und in den Spanten herum, auf der Suche nach Holzfäule. Schritt für Schritt arbeitete er sich vor bis zur Bilge. Dann verließ ihn die Kraft. Bleich und sichtlich verkatert setzte er sich in die Kajüte. Keine Holzfäule, japste er schwitzend. Ein paar Spanten angeknackst, aber die konnten mit neuen, lamellierten Spanten verstärkt werden; sonst gab es nichts akut Reparaturbedürftiges. Es war ein kleines, einfaches Boot, dies und das würden wir im Lauf der Zeit daran verbessern wollen und müssen, aber Henry war damit hergesegelt, so konnten wir damit fortsegeln. Sprich: Es sieht ordentlich aus, und mehr könnt ihr für 6 000 Dollar kaum verlangen. Das dachten wir auch. Gewiß war es kein Blauwasser-Vollblut, kein Kap-Hoorn-Renner, aber wir konnten darauf in der Karibik eine Zeitlang billig leben und etwas *erleben*. Und die Tuchbeschichtung des Rumpfes? fragte ich Newt. Er zuckte die Achseln. Solange es fuhr … .

Wir gaben Henry 1 000 Dollar und warteten darauf, daß uns der Rest aus den Staaten überwiesen wurde. Es war alles, was wir besaßen, und J.s Vater hatte noch ein bißchen drauflegen müssen. Henry packte zwei Taschen und verschwand, und J. und ich räumten unsere Kabine auf der »Xanadu« und bezogen unser neues Heim.

Gleich ändert sich wieder der Ton in J.s Tagebuch. Es ist voller Details unserer Arbeit an dem Boot. Am Dienstag, dem 21. Juni, ihrem Geburtstag, wurde sie morgens mit einer Schatzsuche überrascht. Wir kannten die Ecken und Winkel des Bootes noch nicht so gut, und es machte uns einen Heidenspaß, die Geschenke zu verstecken und aufzuspüren. Sie bekam ein karibisches Kochbuch und – eingedenk ihres Geschenks an mich vor Jahresfrist auf der »Viva III« – ein Paar Docksiders. Abends aßen wir Fisch bei »Daddy's«, einem Lokal in der Nähe der Werft.

Unter Mithilfe von Billy Walker, dem Bootsbauer der Werft, der sich dabei ziemlich amüsierte (wir hatten keine Ahnung, worauf wir uns einließen, aber er wußte es), arbeiteten J. und ich daran, das Boot wieder ins Wasser zu kriegen. Wir räumten Schmutzhalden aus der Bilge und gossen gallonenweise Holzschutzmittel hinein, von dem die ganzheitlich denkenden Freaks, die den Großteil des Tages in der »Pinafore-Bar« herumhingen, behaupteten, es enthalte jede Menge von dem Entlaubungsmittel *Agent Orange*. Wir erneuerten rostige Beschläge und Schrauben, fahndeten nach undichten Deckstellen, die Regenwasser durchließen, und entfernten schließlich im gesamten Bootsinneren die Farbe und gönnten ihm einen Neuanstrich mit weißlicher Lackfarbe, in einem Farbton, den der Hersteller »White Sand« nannte.

Wir entdeckten in uns eine schier unerschöpfliche Liebe zu unserem neuen Boot. Während es sich fast stündlich unter seinen vielen neuen

Farbschichten verwandelte, traten wir immer wieder zurück und starrten es an, voll Staunen, Bewunderung und genau der Liebe, die man einem Hund entgegenbringt, den man herrenlos in einem Morast gefunden hat und zu Hause in der Badewanne abschrubbt – eine Promenadenmischung, liebenswert gerade wegen ihrer kauzigen Unvollkommenheit. Und darüber hinaus die prickelnde Vorfreude, daß wir dieses Holzhaus nun bald mit allem, was wir besaßen, beziehen und bewohnen würden, daß wir zwischen diesen tropischen Inseln umhersegeln und kostenlos vor Stränden ankern würden, die wir nur von Fährschiffen aus gesehen hatten. Wir starrten und starrten dieses kleine Boot an, und starrten immer wieder aufs neue, wenn wir die Werft verlassen hatten und zurückkamen. All seine tausend Teile, alles Holz, alle Beschläge, Taue und Leinen und Segel gehörten uns. Nie hatte irgend etwas Materielles uns beiden so viel bedeutet, und wahrscheinlich wird das in diesem Leben für uns beide auch nie wieder der Fall sein.

Geändert werden mußte allerdings sofort der Name. Zwar bringt es nach altem Seemanns-Aberglauben Unglück, den Schiffsnamen zu wechseln. Doch »Suky« war nicht der ursprüngliche Taufname, sondern Henrys Phantasie entsprungen und uns durch die Assoziation mit ihm nun verleidet. Wir sahen Henry jetzt nur noch, wenn er vorbeikam, um nach dem überwiesenen Geld zu fragen; auf unsere Fragenflut betreffs des Bootes schwieg er beharrlich, abgesehen von der herablassenden, von schiefem Grinsen begleiteten Bemerkung: »Schuky‹ isch scheefest«, nach dem Motto, ihr werdet schon alles selber herausfinden. Wir taten's. Und änderten dann fast alles auf dem Boot.

Liebevoll verzeichnet J.s Tagebuch die Namen, die wir erwogen wie werdende Eltern: »Papaya«. »Beagle« (gefällt mir immer noch, einmal als Reverenz an Darwins und Fitzroys wackere »Beagle«, zum anderen, weil das Boot mit seinem gedrungenen tapsigen Charme an einen Beagle erinnerte). »Magdaleña«. »Sobrasada« (eine Hausmacherwurst aus Mallorca, die J. liebte). Keine Bootsnamen, die einen vom Hocker reißen, aber die meisten Bootsnamen sind ein bißchen albern, und unsere hatten Bedeutung für uns (wir mochten Papaya und aßen viel davon). Nur »Madgaleña« hatte keinen tieferen Sinn, der Name gefiel uns einfach, wir riefen ihn als Kosenamen dem Boot oft zu, auch wenn wir ihn noch nicht an den Heckspiegel malten.

Wir hatten das Geld zusammen. Henry nahm es und verschwand. Der Tag des Stapellaufes nahte. Gegen Abend glitt das Boot ins kühle Naß, und wir lagen über Nacht vor der Werft vor Anker. Wir beobachteten, wie die Bilge voll Wasser lief, was nach langem Trockenliegen an Land zu erwarten gewesen war. Einen Tag und eine Nacht, hatte Billy gesagt, würde es dauern, bis die Planken aufquollen und wasserdicht wurden. Bis dahin würden wir gelegentlich pumpen müssen. Es war überhaupt nicht schlimm; jede Stunde ein paar Minuten – wie jetzt auch, nur daß es an jenem glücklichen Tag von Mal zu Mal weniger wurde.

Fast reglos war das Wasser in der stillen Lagune, trotzdem erfuhren wir sofort die federnde, geschmeidige Stabilität der schwimmenden Behausung im Wasser. Leicht und doch nachdrücklich krängte sie, wenn wir uns darauf bewegten, um uns in der neuen Umgebung zu orientieren und Blicke durch die verschiedenen Fenster zu werfen. In den Wochen zuvor hatten wir sie nur aufgebockt gekannt, den Bug starr auf einen Punkt gerichtet, stets bot sich aus den Fenstern derselbe Anblick. Nun schwojte sie leise an ihrer Ankerkette, und die Welt um uns verschob sich langsam. Wir entzündeten die gemütlichen Kerosinlampen in der Kajüte. Wir aßen an Deck und staunten über die satellitenartige Isolation, die ein Boot auch in kurzer Entfernung vom Ufer schon bietet. Wir hatten die Erdfeste verlassen, waren keine Landbewohner mehr (und in den nächsten fünf Jahren hat keiner von uns mehr als fünfzehn, zwanzig Nächte an Land geschlafen). Drüben am Kai sahen wir die Landratten, wie sie zur »Pinafore Bar« oder nach Hause gingen, und wir bemitleideten sie. Ich schlief unruhig und stand oft auf, um zu pumpen und einen Blick durchs Fenster zu werfen, ob vielleicht der Anker slippte oder wir gar schon auf Grund gelaufen waren. Ich kannte noch nicht die Haltekraft eines fünfunddreißigpfündigen Pflugscharankers an vierzig Faden Fünf-Sechzehntel-Inch-Kette, und die Windstille beruhigte mich nicht. Doch die »Magdaleña« lag friedlich auf dem reglosen Wasser.

Gegen Mittag am nächsten Tag kam Billy Walker in einer Barkasse zu unserem Ankerplatz, warf uns eine Leine zu und schleppte uns durch die Flachwasserkanäle der Lagune in tiefes Wasser. In einer Kühlbox hatten wir Bier und Sandwiches, die wir mit ihm teilen wollten, aber in der Aufregung und Hektik vergaßen wir das, bis wir seine

Leine losgeworfen hatten, er zu den Mangroven zurückdüste und wir vor der Südküste von St. Thomas dümpelten. Allein.

Das Großsegel flatterte schon in der Brise. Wir setzten Fock und Klüver, holten alle Schoten dicht und begannen, nach Osten zu kreuzen, Richtung Dog Cut. Das ist eine Meerenge mit reißenden Strömungen zwischen kleinen Felseninseln an der Südostspitze der Insel, die wir passieren mußten, wenn wir nach Red Hook wollten, wo wir die Nacht zu verbringen planten. Ohne Maschine, allein angewiesen auf unsere Fähigkeit, mit Wind und Strömung zu arbeiten, wurde ich plötzlich nervös. Ich stürzte mein Bier hinunter. Das Sandwich verwandelte sich in meinem Mund in einen zähen Brei, und ich warf es über Bord. Stumm und verbissen konzentrierte ich mich auf das Kreuzen und bemerkte beunruhigt, wie träge das Boot reagierte. Jede Wende am Ende eines Kreuzschlags bereitete ungewohnte Mühe. Was für einen unhandlichen Kahn haben wir gekauft, begann ich zu denken und versuchte, die aufsteigende Panik zu unterdrücken. Eine lahme Ente von Boot, und noch dazu ohne Maschine! Wahrscheinlich würden wir gleich im Dog Cut schon auf die Felsen krachen, ehe wir eine Meile gelaufen waren.

Doch dann blickte ich hinüber zu J. Sie stand an der Luvseite des Cockpits, Nase im Wind, mit wehender Blondmähne, und schrie aus Leibeskräften. Jubilierend rief sie, wie herrlich, wie unglaublich, wie schön das alles sei, und ich fand sie hinreißend. So also begrüßte sie den Start ins neue Leben auf unserem Boot, ein Urschrei der Begeisterung. Plötzlich schämte ich mich meiner Angst. J.s Zuversicht sprang auf mich über, ich warf meinen Kleinmut über Bord, und wir schossen durch den Dog Cut.

Ich schließe das Tagebuch, das einen roten Einband hat, die Seiten sind gewellt und modrig aufgequollen, und ich habe das Gefühl, ich muß gleich niesen, doch dann merke ich, daß ich weine.

Ich steige ins Cockpit und schaue mich um. Keine Schiffe, um mich herum nichts als Meer. Nicht viel Wind, aber kurze Kabbelseen von Nordwest, die die »Toad« bremsen.

Ich fange wieder an, die Bilge zu lenzen.

10. Juli

Achter Tag – Ende der ersten Woche nach Abfahrt aus Faial – 0000: wunderbare Nacht, Sternenhimmel, warm. Flaute. Segel flappen, Boot rollt leicht auf unmerklicher Dünung. Habe versucht einzuschlafen bei ›The Devil Drives‹, Leben Burtons, des viktorianischen Forschungsreisenden, aber zu spannend, hält mich wach. Werde jetzt zu schlafen versuchen.

0100: Leckage bisher stetig, pumpe zwei bis drei Minuten alle zwei Stunden. Nicht schlimmer geworden, aber auch nicht besser, und wir hatten bisher gutes Wetter. Frustrierend.

1320: Mittagsposition: 31° 30′ N, 34° 08′ W. 58 Meilen Etmal. Beim gestrigen Wind, der von Flaute bis Stärke zwei reichte, keine schlechte Leistung. Die alte »Toad« läuft bei diesem Leichtwind sehr gut. Rund 500 Meilen von Horta in genau einer Woche – schneller als gedacht; und daß wir weiter südlich stehen, als ich plante, könnte uns später sehr zugute kommen, nämlich im Großraum der Bermudas, wo wir durch Südwestwinde wahrscheinlich nach Norden gezwungen werden. Außerdem könnten wir weiter südlich angenehmere Segelbedingungen antreffen, dort sind Ostwinde wahrscheinlicher. Jetziger Kurs von circa 300 Grad führt uns mehr oder weniger direkt zu den Bermudas – 1540 Meilen entfernt.

Als ich die Mittagsposition – ein kleines x – mit dem Bleistift auf meiner Segelkarte des Nordatlantiks eintrage, sehe ich, daß wir nun weit draußen sind auf dem breiten Bauch des Ozeans, der großen Leere zwischen den letzten Vorposten der Kontinente, den Bermudas und den Azoren. 2 400 Faden (4 400 Meter) Wasser sind unter dem Kiel. Da es uns in der letzten Woche relativ weit nach Süden verschlagen hat, haben wir weniger Weg nach Westen gutgemacht, als ich hoffte, doch in einer weiteren Woche müßten wir etwa in der Mitte zwischen Nordafrika und der Ostküste der USA stehen. Auf der Karte sieht unsere Route von einer Atlantikseite zur anderen ganz widersinnig aus: ein langer nach Süden abstürzender Bogen in die Tropen, scheinbar Kurs Karibik, dann wieder nach Norden zur Nordostküste der USA. Gewiß nicht gerade der direkteste Weg, aber der beste für die »Toad«.

Als ich im Frühling in London meine Route über den Ozean plante, legte ich Monatskarten des Nordatlantiks für Juni und Juli auf dem

Fußboden aus und studierte sie stundenlang. Mein optimistischer Plan: Ich wollte mich eng an die Loxodrome, die sogenannte Kursgleiche halten, die (auf der Seekarte) schnurgerade Direktverbindung von Falmouth nach Faial, um rasch vom europäischen Kontinent mit seiner Handels- und Fischereischiffahrt wegzukommen und um möglichst nicht nach Süden in die Biscaya geblasen zu werden, wo die See für gewöhnlich rauh ist und wo ich wahrscheinlich entlang der spanischen Nordküste, von Hafen zu Hafen springend, gegen vorherrschende Westwinde hätte aufkreuzen müssen. Das wäre sehr mühsam gewesen, außerdem habe ich das Aufhebens um *Tapas* und *Paella* schon immer für maßlos übertrieben gehalten; sie sind meist viel zu fett und ranzig, wie die azoreanische *Choriço*. Die Monatskarte für Juni versprach für meine Route überwiegend westliche und nordwestliche Winde – voll oder fast voll auf die Nase –, und ich hatte für diese erste Etappe mit viel anstrengendem Kreuzen gerechnet. Aber ich hatte Glück. Unerwartete herrliche Ostwinde wehten und trugen uns, sanft schiebend, die ganzen 1195 Meilen hierher.

Die Route von den Azoren nach Maine plante ich dann anhand der Juli-Karte. Diese Monatskarten – grundverschieden von normalen Seekarten, die nur Länge und Breite, Wassertiefen und Hindernisse wie zum Beispiel Felsen, Untiefen und Land zeigen – sind das Hauptwerkzeug des Navigators beim Planen einer Segelroute übers Meer. Ich verwende amerikanische Monatskarten, sogenannte *Pilot Charts*. Sie zeigen für jedes ozeanische Planquadrat (fünf Längen- mal fünf Breitengrade) für jeden Monat des Jahres die mittleren Windstärken und -richtungen, die Stromverhältnisse, die Wahrscheinlichkeit von Stürmen und Flauten. Sie geben an, wo man auf Eisberge stoßen kann, zeigen die Pfade tropischer und außertropischer Wirbelstürme, die Oberflächentemperaturen des Wassers, die Mißweisung sowie die üblichen Schiffahrtsrouten für hoch- und niedermotorisierte Fahrzeuge. Hinten auf den Karten, nur zum Ausfüllen des freien Raumes, gibt es Bonbons als Dreingabe: bebilderte Artikel zu Themen wie »Gefährliche Meerestiere« und »Satellitennavigation«. Man kann sich in die Koje kuscheln und den ganzen Tag damit verbringen, eine Monatskarte zu lesen.

Diese Karten wurden im 19. Jahrhundert von einem amerikanischen Marineleutnant entwickelt, Matthew Fontaine Maury, der Wetterbeobachtungen zu sammeln begann, die Kapitäne anderer Schiffe in ihren Logbüchern aufgezeichnet hatten.

Maury begann seine Arbeit zu einer Zeit, da über entlegene, bislang kaum erforschte Teile der Weltmeere erstmals viele Informationen hereinkamen. Dies war die große Zeit der Walfänger aus Neuengland und ihrer nicht minder abenteuerlustigen Brüder, der Robbenfänger, die amerikanische, europäische und chinesische Märkte mit Pelzen belieferten. Auf der Suche nach profitablen Jagdgründen machten diese Seefahrer echte Entdeckungsreisen, stießen mit ihren langsamen, plumpen Schiffen ins Unbekannte vor, weiter und weiter hinaus, je mehr sich die bisherigen Jagdreviere erschöpften. Ein Robbenjäger aus Nantucket, die »Topaz«, war das erste Schiff, das neunzehn Jahre nach Landung der »Bounty« (1789) die Insel Pitcairn erreichte und dort den letzten lebenden Meuterer, Alexander Smith, vorfand. Acht Jahre, ehe Commodore Perry 1853 Japans Isolation aufbrach, durchkreuzte bereits ein amerikanischer Walfänger, die »Manhattan« aus Sag Harbor, Japans Walreviere und ankerte vor dem späteren Tokio. Und Walfänger, die Grönlandwale verfolgten, brachten erstmals Beschreibungen der harten Bedingungen in hohen arktischen Breiten nach Hause.

Millionen Beobachtungen sind inzwischen zusammengekommen, und so vermitteln Maurys Karten dem Segler ein umfassendes statistisches Bild der zu erwartenden Verhältnisse in jedem Teil jedes Ozeans für jeden Monat des Jahres. Doch das Wetter auf dem Meer kann ebenso unberechenbar sein wie das Landwetter, und im Einzelfall – wie in den gesamten zwölf Tagen meiner Reise von Falmouth nach Horta – kann die Prognose der Monatskarten völlig falsch sein.

Der Navigator, der sich hinauswagt in die gesichtslose Weite, setzt fast schon religiösen Glauben in seine Bücher, Karten, Sextanten, Chronometer und Lotleinen. Diese Werkzeuge gewinnen talismanische Bedeutung. Wenn sie ihn im Stich lassen oder irreführen, bringt ihn das völlig aus der Fassung.

Auf seiner Einhand-nonstop-Weltumsegelung in West-Ost-Richtung 1968 sah sich der Engländer Robin Knox-Johnston in den »brüllenden Vierzigern«, der Zone der Westwinddrift, wo laut Karte und laut jahrhundertealter Seemannserfahrung eigentlich nur starke Westwinde zu erwarten sind, tage- und wochenlang mit hartnäckigen Ostwinden konfrontiert. Zu dieser Zeit lag sein gefährlichster Rivale Bernard

Moitessier, der mit mehreren Wochen Verspätung aus Europa ausgelaufen war, noch 4 000 Meilen zurück. Das war nicht viel, gemessen daran, daß Moitessier das größere und schnellere Boot hatte und genau den Wind bekommen würde, den die Monatskarten verhießen. Das regelwidrige, allen Erwartungen hohnsprechende Wetter erbitterte Knox-Johnston über alle Maßen und ließ kindische anti-französische Ressentiments aufbrechen:

9. Dezember 1968 ... Daß mir das jetzt passieren muß; Ostwinde in einer für Westwind berühmten Zone ... Wenn's den Froschessern zu gewinnen bestimmt ist, gut, aber es besteht keine Not, mich auch noch zu foltern, und die Chinesen hätten kaum eine langsamere, quälendere Folter erfinden können als dieses Wetter ...

10. Dezember 1968. Immer noch kein Umschwung. Ich kapiere es nicht ... Wenn ich kehrtmachte und nach Neuseeland zurücksegelte, kriegte ich vielleicht endlich Westwinde!

29. Dezember 1968 ... Ich gebe es auf! Irgendeiner muß die Lehrbücher umschreiben!

30. Dezember 1968 ... Kreuzschläge nach Norden und Süden, komme überhaupt nicht voran, während der Franzmann irgendwo westlich, wahrscheinlich nicht mehr weit von mir, sich garantiert herrlicher Westwinde erfreut.

Die Route der »Toad« nach Amerika sollte mehr oder weniger der Westroute niedrigmotorisierter Schiffe von Nordeuropa nach New York folgen, die auf meinen Juni- und Juli-Monatskarten als gepunktete Linie eingetragen ist. Dies ist ein alter Dampfertrack, der heute, da Handelsschiffe ihre Ziele direkter ansteuern, wahrscheinlich wenig befahren ist, aber noch Wind und Strömungen ausnutzt, ideal für ein Segelboot. Die Route führt aus dem Ärmelkanal über die Azoren zur Kartenposition 33°00′ N, 38°33′ W – etwa 1 300 Meilen genau querab von Marokko. Von den Azoren bis zu diesem Punkt prophezeit die Monatskarte Nordost- und Ostwinde sowie Meeresströmungen von etwa einem halben Knoten, die mich in die richtige Richtung schieben. Am genannten Punkt, knapp sechshundert Meilen von Faial entfernt, knickt der Kurs westlich ab und läuft 1 200 Meilen zu einem weiteren Punkt direkt nördlich der Bermudas, 33°00′ N, 65°00′ W. Zwischen diesen Punkten schwenkt der vorherrschende Wind langsam von Ost auf Südwest, und auch der Strom steht weiterhin günstig für mich. (Die Linie läuft übrigens *nördlich* an einem Punkt vorbei, wo im Juli

1916 laut Karte ein Eisberg gesichtet worden ist, fünfhundert Meilen südlich der *mittleren* Südgrenze für die Eisbergdrift im Juli. Ich könnte hier nachhaken und mich kundig machen, was für ein Eisbergjahr es im Norden gewesen ist, aber ich übergehe es einfach. Ich kann nicht glauben, daß ich mit soviel mühsamer Lenzerei die »Toad« über Wasser halte, nur damit sie hier, an der Tropengrenze, das Schicksal der »Titanic« erleidet.) Am »Bermudapunkt«, wie ich ihn nenne, will ich einen halben Rechtsschwenk machen und Kurs Maine nehmen, eine Strecke von achthundert Meilen, auf der mit zunehmender Wahrscheinlichkeit Südwestwinde vorherrschen, das heißt Winde querein oder raum-achterlich, die zum Segeln günstig sind. Zweifellos werde ich von dieser Ideallinie etwas abkommen, zur einen oder anderen Seite, aber sie bietet den statistisch vorteilhaftesten Kurs, und ich werde ihn zu halten suchen.

Die blauen Windrosen – Kreise mit gefiederten Pfeilen, die für die einzelnen Planquadrate die statistischen Windrichtungen und -stärken angeben – verheißen für meinen Kurs Leichtwinde, im Schnitt Stärke drei (sieben bis zehn Knoten), sowie Windstille an circa zwei Tagen. Der Kurs läuft durch die Roßbreiten, den Kalmengürtel zwischen dem Passatring im Süden und der Zone stärkerer Westwinde im Norden, ein Seegebiet, in dem bekanntermaßen langsames Fortkommen ist. Handelssegler brauchten oft Monate durch die Roßbreiten; in dieser Zeit konnten die Seeleute bequem ihr »totes Roß« abarbeiten, wie der beim Anheuern gezahlte Vorschuß hieß. Lange Segelzeiten waren für sie von Vorteil, da sie pro Tag entlohnt wurden. [Nach anderer Tradition bekamen die Roßbreiten ihren Namen durch die aus Futtermangel verendeten Pferde, die man über Bord werfen mußte; und eine dritte Version besagt, daß bei anhaltender Windstille das Trinkwasser knapp wurde und die Tiere deshalb ins Meer befördert wurden A. d. Ü.]

Leichte Winde bedeuten für den Segler langsames, aber angenehmes Reisen, und das ist für mich jetzt mit der lecken »Toad« besonders wichtig. Ein Bummeltörn über den Atlantik, keine Herausforderungen, keine Knüppelei. Ich habe Proviant satt, genug Bücher und Radiobatterien, und bin ja bereits zu Hause; Geschwindigkeit ist mir daher relativ gleichgültig.

Abenddämmerung. Jazz auf VOA. Ich backe eine Torte: Trockenapri-
kosen und Apfelringe aus »Neal's Yard«, Rosinen und etwas Fertig-
Backmischung. Delikat wird sie, ganz verblüffend gut, wie vom Bäcker.
Und das mit meinen bescheidenen Mitteln! Ich verspeise sie mit etwas
Büchsenmilch als Sahnehäubchen. Ein Sonntagsgenuß. Danach geht's
wieder an die Lenzpumpe.

Das Pumpen ist Teil meiner Tagesroutine geworden, und manchmal, wie heute abend, Jazz in den Ohren und Tortenduft in der Nase,
geht es mir von der Hand, ohne daß ich beklommen bin, weil es so lange dauert, bis das wohlvertraute schlürfende Luftansaugegeräusch unter den Bodenbrettern ertönt.

12. Juli

Das leichte Nordostlüftchen, das mehrere Tage geweht hat, dreht heute morgen auf Nordwest und irritiert mich. Ich glaube, wir befinden
uns am Südostrand des Azorenhochs, des großen isobarischen Tafel-
bergs, der sich zu dieser Jahreszeit zwischen Azoren und Bermudas erstreckt. Da (auf der Nordhalbkugel) die Winde um ein Hochdruckge-
biet stets im Uhrzeigersinn kreisen, ist an unserem Standort – auf der
Vier- bis Fünf-Uhr-Position – Nordostwind zu erwarten.

Wieso jetzt Nordwestwind – der auf eine Ein- bis Zwei-Uhr-Positi-
on deuten würde? Wieso trotzt die Natur wieder mal sich selbst, den
Windgesetzen, den Mauryschen Karten, dem jahrhundertealten Erfahrungsschatz der Salzwasserfahrer, die hier durchgekommen sind?
Wieso hat jede Regel immer gleich so viele Ausnahmen, daß mancher,
siehe Knox-Johnston, am liebsten die Regeln umstoßen möchte? Ich
kann nur mutmaßen, daß es eine kleine anomale Beule am Körper des
Hochs ist.

Manchmal, zugegeben, hätte ich gern einen Wetterfax-Empfänger.
Im nächsten Boot. Größere Schiffe haben einen, und die Yachten der
Gutbetuchten. Auf Knopfdruck läßt sich die aktuelle Wetterkarte, aus-
gestrahlt von speziellen Wettersendern, für das eigene Gebiet abrufen:
Isobaren und Windrosen, Erklärungen und Vorhersagen, schwarz auf
weiß. Der Skipper braucht dann nicht mehr, wie ich, im Cockpit zu sit-

zen, in den Himmel zu spähen und über den Ratschluß des Wetter-
gottes nachzugrübeln.

Andererseits – hätte ich einen Wetterfax-Empfänger, müßte ich die
Bauernregeln der See, meine Wetterreime, über Bord werfen:

Dreht gegen die Sonne der Wind, paß auf,
Er schlägt wieder um in den alten Lauf.

Heute morgen hat der Wind gekrimpt, er hat von Nordost auf Nordwest gedreht, parallel zum Lauf der Sonne. Wäre er aber ausgeschossen, das heißt gegen die Sonne umgesprungen – von Nordwest auf
Nordost –, dann hätte ich mich wohl dieses Reimes erinnert, der Rich-
tungsänderung nicht getraut und darauf gewartet, daß der Wind wieder zurückdreht. So aber kann er nun ewig aus Nordwest wehen und
uns zum Aufkreuzen zwingen.

Andererseits – der Umschwung hat sich ziemlich rasch vollzogen:

Was lang vorhergesagt, das lang besteht;
Was rasch hereinbricht, jedoch rasch vergeht.

Segler fanden diese Reime zutreffend, glaubten an sie und gaben sie
weiter. Manche wurden von Landratten »geklaut«:

Abendrot ist Seemanns (oder Schäfers) Freud,
Morgenrot bringt ihm nur Leid.

Viele Male am Tag – jedesmal, wenn ich auf der linken Logbuchseite
eine Eintragung mache – blicke ich auf das Barometer. Sein Stand be-
einflußt meinen inneren Barometerstand beträchtlich:

Bei niedrigem, fallendem Glas
Schläft fest der Dummerjan.
Bei hohem, steigendem Glas
Schläft fest der kluge Mann.

Aber es muß bereits hoch und steigend sein, denn es gibt auch einen
Reim, der mich vor plötzlichem Emporschnellen des Barometers aus
tiefem Stand warnt:

Rasches Steigen nach dem Tief
Manchmal schon den Sturm herrief.

Viele solche Reime gibt es, über Himmel, Wolken und Winde, weitergegeben von Seemann zu Seemann, solange alte Salzbuckel neue anlernten.

Zieh'n Schäfchenwolken rasch heran
Nur Untersegel man fahren kann.

Kommt der Regen vor dem Wind,
nimm die Segel weg geschwind.
Kommt der Wind vor dem Regen,
wirst bald Vollzeug setzen mögen.

Wolkenklötze, Wolkentürme
Bringen Schauer dir und Stürme.

Tümmler, die springen,
Bald Pumparbeit bringen.

Letzteres bezieht sich auf die umstrittene Überlieferung, in Küstennähe springende Tümmler kündigten Schlechtwetter an. Ob's stimmt oder nicht, mir gefällt sie, und wenn ich Delphine oder Tümmler in Küstennähe springen sehe, kommt mir dieser alte Spruch in den Sinn.

Mehr als die mögliche Nützlichkeit schätze ich an diesen Reimen die Gesellschaft, die sie mir bringen. Sie schenken mir Brüderschaft mit Seefahrern alter Zeiten, einfachen Matrosen, die vor drohendem Schlechtwetter ebensoviel Angst hatten wie ich, die zum Himmel schauten und in den Bart murmelten:

Bei Wolken, zerkratzt wie vom Hühnerfuß,
Man alsbald die Toppsegel reffen muß.

Und dann gespannt nach achtern schauten, zu den auf dem Poopdeck auf- und abgehenden Offizieren, und auf Order warteten, in die Wanten aufzuentern und die verdammten Toppsegel einzuholen. Es waren abergläubische Männer, die von den rationalen Erklärungen und Theorien, die hinter den beobachteten Phänomenen standen, nicht viel wußten. Für sie war die Natur durchwirkt von unergründlichen Mysterien, die jederzeit hervorbrechen konnten, zwischen zwei Wellen, in einer Wolke. Sie sahen, wie ich, die Sonne grünlich funkelnd im Meer versinken, sie sahen den Himmel mit glühenden Schleiern behängt, sie sahen nachts am Schiffsrumpf Feuerkugeln im Wasser tanzen. Bücher haben mir diese Erscheinungen erklärt und sie mit kalter Wissenschaftlichkeit ihres Zaubers entkleidet, doch die Seeleute vor alters wußten nichts davon und spürten einfach ihre Magie.

Hätte ich einen Wetterfax-Empfänger, würde das, was auf See auf mich zukommt, seines Geheimnisses und seines Überraschungseffekts beraubt; mit dem Nichtwissen ginge zuviel anderes zugrunde.

1335: Mittagsbesteck. Schiffsort 31°30′ N, 37°31′ W. Ich zeichne ihn auf der Karte ein und messe die Distanz zur gestrigen Position. Bei äußerst leichtem Wind haben wir ein Etmal von achtundachtzig Meilen geschafft, unerwartet viel. Noch 1900 Meilen bis zu den USA.

14. Juli

Zwölf Tage seit der Abfahrt aus Horta. Heute mittag sagt mir ein Blick auf die Karte – der ja quasi ein Blick aus dem Weltraum ist –, daß wir den Ozean etwa zur Hälfte überquert haben müßten. Nicht unbedingt der Segelzeit oder der Distanz nach, sondern optisch: Für Astronautenaugen stehen wir in der Mitte zwischen Nordafrika und Carolina.

Ich habe den Eindruck, daß immer mehr Wasser hereinkommt. Alle paar Stunden brauche ich jetzt schon an die drei Minuten Pumpzeit. Doch ich scheue mich, genaue Mengenmessungen vorzunehmen. Die zeitlichen Abstände der Lenzvorgänge habe ich nicht ins Log eingetragen, wie es ein couragierter Einhandsegler, der allem ins Auge sieht, was die See ihm beschert, wohl tun würde. Besonders nachts verdränge ich den Gedanken daran, indem ich jedesmal, wenn ich verschlafen Ausguck halte, ein bißchen pumpe, wahllos und aufs Geratewohl. Ich will's nicht so genau wissen.

Immerhin bin ich jetzt überzeugt, daß die Bausubstanz der »Toad« in Ordnung ist, daß das Problem in Henrys vermaledeiter Cascover-Beschichtung liegt, auch wenn ich kürzlich bei meiner kleinen Tauchexpedition keinerlei Delamination gesehen habe. Ich glaube, daß Wasser daruntersickert und durch Plankennähte und -stöße, wo die alte Kalfaterung getrocknet oder geschrumpft ist, ins Innere dringt. Dagegen bin ich machtlos. Ein Loch im Bug könnte ich mit einem Patsch flicken, aber zur Sanierung leckender Dichtungen am gesamten Rumpf müßte man das Boot an Land ziehen, die Beschichtung abreißen und alles komplett neu kalfatern. Mir bleibt nur eines: pumpen und schauen, daß ich ans Ziel komme.

Kurz vor Mitternacht, durch den quäkenden Wecker hochgeschreckt, stecke ich den Kopf aus dem Luk und sehe die Lichter eines Schiffes.

2340: Versuchte, ein Schiff anzurufen, das uns ein paar Meilen nördlich passierte. Keine Antwort. Ich beobachte es ein paar Minuten, um sicherzugehen, daß wir gut frei voneinander bleiben. Wir sind bekalmt, Segel flattern, obwohl in Nordost Zephire wehen sollen. Wären sie doch etwas stärker.
»Project Arabia« heißt das Schiff – hat gerade zurückgerufen –, hatte netten Plausch mit dem wachhabenden Offizier, einem Deutschen. Containerschiff. Ziel Baltimore, dann zurück ins Mittelmeer. Schön, mit jemanden zu plaudern. Er sagt, ich gebe ein ziemlich mattes Radarbild. Wenn ich mich dem nebligen Maine nähere, werde ich wahrscheinlich einen Plastiksack voll Alufolie am Masttopp anbringen.

Das erste Schiff seit langem. Das erste Wort mit jemandem seit den Azoren. Es war kaum damit zu rechnen, daß hier, weit südlich der Schiffsrouten für hochmotorisierte Fahrzeuge (und die meisten Fahrzeuge sind heute hochmotorisiert), jemand meinen Weg kreuzt. Nun kam jemand. Ein Trost. Es geistern noch andere hier, ab vom Schuß, herum.

In der Finsternis kann ich den Umriß der »Project Arabia« nicht ausmachen, nur ihre Lichter, rot an Backbord, weiß an Bug und Heck, die Lichter, die jedes Schiff nachts führt. Ihr unsichtbares Bild kann ich mir ausmalen, wie es mir gefällt: Ich kann sie aussehen lassen wie einen alten Trampdampfer, mit senkrechtem Bug, mit Schornstein- und Mastfall; ein Schiff wie aus Conrads Büchern, die Themse hinabdampfend in der langen englischen Dämmerung, beobachtet von Marlow, der buddhaartig am Besanmast der ankernden Yawl »Nellie« lehnt und seinen Freunden von Kurtz' tödlichem Schrecken erzählt.

Oder: wie ein Schiff des Mr. East.

Meine Liebe zu Schiffen und zur Seefahrerromantik hat mir nämlich kein graubärtiger, nach Leinöl und Rum riechender Urgroßvater, der mal zur See gefahren ist, und auch kein bootsliebender Vater eingepflanzt. Beide hatte ich als Junge nicht. Eingepflanzt hat sie mir ein englischer Schullehrer, Mr. East.

In den fünfziger Jahren, als wir noch in Connecticut lebten, fuhren die Eltern meiner Mutter des öfteren nach Europa. Mehrmals reisten sie per Schiff, und wir – frisch gekämmt, im Sonntagsstaat – brachten sie nach New York zum Kai. Das war alles, was ich von New York in meinen Kindertagen kannte: eine Fahrt durch die Häuserschluchten zur Pier der Cunard Line auf der Westside. Dort habe ich sie noch kennengelernt, die alte Welt des Reisens im großen Stil, ehe sie verschwand: Männer in Kaschmirmänteln, Frauen in Pelzen, auf jedem Kopf ein teurer Hut; Schrankkoffer, an Bord gehievt von Schauerleuten; uniformierte Schiffsoffiziere, die Fahrgäste begrüßten, als seien sie Mitglieder der Königsfamilie. Wir schlenderten durch die Erste Klasse der »Queen Mary«, Speisesaal, Lounges, Luxuskabinen, alles geräumig, üppig, prachtvoll, Polstermobiliar, gerahmt von Gold und Hartholz, Intarsien, aufwendige Wandgemälde. Das kann man heute nur noch in Büchern bewundern (obwohl es die »Queen Mary« ja noch gibt, als Touristenattraktion in Long Beach, Kalifornien; ich glaube aber, ich brächte es nicht übers Herz, an Bord zu gehen).

Reisen – so war das also.

Bald mußten die Zaungäste über die Gangway an Land, und das Schiff – ein riesiges Art-deco-Gebäude, von immenser Größe selbst vor der Kulisse von Manhattan – bewegte sich so unerschütterlich souverän vom Kai fort, daß es aussah, als bewege sich statt seiner die Kaimauer. Draußen im Hudson, von winzigen Schleppern bugsiert, wandte es uns sein elegantes Profil zu, so daß man es als Ganzes bewundern konnte, und glitt dann außer Sicht.

Ich glaube nicht, daß ich hier schon Seefahrerromantik mitbekam.

Man sah die See gar nicht, nur einen Fetzen Hudson und New Jersey auf der anderen Seite. Die Großeltern reisten übers Meer. Na und. Ich wollte nach Hause zu meinen Spielzeugen und wollte ›Rauchende Colts‹ sehen.

Dann, 1959, beschlossen meine Eltern, ein neues Leben anzufangen und nach England umzusiedeln. Vom Beruf meines Vaters – er war Werbefachmann und verkaufte Anzeigenraum in Zeitschriften – hatte ich damals nur eine höchst nebulöse Vorstellung. Erst sehr spät, nach dem Scheitern des »dritten Lebens« auf der »Viva III« und der Scheidung meiner Eltern, sah ich im Umzug nach England mehr als eine verrückte Laune. Damals war es für mich, den Neunjährigen, einfach nur eine aufregende Abwechslung. Etwas ähnliches wie das, was meine Großeltern taten, nur länger. Wieder fuhren wir zur Pier in New York. Diesmal erwartete uns der Cunarder »Caronia«. Fünf Tage auf See, von denen mir wenig in Erinnerung geblieben ist, außer daß ich den Kopf meines Bruders in der Fahrstuhltür einklemmte – ganz unbeabsichtigt, schwor ich meiner Mutter – und im kostenlosen Bordkino ›Manche mögen's heiß‹ fünfmal sah. Seefahrerromantik, nein. Filme, ja.

Meinem Bruder, meiner Schwester und mir hatten meine Eltern erzählt, in England spreche man Englisch, unsere Sprache. Als aber die »Caronia« in Southampton an den Kai glitt, bekam ich einen ersten Vorgeschmack von dem, womit ich in den Jahren darauf immer wieder zu kämpfen haben würde: Die so völlig ungewohnte, britisch akzentuierte und auch noch je nach Klassen und Dialekträumen variierende Sprachmusik Englands klang in meinen Ohren reichlich fremd. Zwei gänzlich verschiedene Idiome mit gemeinsamer Wurzel; ich verstand nur Bahnhof bei unserer Ankunft.

Unten am Kai wartete ein winziges Auto. Meine Eltern schnallten ein paar Koffer aufs Dach, zogen auf einer Straßenkarte einen Kreis um London, und ab ging's über Land auf der Suche nach einem neuen Heim.

Dies war England vierzehn Jahre nach Ende des Zweiten Weltkriegs, und es wirkte auf mich so fremd und exotisch, wie es heute auf einen neunjährigen englischen Jungen wirken würde. Während mein Vater im Schaltgetriebe herumrührte und wir uns auf schmalen Sträßchen durch Kent arbeiteten, überholte uns ein Motorrad mit Beiwagen. Der

Mann am Lenker trug Motorradbrille, Tweedkappe, Regenmantel und blankgeputzte Schuhe. Im Beiwagen seine Frau, Schal, Brille, Regenmantel, hinter ihr festgeschnallt ein totes, noch ungerupftes Huhn. Nur wenige englische Kinder von heute kennen unverpacktes Fleisch, sozusagen naturbelassen, im Metzgerladen *in toto* im Schaufenster hängend. Das heutige England mit seinen gesichtslosen Supermärkten ist den USA viel ähnlicher, und ich hätte es 1959 sofort wiedererkannt.

Wir landeten schließlich in Sevenoaks, Kent, fünfundzwanzig Meilen südlich von London. Wir Kinder wurden sofort eingeschult. Ich kam in die Bayham Road Primary School für Jungen – ein kleiner viktorianischer Backsteinbau, an den sich ein paar spätere Anbauten aus häßlichen Fertigteilen lehnten, manche hoffnungsvoll in (von Einrichtungsmagazinen hochgelobtem) Skandinavisch-Orange gestrichen. Unser Direktor Mr. Hill liebte es, montags morgens in der Turnhalle aufmunternde Ansprachen an die Jungen zu richten. Eine davon kenne ich, wenn mich nicht alles täuscht, auch heute noch wörtlich:

»Schaut nach unten. Schaut. Was seht ihr da? Füße. Zwei von den vielen gehören euch. Ich glaube, an eure Füße verschwendet ihr Bengel wohl kaum Gedanken. Warum auch. Da sind sie, da unten, tun ihre Arbeit, und ihr oben tut eure. Nur Füße, wie? Aber, wißt ihr, erst die Füße tragen euch dahin, wohin ihr wollt, Tag um Tag, Jahr um Jahr. Und klaglos meistens.«

Überall in der Halle fingen die Jungs an, auf ihre Füße zu starren, und auf die Füße der Nachbarn. Bei Lichte betrachtet, waren es schon komische Extremitäten. Keine vier waren gleich. Vorn, zu beiden Seiten Mr. Hills, standen die Lehrer und versuchten verzweifelt, nicht auf ihre eigenen Füße zu blicken.

»Aber vernachlässigt ihr sie zu lange, rächen die Füße sich! Pilz! Warzen! Entzündete Ballen! Eingewachsene Nägel! Plötzlich könnt ihr euch nicht mehr rühren, könnt nirgendwo hin! Die Füße streiken! Und dann merkt ihr, was ihr seid. Gefangene, Eingekerkerte, sitzt auf dem Hintern, kriegt wahrscheinlich Hämorrhoiden. Also denkt mal ab und zu an die alten Füße. Schrubbt sie schön, wenn ihr badet. Trocknet sie sorgfältig, besonders zwischen den Zehen. Und die Nägel schneiden – aber nicht zu kurz!«

So sah mein erster englischer Schulunterricht aus. Er sprengte den Rahmen all dessen, was ich drüben in den Staaten gelernt hatte.

Unser Klassenlehrer dann – Mr. East. Englisch, Mathe, Geschichte, all das werden wir gehabt haben, aber ich entsinne mich an nichts. Ich entsinne mich nur, Schiffe studiert zu haben. Aufs penibelste, wie Mr. East es wünschte. Wir sahen uns Bücher über Schiffe an. Er zeichnete Schiffe und ihre Decksplände auf die Tafel. Wir machten Exkursionen nach Tilbury an der Themsemündung und nach London, zu den West India Docks, einer der Werften auf der Isle of Dogs, wo wir cremefarbene P&O-Liner und lavendelfarbene Union-Castle-Liner bestaunten, während Mr. East uns die Decks und die Anordnung der Aufbauten erklärte, die wir aus seinen Zeichnungen in der Schule kannten. Er führte uns an Bord und zeigte, wie ein Davit und wie ein Spill funktioniert, und wir ließen unsere kleinen Hände über die riesigen Glieder der Ankerkette gleiten.

»*Cor! Crikey! Crumbs!*« Die englischen Ausdrücke des Erstaunens hatte ich schnell gelernt.

Wir besichtigten mit ihm den Handelshafen, wo Frachter Rum löschten, Zucker und tropische Harthölzer, deren Duft die Nase kitzelte. Er erklärte uns die Kräne und die merkwürdig abgehackten Aufbauten der Frachter, so ganz anders als die langen ununterbrochenen Promenadendecks der Passagierschiffe. Im Bus auf der Rückfahrt nach Sevenoaks tranken wir ein entsetzliches englisches Erfrischungsgetränk namens *Tizer* und lutschten Eis am Stiel.

In der Schule machte uns Mr. East mit der Dichtung John Masefields bekannt. Er ließ uns die dritte Strophe von ›Cargoes‹ auswendig lernen, und wir saßen im Klassenzimmer und rezitierten sie wie ein Mantra:

Schmutziger britischer Coaster mit salzigem Schlot
Durchkreuzt den Kanal im brisigen März
Mit Kohle vom Tyne,
Mit Schienen und Blei,
Mit Brennholz und Spielzeug und Erz.

Wir sangen's im Chor!

Er erzählte uns vom ferngesteuerten Stapellauf des Australiendampfers »Orion« der Orient Line. In Brisbane, Australien, drückte seine königliche Hoheit der Herzog von Gloucester einen Knopf, und in

Barrow-in-Furness, Lancashire, rauschte das Schiff von der Helling ins Wasser.

»*Cor!*« staunten wir über die Wunder der Wissenschaft.

Am besten im Gedächtnis geblieben ist mir aus Mr. Easts Klasse der Schiffsmodellbau. Das Baumaterial war Balsaholz: dicke Stücke für den Rumpf, dünne Blättchen, vorsichtig Schicht um Schicht aufgebracht, für die Aufbauten. Wir fertigten Passagierdampfer und Frachter, aber ich glaube, es waren die Frachter, Masefields rost- und salzverkrustete Küstenfahrer und die einst allgegenwärtigen, heute restlos von der Bildfläche verschwundenen Trampdampfer, denen Mr. Easts Herz wirklich gehörten. Er erklärte sie uns bis ins Kleinste, von den Reedereifarben (die wir auf unsere Miniaturschornsteine malten), über die Bestimmungshäfen (unweigerlich irgendein Außenposten des Britischen Weltreichs, empirerot in unseren tintenbefleckten Atlanten) bis hin zu den Ladungen in ihren Eingeweiden.

Beim Modellbau legte er strengste Maßstäbe an. Die formvollendet strakenden Kurven unserer kleinen Rümpfe schnitzten wir nicht mit dem Bastelmesser, sondern schliffen sie mit Sandpapier in immer feinerer Körnung, stetig und mühselig, aus dem Holz heraus. Die fertigen Rümpfe wurden zum Katheder getragen, wo Mr. East sie kritisch begutachtete, und dann glattpoliert. Dieses »Ausstraken« der Kurven war, wie auch beim richtigen Bootsbau, eine schwierige Aufgabe, besonders bei dem faserigen und haarigen Balsaholz. Nach Mr. Easts Anweisung hatten wir die Glätte unserer Rümpfe dadurch zu prüfen, daß wir sie über unsere Haut zwischen Nase und Oberlippe rieben. Dies sei die empfindlichste Hautpartie an unserem Körper, sagte er der Klasse voll Neunjähriger, und jede kleine Unvollkommenheit sei da sofort spürbar. Da saßen wir und rieben uns Modellschiffchen übers Gesicht.

Exzentrisch? In höchstem Maße. Denn ich habe in der Bayham Road School nie etwas anderes getan. Alle anderen Fächer habe ich vergessen. Vage Erinnerung an einen Schnappschuß aus einem Geographiebuch: Ein Schiff wird in einem ostafrikanischen Hafen beladen. Ich bin sicher, wenn irgendein Schüler Mr. Easts zur Handelsmarine gegangen ist, war seine Karriere gesichert.

Hat uns das Spaß gemacht? Die Exkursionen zu den Schiffen, ja, aber der Modellbau wird wohl etwas vom Stumpfsinn des allgemeinen

Schultrotts angenommen haben. Tagein, tagaus das gleiche. Als ich Bayham Road verließ, habe ich sofort damit aufgehört und es nie zum Hobby gemacht. Wo sind diese Modelle jetzt? Ich habe sie mit nach Hause genommen, später aber wohl weggeworfen, um für Comics, Bowiemesser und Beatles-Platten Platz zu machen. Schließlich waren sie nur alter Müll aus der Schule.

Ich wünschte, ich hätte zumindest eines, ein einziges behalten.

Und wer war Mr. East? Dürstete er danach, in Mosambik auf einem rostigen britischen Tramp den großen, grauen, glatten Limpopo hinaufzufahren, mit einer Ladung Brennholz und Spielzeug und Erz? Oder war er nur ein Schwärmer, ähnlich einem Eisenbahnfan, einem Birdwatcher, einem Briefmarkensammler? Groß und hakennasig, Brillenträger, britisch-lässig gekleidet, mit ziemlich teuren braunen Schuhen – so habe ich ihn in Erinnerung. Ich kann ihn mir als Offizier in P&O-Weiß auf der Brücke eines guten Schiffes vorstellen, aber nicht in Heizerkluft tief im Schiffsbauch, auf der Ochsentour nach oben. Ich stelle mir vor, daß er ein Büchernarr war, Bescheid wußte über ferne Weltgegenden, wahrscheinlich dem schrumpfenden Empire nachtrauerte; ein sportlicher Wanderer, der wohl auch schöne Lokomotiven zu schätzen wußte. Aber, gab es eine Mrs. East? Auch das weiß ich nicht; vermutlich nicht. Er wirkte wie ein exemplarischer Junggeselle, ein Mann, der ein Leben führt, ausgefüllt von seinen Interessen.

So habe ich mit neun Jahren, ohne es zu wollen oder darüber nachzudenken, durch die Passion des Mr. East, und durch die vorpubertäre Haut meiner Oberlippe, einen Sinn für Schiffsschönheit aufgesogen.

Nur drei Monate lang, im Herbst 1959, bin ich zur Bayham Road Primary School gegangen. Meine Eltern kamen darauf, daß es keine sehr gute Schule war. Einige der Jungs – wie mein Freund Dave Gilbertson, der einen abgewetzten grauen Zweireiher aus einem Billigladen trug, um den ich ihn beneidete – waren Halbstarke aus der Unterschicht. Das sollte ich später erkennen. Meine Schwester und ich nahmen sonntags bereits Reitstunden, nobel in langen Stiefeln und Jacketts aus Harris Tweed. Wir mußten auf die richtigen Schulen gehen. Das wollte der Brauch in diesem Land.

Mr. East äußerte aufrichtiges Bedauern, daß ich abgehen wollte. Vielleicht gefielen ihm meine Schiffe. Vielleicht – ich weiß es nicht mehr – habe ich schiffbauerisches Talent gezeigt. Eines Tages aber, als

Dave Gilbertson und ich irgend etwas Übles, Anarchisches getan hatten und abhauten und ich im neuerworbenen rüden Schulton schrie: »Paß auf, Dave, da kommen die Idioten von der Aufsicht!«, liefen wir an einer Ecke Mr. East in die Arme, und er packte uns beide beim Kragen. Angewidert sah er uns an. Und mir sagte er: »Ich bin froh, daß du gehst.« Das traf mich dann doch tief.

Vermutlich aber würde es ihn freuen, wenn er wüßte, daß einer seiner Zöglinge weder Versicherungsvertreter noch Gemüsehändler geworden ist, sondern in seinem eigenen kleinen Boot hinausgefahren ist auf die See, unheilbar von der Passion für Schiffe befallen, und daß er, wenn nachts ferne Positionslichter vorbeigleiten, an Mr. East denkt.

15. Juli

0145: Flaute.
0900: Immer noch Flaute.
0000: Sah eine Flasche und glaubte, drinnen einen Zettel zu erkennen. Große Aufregung. Fischte sie auf, war aber leer. Dachte an die Postflaschen, die J. und ich mehrfach ins Meer warfen. Würde jetzt gern eine davon finden.
1130: Amerikanische Nachrichten auf Kurzwelle. Heute in Neuengland fast 30 °C, Gewitter. Zephire von Südwesten hier draußen.
1350: Mittagsposition: 31°15′ N, 41°29′ W. 35 Meilen Etmal. Deprimierend.

Heute ist das Leck eindeutig schlimmer, und ich habe mich endlich aufgerafft und die Leckage einmal berechnet. Fünfzig Schläge pro Minute habe ich gepumpt, fünf volle Minuten, zweieinhalb Stunden nach dem letzten Lenzen. Das ist glatt das Doppelte von letzter Woche. Die Pumpe ist eine Whale Gusher, Modell Nummer 15. Ich nehme an, das heißt, sie pumpt fünfzehn Gallonen (siebenundfünfzig Liter) pro Minute. Fünfundsiebzig Gallonen (285 Liter) habe ich über Bord befördert.

Ist das viel? Ich habe keinen Vergleich. Solange ich's rauspumpen kann, ist es nicht allzu beängstigend. Es ist etwas weniger als das gesamte Frischwasser (neunzig Gallonen), das die »Toad« in zwei 1,85

Meter langen, trapezförmigen, in Abschnitte unterteilten Tanks unter den Kojen mitführen kann. Eine Badewanne voll.

Es ist nicht soviel, daß das Boot sinken würde – noch nicht. Noch nicht einmal soviel, daß es über die Bodenbretter stiege. Meist fange ich an zu pumpen, wenn ich das Gefühl habe, das glitzernde Naß könnte demnächst über den Bodenbrettern auftauchen, ein Anblick, der mir garantiert auf den Magen schlagen würde.

Bisher hält sich der Zeitaufwand in Grenzen. Fünf Minuten alle paar Stunden, was ist das schon?

Immerhin, eine Verdoppelung seit letzter Woche. Da tickt eine Uhr. Jetzt kann ich noch lenzen und zur Tagesordnung übergehen, aber es wird immer schlimmer, immer schneller. Das Leck und ich liefern uns ein Wettrennen.

Bisher sind wir auf einem wahren Mühlteich gesegelt. Was, wenn der Wind zunimmt – was ich mir eigentlich wünsche und was früher oder später auch der Fall sein wird?

2000: Großartiger Salat zum Abendessen. Leider sind damit Obst und Gemüse aufgebraucht – nur noch ein paar Zwiebeln, Kartoffeln und ein bißchen gummiartiger Kohl ist übrig.
2200: Flaute.
2300: Ein Lüftchen streicht über die glasige See. Ich fühle es auf meiner Haut, es flüstert in den Segeln, füllt und baucht sie im bleichen Licht, und wir beginnen uns zu bewegen. Achtern leises Gurgeln. Kielwasser.

16. Juli

1335: Mittagsposition: 31°34′N, 42°47′W. Erstaunliche 69 Meilen Etmal. Wie haben wir das geschafft, wo doch gestern großenteils Windstille war? Mit Nachschub durch die Strömung, zweifellos. Etwas hebt schlagartig meine Moral: Wir sind jetzt auf der Westhälfte meiner Nordatlantikkarte. Sie zeigt, auf dem Kartentisch liegend, sowohl Maine als auch den heutigen Schiffsort.
1445: Flaute. Habe das Gefühl, ich komme hier nie mehr weg.
2300: Wieder Brise, genau wie zur gleichen Zeit letzte Nacht. Wir machen Fahrt, und es ist herrlich.

17. Juli

Spätnachmittags kommt mir ein kühner Seefahrer aus dem Tierreich entgegen: eine Portugiesische Galeere oder *Physalia physalis* [Qualle mit langen Fangfäden; A. d. Ü.]. Sie ist in die entgegengesetzte Richtung unterwegs, ostwärts, nach Europa. Nach Portugal? Ihr »Segel«, eine durchscheinende, nach oben spitz zulaufende Gasblase – etwa fünfzehn Zentimeter lang und ebenso hoch über dem Wasser, an eine große Muschelschale erinnernd, von schöner blasser Lavendelfarbe wie die alten Union-Castle-Liner – hat aerodynamisches Profil, so daß ein Amwindsegeln möglich ist. Das jetzige Wetter gefällt der Qualle am besten, glatte See, ganz leichte Brise, Segeln mit minimaler Krängung. Stärkerer Wind drückt die Blase platt, aber das ist eine effiziente Form des Reffens; der Wind faßt das Segel nicht mehr, die Qualle lenzt vor Topp und Takel, bis der Starkwind vorbei ist. Die langen ins Wasser herabhängenden Fangfäden verhindern eine Abdrift wirksamer als der tiefste Yachtkiel, und es geht nicht zuviel hartgewonnener Seeraum verloren. Weiter draußen sehe ich noch eine. Dann weitere. Eine Kolonie, eine Familie. Vielleicht eine Regatta.

Einiges hat die »Toad« mit der Portugiesischen Galeere gemein. Beide sind nicht auf Schnelligkeit ausgelegt, sondern als zähe Dauerläufer konzipiert, die langsam, aber sicher ihr Ziel erreichen und es sich unterdessen auf dem Ozean gemütlich machen. Dennoch, auch nach sechs Jahren an Bord erstaunt mich die Leistung der »Toad« in den Flauten und Fast-Flauten der letzten Woche. Jeden Tag übertraf das Etmal alle meine Erwartungen. Das leichteste Lüftchen genügte, die »Toad« zu bewegen, und sie hat sich länger, weiter, schneller bewegt, als ich es ihr zugetraut hätte bei ihrer Form, die unter Wasser, wo es darauf ankommt, nach den Regeln der Bootsbaukunst ziemlich krude ist.

Mein Staunen gründet zum Teil darin, daß ich – wie jeder – von überkommenen Meinungen geprägt bin, von konventionellem Denken, von Bücherweisheit. Nach den Maßstäben der einschlägigen Literatur ist die »Toad« eine Mißgeburt. Ihr Unterwasserschiff ist dick und bullig wie der Bauch eines Elefanten. Ihr fehlt die feingeschnittene Bug- und Heckpartie formschönerer, hydrodynamisch durchdachterer Yachten, die das Wasser strömungsgünstiger durchschneiden und es mit einem Minimum an Turbulenz achtern zum Kielwasser zusammenfließen lassen. Dagegen ähnelt die »Toad« einem umgestülpten Planwagen mit klobigen Enden, so daß sie härter arbeiten muß, um das Wasser beiseite zu drücken.

Ihrem Kiel, einem langen rohen Holzbalken, fehlt jede Andeutung eines hydrodynamischen Profils. Dieses Profil, vorn rund, die größte Dicke nach dem ersten Drittel Länge, dann nach hinten spitz zulaufend, sollte ein Bootskiel aus demselben Grund wie ein Flugzeugflügel haben: Er soll sein Element mit möglichst wenig Turbulenz teilen und achtern glatt wieder zusammenziehen. Tests in Strömungstanks haben die Optimalformen ermittelt. Die meisten modernen Yachten haben einen Flossenkiel, tief, profiliert, schmal, eine Schwinge, die hinabgreift in die Tiefe.

Glaubt man den Büchern, dürfte die »Toad« eigentlich kaum segelfähig sein. Eine monströse, ineffiziente Konstruktion. Eine schwimmende Badewanne. Sie befindet sich in bester Gesellschaft: »Wohl kein Schiff war für das Fahrtensegeln über große Distanzen weniger geeignet als Slocums ›Spray‹«, schreibt der Segler und Bootsdesigner Skip Dashew. Die »Spray« war ein motorloser Austernfischer mit einer an die dreihundert Jahre alten Rumpfform. Sie wurde von Slocum umgebaut und dann 1895 und 1898 einhand um die Welt gesegelt. Jahrelang hielten Kritiker die Loblieder Slocums auf das exemplarische Segelverhalten des Bootes für übertrieben. Die Probe aufs Exempel machten mehrere Skipper mit Nachbauten der »Spray«. Alles bestätigte sich – wieder ertönten die Loblieder. Dashew fährt fort: »Ich bezweifle, daß Robin Knox-Johnston eine Swahili [sic] gesegelt hätte, wenn er sich ein moderneres Design hätte leisten können.« (Knox-Johnstons Boot hieß »Suhaili« und wurde für ihn in Indien gebaut. Dashew, der einige Zeit in Südafrika verbracht hat, hat entweder schlecht recherchiert oder sich schlecht erinnert.)

Richtig ist: Knox-Johnston suchte Sponsoren, um für seine Weltumsegelung ein schnelleres, moderner konzipiertes Boot bauen zu können. Das Geld ließ sich nicht auftreiben, und so mußte er mit der »Suhaili« vorliebnehmen, weil sie sein eigenes Boot war, alles, was er besaß. Sie war das ungeschlachteste, älteste, »ineffizienteste« der neun Teilnehmerboote des Golden-Globe-Race 1968, und sie war das einzige, das über die Ziellinie ging.

Endlos wird zwischen Seglern und Bootsbauern über »Effizienz«
beim Yachtbau debattiert, ein letztlich törichter Begriff. Effizienz wird
mit Schnelligkeit und den für eine Regatta nötigen Segel- und Ma-
növriereigenschaften verwechselt. Ohne Zweifel sind moderne Yachten schneller als ältere Boote und können härter oder höher am Wind
segeln. Aber man würde keinen Rennwagen wählen, um samstags mit
Kind und Kegel zum Supermarkt zu fahren. Der Rennwagen wäre
dafür »ineffizient«. Und man würde keinen leichten, superschnittigen,
hochgezüchteten Wochenend-Racer mit Proviant beladen und um die
Welt segeln wollen.

So radikal hat sich das Yachtdesign in den letzten dreißig Jahren verändert, daß viele sich wundern, daß die älteren Boote im Wasser überhaupt noch von der Stelle kommen. Die »Westsail 32«, ein serienmäßig
hergestelltes GFK-Boot, das auf einem sehr alten Entwurf beruht, gilt
heute als schwerfälliger Kahn, als schlechter Segler, der beim Wenden
Nachhilfe durch den Motor braucht, um die Nase durch den Wind zu
kriegen. Ein namhafter Yachtdesigner, der dieses Boot nie gefahren
hat, kolportierte mir einmal diesen Unsinn. Das Boot ist dick und pum-
melig wie die »Toad«, innen geräumig, bewegt sich sanft durch die See.
Entworfen wurde es 1924 von William Atkin für das Magazin ›Motor
Boat‹, als Volksboot, das sich Leser des Blattes für eine bescheidene
Summe beim örtlichen Bootsbauer zusammenschustern lassen konnten. Atkin nannte es »Eric« – nach dem Wikinger Erik dem Roten – und
gründete den Entwurf auf ein norwegisches Seerettungsboot namens
»Redningskoite«, das seinerseits den alten seetüchtigen Doppelendern
abgeguckt war, mit denen skandinavische Fischer sich über den Polar-
kreis hinaus bis zu den Lofoten wagten; und diese Boote waren ihrerseits kurze, dicke Abkömmlinge der Langschiffe der Wikinger aus dem
Frühmittelalter. In den siebziger Jahren zeichnete Westsails Bootsdesigner Bill Crealock die »Eric« zum GFK-Boot um, genau im richtigen
Moment, da viele Segler plötzlich die windigen, zum Kreuzer aufge-
päppelten Daysailer-Designs satt hatten und ein massives, starkes, von
vornherein fürs Seekreuzen gebautes Boot wollten, mit dem man überallhin konnte. Die kleine amerikanisierte »Redningskoite« wurde
zum VW-Käfer der Yachtwelt. Eine Zeitlang glänzte Westsail als Vor-
zeigewerft Südkaliforniens. Ende der siebziger Jahre waren achthundert Exemplare gebaut worden, und die ›Time‹ hatte eine Titelge-

schichte über die Popularität des Fahrtensegelns mit kleinen Booten gebracht und war ausführlich auf Westsail und seinen pummeligen Prototyp eingegangen. In den achtziger Jahren dann der Niedergang: Westsail bankrott, das Boot in Ungnade gefallen. Solch ein dicker Langkieler (im Gegensatz zu den modernen Kurzkielern mit Kielflosse) kann's einfach nicht bringen, sagten die Leute, aus ihren Yachtzeitschriften aufblickend, und liefen wieder in Scharen zu schnelleren, leichteren, neuen Booten über.

Robin Knox-Johnstons angeblich untüchtige »Suhaili« ist eine Atkin-»Eric«, ein Schwesterschiff der »Westsail 32«. Nach seiner epochemachenden Weltumsegelung 1968/69 hat Knox-Johnston weitere seglerische Großtaten vollbracht, ist mit Trimaranen und Katamaranen in Rekordgeschwindigkeit über den Atlantik und um die Welt gebraust. Er weiß alles über die Effizienz von Booten. Zu einem Bergsteiger- und Segeltörn mit Chris Bonington und vier anderen Männern nach Grönland, nördlich des Polarkreises, hat er jedoch unlängst wieder die gute alte »Suhaili« genommen. Und ganz gewiß nicht aus Nostalgie.

Ich weiß also, daß solche molligen, gedrungenen Boote in der Tat gut segeln können, daß es gute Seeschiffe sind. Was mich jedoch jetzt, unter den Flautenbedingungen der letzten Woche, so verblüfft, ist, wie hervorragend die »Toad« die Schwachwinde ausgenutzt hat. Auch in fast regloser Luft machte sie durch ihr Trägheitsmoment immer noch ein bißchen Fahrt.

Daß man die »Toad« für einen langsamen, schwerfälligen Kahn halten kann, hat mich immer etwas gekränkt. Denn so werden die Bücherweisen sie einschätzen, auf den ersten Blick – auch ich habe sie zuerst so eingeschätzt. Aber was wissen die Bücherweisen von ihr in ihrem Element? Ist sie nicht, um meinen Bruder David zu zitieren, weiter herumgekommen als der Kneipenwirt von Flushing in seinen kühnsten Träumen? Bestimmt hat sie mehr Törns mit weniger Aufhebens hinter sich gebracht als die meisten geklonten Wundercruiser aus Kunststoff, die unbenutzt in den Marinas der ganzen Welt liegen.

Ich habe die »Toad« immer für eine Übergangslösung gehalten, ein Boot, mit dem ich auf beiden Seiten des Atlantik herumschnüffeln und es dann abstoßen und mir »das richtige« zulegen wollte, das schnellere, größere, sportlichere, das Vollblut, mit dem ich nach Rarotonga, Whangaroa und zu den fernsten Horizonten segeln wollte. Jetzt aber, auf diesem schönen Törn, hat sich das Gefühl, daß andere Boote besser sind, verflüchtigt. Seit Horta, oder schon früher, kann ich die »Toad« nicht mehr verkaufen. Ich suche mir irgendeinen Job und zahle J. aus. Denn so sicher, wie die Portugiesische Galeere über den Atlantik »segeln« kann, kann mich die »Toad« um die Erde tragen, und mit Stil. Sie ist das beste Boot der Welt. Nur, sie leckt ein bißchen. Wenn ich bis Maine komme, schäle ich den Rumpfbezug ab und kalfatere das ganze Schiff. Es ist dann so gut wie neu. Darauf ein schöner gedeckt-weißer Anstrich, und auf zu neuen Ufern.

20. Juli

0900: Flaute.
1730: Ich hab's wieder gehört – was immer es ist. Auf dem Kajütdach neben dem Mast stehend, bei spiegelglatter See und leisester Dünung, kann ich etwas hören. Bilde ich mir jedenfalls ein. Es ist mir in den letzten Tagen aufgefallen, bei absoluten Flauten, während derer das Boot ganz reglos lag, ohne Wassergeräusch am Rumpf, ohne Wellenplätschern. Es ist ein Grummeln, wahrscheinlich unterhalb der Grenze dessen, was ich als Schall bezeichnen würde. Es mag das leise mächtige Atmen des Ozeans sein, dieses Ozeans, der vom Mond angezogen und wieder losgelassen wird und durch den Druck der Erdatmosphäre steigt und fällt. Ein Meer, dessen Brustkorb sich hebt und senkt. Oder vielleicht Schichten unterkühlten, eiskalten Wassers, die sich sechs Kilometer unter mir über Abhänge oder Hindernisse auf dem Meeresboden schieben. Vielleicht ist es auch nur Tinnitus, ein Geräusch in meinem Innenohr – eine Spielart des hohlen Rauschens, das man in Meeresmuscheln hört, wenn man sie ans Ohr hält. Auf jeden Fall kann ich es hören.

Heute, in der Dämmerung, streicht ein Hauch übers Wasser, wie schon an den letzten Abenden, und eilends trimme ich die Segel, um ihn auszunutzen. Unvermittelt beginnt die »Toad« Fahrt aufzunehmen, und mich durchrieselt, wie jedesmal, ein wohliger Schauer, plötzlich gepackt und unter Segeln fortgetragen zu werden.

Ich glaube, daß man an einem Vormittag genug Segeltechnik erlernen kann, um am Nachmittag eine Weltreise anzutreten. Ich meine nicht »Seemannschaft« – jenes umfassende, durch Erfahrung geschärfte Berufswissen des guten Seemanns, das ihn in die Lage versetzt, das Boot in jeder Lage zu beherrschen –, ich meine das kleine Einmaleins der Segelführung. Es lautet: Bei vorlichem Wind die Segel ganz dichtholen (Schoten dicht); bei querein kommendem Wind die Segel etwas auffieren (Schoten nachlassen); bei achterlichem Wind die Segel ganz auffieren. Das ist alles. Damit kommt man aus dem Hafen; wer einen Motor hat, kann mit Maschinenkraft aus dem Hafen laufen und erst draußen die Segel setzen. Das machen die meisten Leute. Die weiteren Feinheiten des Segeltrimmens erlernt man durch jahrelange Übung, durch jahrelanges Fieren und Anholen, bis der Wind nicht mehr unsichtbar ist, sondern etwas, was man so deutlich sieht wie Rauch mit all seinen Schlieren und Wirbeln und Fahnen, wenn er über die See streicht und durch die Takelage und um den Mast und durch die geblähten Bäuche der Segel strömt. Dann weiß man auch mit geschlossenen Augen, woher er weht, man spürt ihn im Schlaf in der Koje, und eine kleine Veränderung kann einen wecken. Die Segel optimal zu trimmen wird zum Instinkt. Am Anfang aber genügt »Gegenwind, Segel dicht – Rückenwind, Segel fieren«; damit kommt man schon ziemlich weit. Besonders, wenn man ein Boot mit Motor hat, den man anwerfen kann, wenn der Wind schwach oder unstet wird oder wenn man durch einen Engpaß muß. Trügerisch früh hält man sich dann für einen fähigen Skipper. Dafür hielt ich mich auch, ehe J. und ich an Bord der »Magdaleña« zu segeln begannen.

Unser erster Törn ging zurück nach Tortola, wo wir glücklich gewesen waren. Wir waren jetzt Fahrtensegler, auf eigenem Boot, und keine Einwanderungsbehörde würde uns mehr Schwierigkeiten machen. Da die »Magdaleña« soviel kleiner war als die »Viva III«, hatte ich sie mir wendiger, reaktionsfreudiger vorgestellt als das Boot meiner Eltern. Doch das Gegenteil war der Fall; auf Amwindkursen lief sie träge – wie auf unserer ersten Fahrt über die Lagune –, und wir brauchten (nach J.s Tagebuch, in das ich mich heute abend vertiefe) einen kompletten Nachmittag, um die drei Meilen von Red Hook auf St. Thomas über den Pillsbury Sound nach Caneel Bay auf St. John zu kreuzen. Wieder dachte ich, Gott, welch schwerfälliger Kahn. Auf der »Viva« hätte ich sicher den Motor angestellt und wäre aus reinem Frust schnurgerade hinübergetuckert, und da ich diese Möglichkeit immer gehabt und allzuoft genutzt hatte, waren meine seglerischen Talente – wie mir jetzt aufging – wohl doch noch äußerst unterentwickelt. Vor Anker an jenem Abend schlug ich Eric Hiscocks ›Cruising Under Sail‹ auf:

> Der übliche Fehler, den der Anfänger auf Amwindkurs macht, ist, die Segel zu dichtzuholen und zu hoch am Wind zu laufen. Die Yacht läuft dann vielleicht in die gewünschte Richtung, aber zu langsam. Wird der [für die damalige Zeit typische] Kreuzer auf diese Weise behandelt, wird er leblos und driftet nach Lee ab; man sollte die Schoten etwas schricken, dann kommt Fahrt ins Boot … Dies nennt man »voll und bei«.

Sprich: Die Segel stehen noch gut »voll«, und man segelt nach dem Wind und nicht nach den eigenen Kurswünschen.

Am nächsten Tag versuchten wir's mit »voll und bei«, und siehe da, es ging besser. Mit der Zeit lernten wir auch, durch Hiscock, das unserem Langkieler gemäße langsame Wenden und erwarteten nicht mehr, daß er nach Herumreißen der Pinne spritzig wie ein Racer durch den Wind ging. Wir lernten, durch »Backhalten« des Vorsegels (seitliches Heraushalten, damit der Wind es von der neuen Luvseite trifft) das Wenden zu unterstützen. Wir lernten, anhand der »Katzenpfoten« und kleinen Kräuselwellen zu erkennen, woher der *wahre* Wind im Gegensatz zum *scheinbaren* Wind (dem relativen Bordwind) kommt. Diese simplen Lektionen waren der Schlüssel zur Handhabung unseres kleinen, dicken, motorlosen Bootes, aber wir lernten sie nicht von heute auf morgen. Als wir Monate später nach West End, Tortola, hineinkreuzten, gerieten wir zu hart an den Wind, schafften die Wende nicht und rammten mit dem Bugspriet einen Busch am Ufer, knapp vor den Füßen eines alten Spaziergängers. Er nahm es gelassen.

Auf Tortola besuchten wir Mike Underhill und seine Kinder Sally und Ian, und sie kamen an Bord und bewunderten das Boot. Wir trampten über die Insel, wie zuvor, und verliebten uns aufs neue in sie, aber nun hatten wir unser Boot, und der Akt, den Anker zu lichten und irgendwo anders hinzufahren, war so erregend, daß wir sofort wußten, wir würden nicht lange bleiben. Am 4. Juli baten uns vier Leute, sie für fünf Dollar pro Kopf nach Cruz Bay auf St. John zu bringen. Wir akzeptierten mit Freuden. Und hatten ein Aha-Erlebnis. Vor dem

Wind zurücksegelnd, brauchten wir bis Cruz Bay lediglich zwei Stunden.

Dies war unser erster Besuch in der kleinen Hauptstadt von St. John – einem Weiler aus geduckten Häuschen mit roten Wellblechdächern, unter Palmen in eine lauschige Bucht geschmiegt, mit einer Bootswerft und einem Fähranleger neben einem weißen Strand. Wir ankerten und ruderten unsere Chartergäste an Land. Bands spielten, Marktstände boten Lebensmittel und heimisches Kunsthandwerk feil, und ich kaufte J. für unsere Charterdollars zwei kleine schwarze Korallen-Ohrringe. Abends lagen wir im Cockpit und genossen den Anblick des Feuerwerks über dem Hafen und fühlten uns so privilegiert, als seien wir Ehrengäste der Queen an Bord der »Britannia«.

St. John gefiel uns. Es war klein und urig, ganz ohne den Touristenrummel von St. Thomas, und da es amerikanisches Territorium war, durften wir dort arbeiten. Wir brauchten eine Verschnaufpause; an unserem neuen Boot mußte vieles repariert und restauriert werden, ehe es auf längere Fahrt konnte, und wir mußten etwas Geld verdienen.

In Caneel Bay, dem langweiligen Snobiety-Seebad an der Westküste von St. John, unweit von Cruz Bay, fand ich einen Job. Caneel hatte bei uns in Cruz Bay eine eigene kleine Bootswerft zur Betreuung der Fährschiffe, die Gäste von St. Thomas herüberbrachten. Dort jobbte ich als Arbeiter. Wir ankerten ein paar hundert Meter von der Werft entfernt, und J. ruderte mich jeden Morgen an Land. Sie verbrachte ihre Tage damit, an der »Magdaleña« zu bosseln, sie zu streichen und zu lackieren. Sie sprach davon, sich ebenfalls Arbeit zu suchen, aber solange ich Geld heimbrachte, war das nicht unbedingt nötig. Was ich verdiente, ging größtenteils für Farbe und Lack, Verdünner und Leim drauf, und jede Woche steckten wir ein paar Dollar in einen Briefumschlag, den wir in der Kajüte in dem kleinen Festbrennstoff-Heizofen verwahrten.

An Wochenenden verließen wir Cruz Bay und kreuzten an St. Johns Nordküste entlang, und jedesmal lernten wir mehr über unser Boot und seine Segeleigenschaften. Wir ankerten in Maho Bay, an einem winzigen palmgesäumten Strand, den wir meist für uns allein hatten, weil die Segelhandbücher Francis Bay, weiter nördlich, empfahlen, und die Kreuzer brav dorthin liefen. Wir schwammen und unternahmen Dschungelexkursionen in die Hügel, mit Ausblicken auf die tief unten liegende »Magdaleña«, auf Tortola jenseits des Drake's Channel und auf die Insel Jost van Dyke und den fernen Atlantik. Wir harpunierten Fische und dinierten im Cockpit, bewunderten unser Boot und redeten davon, wo wir eines Tages damit hinfahren wollten, und wir genossen die Sonnenuntergänge über St. Thomas – das aus der Entfernung ganz hübsch aussah.

Aus einem Tierheim auf St. Thomas holten wir uns einen kleinen getigerten Kater namens Minou, der sofort zu fliehen suchte und zum ersten und letzten Mal über Bord sprang.

Vor Anker lagen in Cruz Bay, neben den einheimischen Fischerbooten und ein paar Tagessegelbooten aus Kunststoff, vier weitere kleine Holzboote mit ständig darauf lebenden Bewohnern, alles Amerikaner Ende Zwanzig, also in unserem Alter. Wir sahen einander jeden Tag, wenn wir an unseren Booten vorbei an Land ruderten; wir tranken Bier und Wein auf unseren schwimmenden Domizilen und redeten über Boote und Segeln. Tom Averna aus Massachusetts, dicker schwarzer Bart, der wie ein alter Grieche aus einem Wandgemälde aussah, hatte das schmuckeste Boot, die »Silver Seal«, einen englischen 7,50-Meter-Gaffelkutter. Alan Johnsons »Driftwood« war, vor Ort gefertigt, das rustikalste Boot, von ihm selbst restauriert und feuerrot angestrichen; er war der beste Segler unserer zusammengewürfelten Gesellschaft, und ich habe ihm so manchen Tip zu verdanken. Stu, an Bord eines selbstgebauten Sperrholzbootes lebend, war ein bißchen älter; er hatte wegen irgendeines Wirtschaftsdelikts eingesessen und war jetzt auf Bewährung frei. Ed und Sue lebten auf einem hölzernen Folkboot, 7,75 Meter lang, und waren unglücklich. Ed war dick und mürrisch und behandelte die hübsche schwarzhaarige Sue wie sein Dienstmädchen.

Wir waren keine dicken Freunde, führten aber alle das gleiche Leben und träumten den gleichen Traum – Aufbruch zu neuen Ufern, sei es zur nächsten Insel, sei es um die Welt –, und wir beobachteten mit Interesse, ob und wie die anderen es schafften, den Traum wahr zu machen. Wir waren arm, lebten von der Hand in den Mund, flickten unsere Boote; die beiden Ehepaare suchten ihre Beziehung am Leben zu halten, die beiden Singles suchten Anschluß. Wir saßen, mehr oder weniger, im selben Boot.

Mitte des Sommers hörte Alan – der, wie ich, in der Caneel-Werft arbeitete – von einem Kursus in Red Hook, bei dem man Schiffsführerpatente der U.S. Coast Guard erwerben konnte. Er, Tom und ich schrieben uns ein, und dann auch J. als Nachzüglerin, offenbar um nicht verlassen zurückbleiben zu müssen. Eine Woche lang sprangen wir vier nun nach der Arbeit in Alans Walfänger und tuckerten über den kabbeligen Pillsbury Sound, an der auf ewig vertäuten »Xanadu« vorbei, nach Red Hook. Bei Johnny Harms kauften wir geräucherten Speerfisch und kauten ihn während des Unterrichts, und abends ging es im Dunkeln nach St. John zurück, springende Fische neben dem Boot. Im Eiltempo büffelten wir eine Kurzfassung des Coast-Guard-Lehrplans: Grundregeln der Schiffsführung auf See, Lichter, Signale, kleines Navigations-Einmaleins. Manches davon war uns bekannt, anderes nicht. Wir bestanden alle, J. und ich mit Punktzahl 100.

Da wir erkleckliche Segelerfahrung auf Großyachten im Mittelmeer nachweisen konnten (J. hatte überdies auf einer Fähre auf Mallorca gearbeitet) und auch nachweislich lange auf der »Viva« gefahren waren, bekamen wir das amerikanische Hochsee-Patent für Hunderttonner. Die scheinbare Leichtigkeit, mit der wir unsere Patente erworben hatten, ließ in der Caneel-Werft ältere Fährkapitäne murren. Es kümmerte uns nicht. Es bedeutete, daß ich die Caneel-Fähren – oder andere vergleichbare Schiffe – fahren durfte, wenn eine Stelle frei wurde. Es bedeutete mehr Geld. Und ich durfte mich fortan Kapitän nennen – in einer bootsorientierten Welt kein geringer Ehrentitel.

Bei Jobs auf Schiffen herrscht große Personalfluktuation, weil sie meist mit Yachtleuten besetzt werden, wahren Wandervögeln, und so stand ich schon nach wenigen Wochen auf der Kommandobrücke einer Fähre und freute mich, eine Zeitlang, über meinen neuen Status und Gehaltsscheck. Es war ein langweiliger Job, wie Busfahren, und ich hatte wenig Kontakt zu meinen Passagieren. Doch die zwanzigminütige Fahrt über den Pillsbury Sound war immer herrlich, und ich blieb dem Wasser nah, wie es mein Wunsch war. Draußen sah ich fragile weiße Schmetterlinge von einer Insel zur anderen flattern, und ich bemühte mich, sie nicht zu überrennen. Wenn sie vor dem Schiff auftauchten, machte ich mit der Sechzig-Tonnen-Fähre Ausweichmanöver, und das führte zu Beschwerden von seiten der Deckspassagiere. Ich lernte, mit etwas weniger Schwung zu manövrieren.

Caneel Bay behandelte ihre Mitarbeiter ziemlich gut. Beschläge und Kleinteile bekam ich von der Werft zum Selbstkostenpreis und durfte dort nach Dienstschluß die Werkstatt benutzen. Ich schreinerte ein Zeitschriftenregal für die Kajüte der »Magdalena«, einen Besteckkasten für die Pantry und eine Teakholz-Box fürs Fernglas, die ich im Niedergang ans Schott schraubte. Als Fährschiffskapitän stieg ich in der Hierarchie der Caneel-Werft auf, und J. und ich durften nun mit den Gästen Tee trinken und im Dinner-Patio zum Selbstkostenpreis mitessen, wobei das Beeindruckendste das feudale, sieben Meter lange Sonntagsbüffet war, das aussah wie das Festmahl, das die Tahitianer der Crew der »Bounty« ausgerichtet hatten, und das mit barocken Eisskulpturen geschmückt war.

Eigentlich hätten wir uns rundum wohl fühlen müssen, doch statt dessen schien es mit J. und mir immer weiter bergab zu gehen, wir stürzten regelrecht ab. Nach dem ersten Rausch der Unabhängigkeit auf unserem Wohnboot wurden wir zusehends unglücklicher. Wir fühlten uns gefangen, waren wie gelähmt, apathisch, gelangweilt, uns fehlte ein Plan, und wir hingen ziellos herum. Unser lockerer Lebensstil, der uns nichts abforderte, hatte uns träge werden lassen. Wir kamen uns wertlos vor, weil wir nichts vollbrachten und in keiner Hinsicht vorankamen. Die übliche Tropenfalle – sie war zugeschnappt.

Nach ein paar Monaten wurde ich immer nervöser, wenn ich abends von der Arbeit heimkam. J. hatte an Land keinen Job gefunden. Ich ruderte inzwischen selber hin und zurück, weil sie das Boot ohne mich nicht mehr verlassen wollte. Den ganzen Tag an Bord allein, draußen vor Anker, kapselte sie sich immer stärker von der Außenwelt ab. Sie hatte kaum noch Lust, unter die Leute zu gehen, und wollte andererseits auch nicht, daß ich ohne sie irgendwohin ging. Sie versank in ihrer Depression, und von mir kam kaum Hilfe. Ich wollte, daß wir um die Welt segelten, ich lebte und atmete die Idee, las alle einschlägigen Bücher, die ich finden konnte; aber ich schimpfte auch, unser Boot sei ein Winzling, ein Wrack, und sprach davon, es zu verkaufen, einen kleinen Bauernhof zu erwerben und ökologischen Landbau zu betreiben. Oder nach London zurückzukehren und in die Werbebranche einzusteigen, in der Martin und mein Bruder David damals arbeiteten. Sie lebten beide in London, sahen einander regelmäßig, und sie fehlten mir. Ich fühlte mich isoliert, abgekoppelt. Lag auf dem Boot herum und grübelte über das Leben draußen nach. Ich fühlte mich gefangen in J.s immer engerem Kokon und wollte raus.

Ihre Tagebucheintragungen gegen Ende dieses zweiten Jahres unserer Ehe beschränken sich auf wenige kryptische, schwermütige Bemerkungen, die immer seltener werden und in den letzten drei Monaten völlig ausbleiben.

Im Herbst, in der feuchten heftigen Schlußphase der Hurrikan-Saison, überschwemmten schwere Regenfälle die Insel mit dampfendem Schlamm, und das klare blaue Wasser des Pillsbury Sound verwandelte sich in eine braune Brühe voller Unrat und Treibgut. Statt um Schmetterlinge mußte ich die Fähre um treibende Ziegenkadaver herumdirigieren, die auf die See hinausgespült worden waren. Langsam wurde ich meines Kapitänsjobs überdrüssig, auch des klaustrophobischen Lebens auf St. John, das für uns beide zu einer Art Gefangenschaft geworden war. Ich wollte mit meinem neuen Patent mein Glück im Segelboot-Chartergeschäft versuchen, deshalb segelten wir nach St. Thomas zurück, und ich begann die *Bareboat*-Charterfirmen abzuklappern.

Charterkapitän auf einem *Bareboat* zu sein ist ein Widerspruch in sich, denn *Bareboat* heißt eigentlich, daß der Kunde das Boot ohne Kapitän und/oder Crew mietet; oft aber sind die Charterer so unerfahren, daß der Vermieter darauf besteht, daß sie einen Kapitän mitnehmen. Daß ich auf meinem eigenen Segelboot lebte und ein eindrucksvolles Patent vorweisen konnte, schien Qualifikation genug, und schon bald segelte ich alle zwei, drei Wochen einen professionellen Wochentörn.

Arbeit konnte man das kaum nennen. Die Kunden wollten meist die Segel und die Ruderpinne selbst bedienen. Häufig handelte es sich um Familienmitglieder, die ihren Insiderhumor pflegten, aber auch ihre Spannungen austrugen, oder zwei Pärchen, gelegentlich auch um eine Gruppe Singles – gestreßte, verspannte Leute, käseweiß und sonnenölglänzend. Ich fuhr sie von St. Thomas nach Virgin Gorda und lieferte sie eine Woche später gebräunt, relaxed und meist viel glücklicher wieder ab. Die Arbeit befriedigte mich – erstaunlicherweise.

Auch schenkte sie J. und mir wochenlange Beziehungspausen, in denen wir uns voneinander erholen, einander neu schätzen lernen, uns wieder aufeinander freuen konnten.

Auf meiner allerersten Reise (ich war noch nie über Tortola hinausgekommen) verschwand ich häufig in der Kajüte, um im ›Yachtsman's

Guide to the Virgin Islands« heimlich das nächste Streckenstück nachzuschlagen. Mit der Zeit hatte ich raus, welche Inseln, Ankerplätze, Strandrestaurants und Routen die Crew am meisten begeisterten, und der etwa vierzig Meilen lange Trip nach Virgin Gorda und zurück wurde zu einer Art Routineübung.

Bald lernte ich andere kennen, die diesen Törn ebenfalls fuhren, *Bareboat*-Skipper, aber auch Paare, die ihre Privatyacht vercharterten wie Bruce und Sarah Comstock, ehemalige Computerprogrammierer aus Boston, die auf einer 15,5-Meter-GFK-Ketsch lebten und zahlende Gäste mitnahmen. Ich stellte ihren Gästen manchmal meine vor, oder wir trafen uns alle zufällig beim Essen bei »Stanley's« in der Cane Garden Bay oder im »Virgin Gorda Yacht Club«. Bruce und Sarah erzählten mir von dem Dienstagabend-Barbecue am Strand von Peter Island, das der dortige Yachtclub ausrichtete und wohin sie mit ihren Gästen immer fuhren. Auch ich begann daraufhin, an Dienstagabenden Peter Island anzulaufen.

Bruce war klein, vierschrötig, bärtig und kahlköpfig und trug stets einen Hut. Er war ein unverbesserlicher Spötter und zog mit ätzender Kritik über seine Fahrgäste und jedermann außer Hörweite her. Lang und breit lästerte er über die Nichtsnutzigkeit, die Unfähigkeit, die niederen Charaktereigenschaften jedes Menschen, dessen Namen man in den Mund nahm. Sarah andererseits war eine Perle. Herzlich, liebenswürdig, gewitzt und intelligent, bildete sie ein mehr als ausgleichendes Gegengewicht zu Bruce. Auch äußerlich war sie hinreißend mit ihrem dunkelblonden Haar und ihrer Pfirsichhaut. Ich fand sie wunderschön. Selten sah ich sie mit Bruce ein Wort wechseln. Und nie sah ich die beiden einander berühren.

Oft fand ich mich, weiß der Himmel, wie das kam, beim Barbecue neben Sarah sitzend, oder sie sprang ins Wasser und schwamm mit mir an Land, wenn ich an der »Arawak« vorbeiplanschte. Ihre Intuition sagte ihr wohl, daß ich Eheprobleme hatte, und ich sah, daß es bei ihr genauso war. Bald waren wir uns ohne viel Worte ziemlich nahegekommen, stets umgeben von Bruce und unseren glücklichen Charterkunden.

Unser Boot – es heißt zu dieser Zeit in J.s Tagebuch einige Monate lang »Coquelicot« – ankerte jetzt vor der Sheraton-Marina am Stadtrand von Charlotte Amalie. Der Ankerplatz lag in bequemer Nähe der

Charterfirmen, für die ich arbeitete, und J. hatte endlich bei einer dieser Firmen direkt hier am Yachthafen einen Bürojob gefunden.

Eines Nachts saßen wir an Land in der Marina-Bar, als ein Bootseigner hereinstürzte und meldete, unser Boot habe eine Havarie erlitten. Wir sprangen in unser Dingi, ruderten hinaus und fanden es flott, aber mastlos, oder jedenfalls schien es so im Dunkeln. Bei näherem Hinsehen zeigte sich, daß der Mast nach hinten weggeklappt war und horizontal auf dem Kajütdach lag, achtern auf der zerschmetterten Windfahne ruhend und das Heck noch um fünf Meter überragend. Im finsteren und überfüllten Hafen hatte der Skipper eines anderen, mit einer starken Ankerwinde ausgerüsteten Bootes den Anker gelichtet, war dabei mit unserem Anker unklar gekommen, hatte ihn, ohne es zu merken, aus dem schlammigen Grund gerissen und war durch den Hafen abgedampft, unser Boot mit dem erschrockenen Kater Minou im Schlepp. Die »Coquelicot« war herumgeschwenkt, wobei das Bugspriet mit einem anderen Boot kollidierte. Dabei war das Vorstag, die vordere Mastverankerung, gebrochen, und der dicke, massive Mast aus schottischer Kiefer war krachend mit seinem vollen Gewicht nach achtern umgeschlagen. Wir fanden Minou zusammengerollt, mit gesträubtem Fell in einer unserer Kojen, er war völlig verstört. Nach fünfzehn Minuten auf J.s Schoß schnurrte er wieder beruhigt, und sein Fell war fast glatt. Doch unser Leben – das ohnehin schon nicht gerade reibungslos verlief – geriet jetzt für sechs Monate aus dem Gleis.

Das schuldige Boot war gottlob versichert (unseres nicht). Wir einigten uns auf Schadenersatz, und Billy Walker kam mit seiner Barkasse und schleppte die »Coquelicot« um die Südküste von St. Thomas herum, durch die labyrinthischen Kanäle der Lagune, zurück zu der Werft, wo wir sie zum ersten Mal gesehen hatten.

Neben dem Unfallschaden krankte unser Schiff auch an einer ganzen Reihe chronischer Unpäßlichkeiten, die wir hingenommen oder deren Reparatur wir auf die lange Bank geschoben hatten: die angeknacksten Spanten – wir wußten immer noch nicht, wie viele –, die Newt Farley auf seiner Kurz-Inspektion gefunden hatte; Rost im Rigg; gammlige Taue; Lecks im Kajütdach und Deck, durch die es bei jedem Tropenschauer traurig tropfte. Und eine Pantry – amateurhaft zusammengestoppelt aus einem rostigen Herd, einer verfärbten Plastikspüle und einer Pumpe, die partout kein Wasser zutage fördern wollte –, die wir beide haßten. All dies war erträglich gewesen, solange wir in kristallblauem Wasser ankerten und ein leicht verschlamptes, aber charaktervolles Boot hatten, mit dem wir segeln konnten. Nun wurden wir in die Lagune zurückgeschleppt, havariert, als Wrack fast.

Wir machten am Kai der »Antilles Yacht Services« fest, und dort lagen jede Menge Holzboote wie unseres, die darauf warteten, fertig restauriert zu werden. Für die Eigner, junge Pärchen wie wir, die sie gekauft hatten, weil sie heruntergekommen und billig waren, hatten sich diese Projekte zum alles andere bestimmenden Lebensinhalt entwickelt. Das typische Boot hatte ein Cockpit voll rostiger Werkzeuge, Farbeimer, halbleerer Kleber- und Spachteltuben. Der männliche Eigner, in abgeschnittenen Jeans und verkleistertem T-Shirt, hockte sichtbar oder unsichtbar in irgendeinem Schapp oder in der Bilge, grunzend und hämmernd. Oder er saß in der »Pinafore-Bar«, dem gestrandeten Schiffsrumpf am Ende des Kais, mit einem Bier in der Hand und schwärmte zusammen mit anderen Träumern, die auch gerade ihr Schiff richteten, von den tollen Törns, die sie in ein paar Monaten machen würden. Abends pflegte seine Gefährtin aufzutauchen, geduscht, mit nassen Haaren, hübsch in Rock und blumiger Tropenbluse, um davonzutänzeln zu ihrem Job als Kellnerin. Sie trug das Unternehmen finanziell und schwang den Farb- und Lackpinsel, während ihr Mann / Freund / Käpten die »qualifizierten« Arbeiten ausführte: Neubeplankung, Neuverschraubung, die mystische Applikation von Epoxidharz, Ausweiden des Bootsinneren und Einbau einer neuen und Klassen besseren Einrichtung, dazwischen alkoholreiche Erfrischungspausen in der Bar in Gesellschaft von Experten ähnlichen Schlages.

Dieselben Boote und dieselben Leute hatten wir schon vor einem Jahr hier gesehen, als wir unser Boot kauften und fortsegelten. Ohne Ausnahme schienen diese Projekte nicht Fort-, sondern Rückschritte gemacht zu haben, bis sie aussahen wie ein Neubauvorhaben im Anfangsstadium, das mit recycelten Materialien in Angriff genommen wird. Ewig ertönte das gleiche Lied:

»Ja, Mann, weißte, da wir das Cockpit verglasen wollten, dachten wir, das Deck könnte auch 'ne Erneuerung vertragen, war ja sowieso verschlissen.«

»Als die Farbe runter war, fanden wir Fäule, aber mit den neuen Planken, Mann, da wird der Kahn stabiler, als er je war.«

»Da wir nun schon einmal …, da haben wir dann auch gleich …«
Gestrandete Leute, allesamt. Sie blickten nicht mehr auf von ihren
Pinseln und Schraubschlüsseln. Je länger sie werkelten, in desto größere Ferne rückte das ersehnte Ziel. Sie verhedderten sich in den Kleinigkeiten, das Projekt versumpfte in Seelenpein und Geldnot. Paare
trennten sich, meist kehrte die Partnerin in die Staaten zurück, und der
Skipper blieb auf seinem verrottenden Kahn sitzen, bis eine neue Gefährtin auftauchte und sich in den Traum einkaufte oder einfach Un-
terschlupf brauchte, und so ging es dahin.

Wir blickten uns um, wir blickten unser Boot an, wir blickten uns an
und merkten, wie erschreckend nahe wir diesem Szenario schon waren. Dieser Schock bewirkte, daß J. und ich unausgesprochen und
kompromißlos all unsere Kräfte bündelten und uns an die Arbeit
machten. Das hat uns gerettet – eine Zeitlang.

Wir kamen überein: Wenn wir hier schon festsaßen und größere Arbeiten anstanden, dann wollten wir sie zügig durchziehen. Uns nur
nicht hier einnisten, nur nicht klebenbleiben. Dies waren keine Kari-
bikferien wie aus dem Bilderbuch. Das Lagunenwasser war braun und
brackig, besonders am kommunalen Liegeplatz: Die Boote hatten
großteils noch keine Sammeltanks, Abwässer wurden per Pumpe ins
Wasser geleitet oder – wenn diese gerade in Reparatur war – ohne
viel Federlesens mit einem Eimer über Bord gekippt. Die Mangro-
vensümpfe, die die Lagune geschaffen hatten und umgaben, sperrten
die Brise aus, bremsten den Wasseraustausch und boten einen idealen
Brutplatz für Milliarden von Stechmücken. Andererseits: Die »Antilles
Yacht Services« hatten die Reparatureinrichtungen, die wir brauchten,
und hier hatten wir Billy Walker, einen reizbaren, gestreßten Engländer, etwas älter als ich, der aus irgendeinem Grund immer seine Arbeit
unterbrach, um mir zu sagen oder zu zeigen, wie dies und jenes fachmännisch ausgeführt wurde, oder an Bord kam und meine Bemühun-
gen kopfschüttelnd und mitleidig begutachtete. Billy war sein Geld wert.

Ich setzte meine Chartertörns fort, und J. kündigte den Bürojob und
trat eine Stelle als Abendkellnerin in einem nahen Restaurant an. Wir
verdienten kein Vermögen, aber das Geld gab's bar auf die Hand, und
der Löwenanteil, und unsere gesamte Freizeit, wurde in unser Schiff
gesteckt. Verglichen mit den anderen Booten blühte unseres auf wie
eine Blume unter dem Zeitraffer.

Eine kleine Chronik unserer Arbeiten: Wir fanden fünfundsiebzig angeknackste Spanten – Indiz, daß das Boot irgendwann einmal heftig aufgelaufen sein mußte, insgesamt eine bedeutende Schwächung. Billy Walker zeigte mir, wie man neben die alten Spanten neue Verstärkerspanten einbaut: Dünne, biegsame Streifen Douglasfichte wurden mit Epoxidharz aufeinandergeleimt und mit kleinen Bootsnägeln provisorisch an den Spanten befestigt. Nachdem wir das Boot später aufgeslippt hatten, wurde jedes Spant von außen, durch die Beplankung, mit zwölf Bronzeschrauben endgültig befestigt. Insgesamt neunhundert Schrauben, per Hand mit einem Schraubschlüssel eingedreht, an einem Wochenende.

Die löcherige und leckende Decks- und Kajütdachbeschichtung rissen wir ab, schliffen alle Lackreste bis aufs blanke Holz ab und ersetzten sie durch eine Glasfaser- und Epoxidbeschichtung. Damit waren die Decks absolut regendicht, und beim nächsten Schauer saßen wir trocken in der Kajüte und jubilierten.

Die gesamte Inneneinrichtung im Achterschiff nahmen wir heraus und bauten eine neue Pantry und einen neuen Kartentisch. Preiswert erstanden wir von einer Charterfirma einen dreiflammigen Gasherd mit Grill und Backröhre und versahen ihn nachträglich mit einer Kardanaufhängung, damit er bei allen Bootsbewegungen in der Horizontalen blieb. Einen Motor hatten wir nicht, daher konnten wir hinter und unter der Pantry eine Menge Stauraum einrichten.

Ein schöner alter Kajütkreuzer Marke Chris Craft, mit viel Mahagoniholz, lag verrottend auf dem Werftgelände; der Eigner hatte sich vor langer Zeit mit unbezahlten Rechnungen aus dem Staub gemacht. Einen Tag bevor das Boot mit einem Bulldozer zu Kleinholz zerwalzt werden sollte, krabbelten Norman – einer der Phantasten, die auf die Restaurierung ihres Schiffes warteten – und ich mit Schraubenziehern und Brecheisen vom Bug bis zum Heck durch das Wrack und erbeuteten eimerweise Klampen, Kettenklüsen, Haspen, Schnäpper und andere geheimnisvolle Kleinteile aus Bronze, die viel zu schön waren, um dort zurückgelassen zu werden.

Wir hörten von einem deutschen Schmied in Sub Base (einem ehemaligen amerikanischen U-Boot-Stützpunkt westlich von Charlotte Amalie) und sprachen mit ihm über den Austausch der alten, galvanisierten, aber jetzt rostenden Püttings und sonstigen Beschläge. Dieter war ein kleiner, schmächtiger Mann, der sich in blaßrosa oder blaue Shorts und Hemden kleidete, in denen er wie ein Schuljunge wirkte. Er fuhr überallhin mit dem Fahrrad. Vor seiner Werkstatt näherte sich eine komplett selbstgebaute 20-Meter-Aluminiumyacht ihrer Vollendung. Ich zeigte Dieter unsere alten rostigen Kleinteile, und er wußte sofort Bescheid. »Ja, klar, Typ XY«, sagte er, machte uns gleich neue aus rostfreiem Stahl und berechnete mir nur den Metallpreis nach Gewicht. Er ließ die Werkstücke roh und gab mir eine Feile, stellte mich an einen Schraubstock und kontrollierte, ob ich die Kanten gut abrundete. Anschließend polierte er alles mit einem feinen Karbidschleifer, bis die Teile wie Silberskulpturen aussahen. Zu guter Letzt nahm er mich mit an Bord seiner fast fertiggestellten Meisteryacht, wo ich den Kajütschmuck bewundern mußte: einen schrecklichen Billigdruck, einen pfeifeschmauchenden Seemann mit Südwester, erstanden bei Woolworth.

Billy Walker flickte den langen Riß in unserem Mast fachmännisch mit einem Einsatzstück, hobelte ihn glatt und lackierte ihn zehnfach.

Das alte galvanisierte Drahttauwerk tauschten wir komplett gegen neue rostfreie Stahltaue, spannten sie mit neuen, aus England georderten bronzenen Spannern und schraubten Dieters neue Püttings an den Rumpf. Ich reparierte die Windfahne. Wir kauften fünfzig Faden neue Ankerkette. Aufs Schandeck setzten wir rundum neue Fuß- und Scheuerleisten aus Mahagoni, faßten das Kajütdach mit neuen Teakleisten ein und lackierten alles. Abschließend wurde das gesamte Boot, innen und außen, noch einmal gestrichen.

»Wow!« sagte jedermann am Kai, und es klang leicht säuerlich.

Als wir fast fertig waren, sah das Boot endlich so aus, wie wir es uns erträumt hatten. Schnittig oder klassisch schön war es immer noch nicht, hatte aber nun Charakter und ließ auf einen gewissen Tatendurst schließen, was uns gefiel. Nur ein neuer Name mußte noch her, weniger verspielt als die alten. Wir nannten den starken, seetüchtig aussehenden Phönix, der da aus der Asche stieg, schließlich »Toad«, Kröte. J. pinselte den Namen aufs Heck – das erste Mal, daß wir einen Namen anbrachten –, er paßte perfekt, und es kam uns nie wieder in den Sinn, ihn zu ändern. Wer das Boot von früher kannte, erkannte es jetzt nicht wieder und hielt es für einen Neuankömmling. »Schau, da, die ›Toad‹«, hörten wir Leute sagen – es war Musik in unseren Ohren.

Sechs Monate, und wir waren aus der Lagune draußen. Wir segelten nach St. John, wo wir über Bord springen und in klarem Wasser planschen konnten, ohne Lagunophobie. Das Boot sah endlich schön aus, jedenfalls in unseren Augen. Und auch wir selbst gefielen einander wieder besser.

Nun ging's auf See in der wiedergeborenen »Toad«. Das Lob, das das »neue« Boot von Nahestehenden einheimste, ließ unseren alten Wunsch, auf größere Fahrt zu gehen, wieder aufleben und bescherte uns glückliche Törns rund um die Jungferninseln.

David flog von England in die Karibik, um uns zu besuchen, ein frischgebackener Produzent (er hatte gerade fürs arabische Fernsehen einen Werbespot für Lipton-Tee gedreht: schicke junge Araber in Jeans, die hip und vorausschauend genug waren, Teebeutel in der Hosentasche mitzuführen). Er verbrachte drei Wochen mit uns, und am Schluß waren wir uns einig: Keiner von uns hatte je schönere Ferien erlebt. Wir segelten die »Toad« über den vielbefahrenen Highway nach Virgin Gorda und kehrten unterwegs in allen Piña-Colada-Kneipen ein, in die ich meine Chartergäste geschleppt hatte. Auf Tortola mieteten wir Motorräder; wir schwammen, schnorchelten und harpunierten. Wir segelten durch überfüllte Häfen und durch tückische Meerengen, als hätten wir das schon ein Leben lang getan. Dann ging's durch die Anegada Passage – eine kleine Nachtreise, Vorgeschmack echten Seefahrens – zur französischen Insel St. Barts, wo wir uns mit süßen Teilchen, Baguette und Pastete vollstopften. David verliebte sich in die »Toad«, die jetzt wie ein tüchtiger, gemütlicher, vertrauenswürdiger fliegender Teppich wirkte. Und J. und ich schienen endlich fähig, es geschickt, ja sogar mit einer gewissen Eleganz zu segeln.

Nach Davids Abreise stellten wir fest, daß wir unser gesamtes Geld durchgebracht hatten. Wir gingen zurück und jobbten wieder, wobei J. endlich ihr Patent ausnutzte und Charterboote fuhr, wenn größere Gruppen zwei, drei Boote gleichzeitig mieteten. Als Flottille kreuzten wir nach Virgin Gorda und zurück. Diese Skipper-Jobs waren gut für ihr Selbstbewußtsein; sie war glücklich, sie sah schön aus, die Chartergäste schauten bewundernd zu ihr auf – zu Recht. Ich staunte über mein Glück, eine solche Frau zu haben; neue Hoffnung keimte.

In Cruz Bay lernten wir Thom und Beth Wilson kennen, als ihr kleines, properes 9,30-Meter-GFK-Boot mehrere Tage im Hafen neben unserem lag. Ein schlankes Pärchen unseres Alters, auf einem Jahrestörn von Florida durch die Karibik und zurück. Rasch freundeten wir uns an und feierten auf der »Toad« gemeinsam das Thanksgiving-Fest.

Zwei Wochen schipperten wir dann zusammen durch die Inseln, speisten abwechselnd auf dem einen und dem anderen Boot, harpunierten Fische, machten Wanderungen. Die beiden waren zu diesem Zeitpunkt das, was wir zu werden hofften: ein festes Gespann auf einem stabilen Boot, wissend, wo's langging. Wir lagen alle vier auf der gleichen Wellenlänge und waren uns auf Anhieb sympathisch. J. und ich stiegen, als die beiden abfuhren, auf den Gipfel von Mosquito Island und schauten ihnen traurig nach, als sie hinter Virgin Gorda in der Ferne verschwanden.

Thom und Beth steckten uns an. Wir waren beeindruckt von der Planung und Ausführung ihres Törns und sahen vergnügt, wie gut sich die »Toad« neben ihrem Boot schlug – ihr modernes Schiff war immer ein bißchen schneller, aber nur ein bißchen; man konnte sagen, daß wir gut mit ihnen mithielten. Wir beschlossen, die Jungferninseln, die seit zweieinhalb Jahren unsere Heimat waren, zu verlassen und fortzusegeln. Die »Toad« war bereit. Auch wir wollten auf zu neuen Ufern. Wir planten, zunächst einmal Florida anzulaufen. Dort konnten wir arbeiten, den Sparstrumpf füllen und dann fortsegeln, entweder über den Atlantik oder nach Westen, durch den Panamakanal, in den Pazifik.

Wir sagten den Freunden Bescheid, trafen unsere Vorbereitungen. Auf einem unserer letzten Chartertörns saßen Sarah Comstock und ich wieder einmal beim Barbecue auf Peter Island nebeneinander, als sie sagte: »Ich möchte, daß du das weißt: Ich habe dich sehr gern.«

Sie sagte es auf eine feste, ruhige Art, die mich ahnen ließ, daß sie mich vielleicht ebensogern hatte wie ich sie. »Ich habe dich auch sehr gern«, gab ich zurück. Noch ein paarmal kam ich auf die »Arawak«, aber wir hatten keine Gelegenheit mehr, miteinander zu reden.

Ein paar Wochen später stachen J. und ich in See, Richtung Florida.

21. Juli

Flaute. Zwischendurch ein paar Stunden Schleichfahrt bei leisem Lüftchen, leichtes Rollen, dann wieder Stillstand. Ich fühle die unfaßbare Weite des Ozeans, während ich mit weniger als Schrittempo über seine Oberfläche krieche. Ich sehe sie auf meiner 1,30 Meter breiten Nordatlantikkarte, auf der meine täglichen Kreuzchen rund einen Zentimeter auseinanderliegen. Ich komme mir kleiner vor als ein Kirschkern. Und einsam wie ein Satellit – ein Astronaut im All ist der Erde näher als ich; vierzig Leute im Kontrollzentrum überwachen jeden Atemzug.

Das Beste am Solosegeln (so wie ich es bis jetzt erlebt habe) ist, daß nichts zwischen den Segler und die unbeschreiblich schöne Welt tritt, die ihn umgibt. Er erlebt sie unmittelbar, nicht durch die Brille eines anderen. Es gibt Augenblicke, da steht er an Deck und blickt auf den einsamen Himmel und das Meer hinaus, bewegt von einer Mischung aus Freude und Trauer, die ihm fast das Herz zerreißt. Genau in diesen Augenblicken aber erwacht auch der Wunsch, das alles mit jemandem zu teilen, den man liebt.

1830: Ich fühle mich heute von allen Dingen und Menschen, die ich liebe, weit entfernt.

Mitten in der Nacht erwache ich, und es ist, als ob der Wind darauf gewartet hätte, daß ich schlaftrunken aus dem Niedergang auftauche. Aus völliger Flaute heraus spüre ich nach ein paar Sekunden einen Hauch, aus Süden kommend, auf meiner Wange. Im Sternenlicht sehe ich zu meiner Linken etwas über das Wasser wandern wie einen Wolkenschatten über ein Feld, eine dunkle Aufrauhung des Spiegels, auf dem wir sitzen.

Die Brise lebt auf und stabilisiert sich zu einem leichten, mir irgendwie real vorkommenden Wind. Mit all der Intuition, die ich anstelle eines Wetterfax-Empfängers erworben habe, fühle ich, daß es sich um die Vorhut einer großen, weit über den Ozean ausgreifenden neuen Wetterlage handelt. Ich glaube oder, besser gesagt, hoffe inständig mit der Begeisterung eines Westwanderers in seinem Planwagen, der die Kontinentalscheide erklommen hat und nun die Bergabstrecke vor sich sieht, daß wir in diesem Augenblick aus dem windlosen mittelozeanischen Hoch herausgesegelt sind in die Zone entlang der amerikanischen Küste, in der Südwestwinde vorherrschen. Dies ist unser Wind, der uns zur Neuen Welt tragen wird. Genua und Großsegel, seit Tagen, ja Wochen schlaff am Mast herumflappend, füllen sich, straffen und bauchen sich, bis sie reglos stehen, und beginnen die »Toad« zu ziehen. Nach fast drei Wochen Rollen, Schlingern und Stampfen auf See spüre ich nun keine Bewegung mehr, nur eine leichte, köstliche Beschleunigung, als das Boot Fahrt aufnimmt und über den glatten Meeresspiegel gleitet. Das ist so wunderbar, daß ich erst mal nicht wieder schlafengehe. Ich bleibe auf und genieße den Ritt.

Nach einer Stunde weht es schon mit zwölf Knoten, eine echte Brise. Phosphoreszierende Schaumränder erscheinen auf den Wellenkämmen. Ein Segeln wie im Bilderbuch. Seit den Azoren habe ich nichts dergleichen erlebt. Mit fünf Knoten rauschen wir dahin, die Nase Richtung Cape Cod, 1300 Meilen entfernt.

Die Angst fällt von mir ab. Endlich geht es vorwärts. Ich lege mich schlafen.

22. Juli

Um 0500, kurz vor dem Morgengrauen, reißt mich der Wecker aus dem Schlaf. Ich schwinge die Füße aus der Koje – und trete in Wasser.

Totale Panik. Ehe ich mich versehe, stehe ich im Cockpit und pumpe mit äußerster Kraft – so mechanisch, daß meine Gedanken abschweifen zu der sonnengebleichten Gummimembran, die außen auf dem Pumpengehäuse sitzt. Wie alt, wie brüchig ist sie? Ich habe eine Ersatzmembran, aber wenn ich die schon montieren müßte, schmölzen meine Sicherheitsreserven ein neues, bedrohliches Stück zusammen. Pump pump pump pump pump pump. Nach einer Weile – ich habe vergessen, zu zählen oder auf die Uhr zu schauen – blicke ich in die Kajüte hinunter: kein Wasser mehr über den nassen Bodenbrettern. Mehrmals tief durchgeatmet. Welch ein Erwachen!

Ich fange an nachzudenken: Ich lag in der Leekoje – die jetzt tiefer liegt, da das Boot, seit Wochen erstmals mit windgefüllten Segeln, deutlich krängt. Wasser, das bei waagerechter Bootslage dicht unter den Brettern steht, fließt bei Krängung naturgemäß nach Lee und steigt hoch. Kein Grund zur Panik. Dennoch, schwimmende Bodenbretter bringen mich um meinen Seelenfrieden.

Fünf Minuten später habe ich die Gewißheit, daß die Leckage deutlich, sehr deutlich zugenommen hat. Immer noch kein Schlürfgeräusch aus der Bilge, und ich arbeite schon seit mindestens zehn Minuten. Ich halte inne und gehe hinunter und hebe ein Bodenbrett an. Die Bilge sieht halbvoll aus. Du *lieber* Gott.

Im Cockpit pumpe ich wie ein verrückt gewordenes Metronom. Klar, denke ich, die Bilge ist V-förmig, deshalb ist sie bei halbhohem Wasserstand in Wirklichkeit wohl nur noch ein Viertel voll. Normalerweise sehe ich ein halbes Glas Wasser als halbvoll an, jetzt klammere ich mich bibbernd an die Vorstellung, daß ein zur Hälfte gefülltes Gefäß halbleer ist.

Weitere fünf Minuten, dann schlürft es endlich in der Bilge. Ich gehe hinunter und nach vorn zum Bug und finde mich in einen Alptraum versetzt, der mich innerlich erstarren läßt: Unter der Wasserlinie quellen an beiden Seiten durch die Nähte zwischen den Planken glitzernde Rinnsale. Das Innere der Planken hier vorn sieht aus, als würde es mit einem Schlauch besprengt. Hektisch räume ich Segel, Seesäcke, Taurollen zur Seite, um zu sehen, wie weit nach achtern sich das fortsetzt. Nicht weit, gottlob, nicht zu weit: Rund zwei Meter hinter dem Vorsteven hört es auf. Achtern davon ist die Beplankung trocken. Vorn dringt also Wasser unter die Beschichtung und kommt durch die Nähte zwischen den Plankengängen herein, die seit mindestens einem Jahrzehnt nicht kalfatert worden sind. Wie soll man sie auch kalfatern, wenn sie von außen zugeklebt sind? Ich starre ein paar Minuten darauf und versuche zu denken – an was, weiß ich nicht. Durch das Vorluk sehe ich, daß es dämmert.

Ich gehe nach hinten und koche Kaffee.

Gut. Ich kann es immer noch auspumpen. Ich kann es unter den Bodenbrettern halten. Aber fest steht nun: Je schneller ich segele, desto mehr Wasser machen wir. Allerdings laufen wir derzeit fünf Knoten, und viel schneller werden wir nicht werden. Vielleicht stabilisiert es sich auf diesem Niveau.

Trügerische Hoffnung. Schon in den letzten Wochen, während wir praktisch stillstanden, ist die Leckage ja stetig größer geworden. Sie wird schimmer und schlimmer werden, rascher und rascher, und jetzt weiß ich, warum: Das Wasser frißt die alte Kalfaterung weg und arbeitet sich zielstrebig nach achtern. Es ist ein Wettlauf mit der Zeit.

Aber Fahrt machen wir prima!

Ein alter Witz fällt mir ein – ein Flugkapitän sagt über Lautsprecher: »Meine Damen und Herren, ich habe eine gute und eine schlechte Nachricht. Die schlechte: Wir haben den Kurs verloren. Die gute: Wir kommen zügig voran.«

Spät am Vormittag beginnt die LCD-Anzeige auf meinem Kurzwellenradio zu flattern: Die Batterien werden schwach. Ich wechsle sie, doch danach bleibt das Radio vollends stumm. Der zweite eisige Schreck. Absurderweise erscheint mir dies viel schlimmer als das Leck. Ohne Radio werde ich mir einsamer vorkommen als Robinson Crusoe. Der Plapperkasten ist mein Gefährte Freitag, meine Verbindung zum Rest der Menschheit. Tantchen BBC und abends Jazz von der VOA, das ist die Gesellschaft, die mich vor der totalen Einsamkeit bewahrt hat.

Ich nehme die Batterien, nagelneue von Duracell, aus dem Gerät und schaue mir die Kontaktlaschen im Batteriefach an. Blank und glänzend, kein Zeichen von Korrosion. Auch die vorhin frisch aus der Plastikhülle genommenen Batterien sehen gut aus. Langsam und mit Nachdruck setze ich sie wieder ein, sie telepathisch anflehend: »Ihr werdet jetzt funktionieren.« Schiebe den Deckel zu. Schalte ein ...

Nichts.

Ich schraube die Rückwand des Radios ab und werfe einen Blick ins japanisch-unergründliche Innere. Ebensogut könnte ich auf eine Atombombe blicken. Ich sehe kein Zeichen von Korrosion, was nach Jahren rauhen Bordbetriebs zu erwarten gewesen wäre. Ich nehme das Radio und stelle es auf den Kopf: Nichts fällt heraus, was gut ist, doch dann wird mir bewußt, daß ich herausgefallene Teile nie wieder einsetzen könnte, weil ich nicht wüßte, woher sie kamen. Verdattert schraube ich die Rückwand wieder an.

Eine schreckliche Panik überkommt mich. Das verstummte Radio jagt mir mehr Schrecken ein als das andere, real bedrohlichere Problem. Ich fühle mich zurückrutschen in die Kindheit, der ich mit dem

Drogenboot entfloh: Ich will weinen und Erwachsene um Hilfe anflehen. Noch mehr als tausend Meilen Wegstrecke, zehn bis fünfzehn Tage. Abgeschnitten von der Welt. Absolut, vollständig, total allein.

Fast schluchzend klettere ich ins Cockpit und fange an zu pumpen. Plötzlich wird die Reise bitterernst. Dies ist kein Spaß mehr. Ich blicke mich auf dem leeren Ozean um und erkenne mit nie gefühlter Schärfe, wie allein ich bin. Nur ich und ein leckes Boot mitten auf dem Meer. Allein, mutterseelenallein.

Aber wolltest du das denn nicht immer? Die große Probe aufs Exempel? Nun endlich ist es soweit: Es geht ums nackte Überleben, seelisch und körperlich. Freu dich doch. Die Situation wird dir alles abfordern, was du zu bieten hast. Willst du jetzt klein beigeben, wie damals, auf der »Mary Nell«, als ein anderer dir beistand, oder wirst du dich ihr gewachsen zeigen? Wenn du in einem kleinen Boot wie der »Toad« auf See gehst, scharf auf Gefahren und Sensationen, aber im Innersten nicht darauf vorbereitet, dann bist du nichts anderes als ein blutiger Stümper. Jetzt gilt es. Leben oder Tod. Bringst du's, oder bringst du's nicht?

Wozu bist du hier?

1966/67 segelte der fünfundsechzigjährige Engländer Francis Chichester allein um die Welt. Er legte nur eine einzige Pause ein, in Australien, sieben Wochen, um sich auszuruhen für die zweite lange Etappe um Kap Hoorn und um Interviews zu geben, die das öffentliche Interesse an seiner Reise wachhielten, denn er war ein gerissener PR-Mann. Er war groß und schlaksig und wirkte etwas kauzig mit seinen dicken Brillengläsern und seiner Wollmütze (vom Sponsor British Wool). Als Grund für die Fahrt gab er an, er wolle testen, ob eine moderne Yacht mit den Reisezeiten der alten Klipper auf ihrer England-Australien-Route mithalten könnte. Diese Route führte von England südwärts durch den Atlantik, dann um Südafrika herum nach Osten durch ein Meer, das auf keiner Karte steht, aber Seglern unter dem Namen Südlicher Ozean geläufig ist: die windgepeitschten Weiten des Atlantiks, Pazifiks und Indischen Ozeans, die sich auf der Südhalbkugel zu einem weltumspannenden Meer zusammenschließen. Dort, um 40° bis 50° S, liegen die »brüllenden Vierziger« und die »furiosen Fünfziger«, die Zonen der Westwinddrift, in der die alten Großsegler

Höchstfahrt liefen. Die Stürme bauen dort riesige Seen auf, die um den Globus rollen wie eine ununterbrochene Kette von Tsunamis, jener verheerenden, plötzlich auftauchenden Wellen, nirgendwo von Land behindert außer an einer Stelle, Kap Hoorn, dem südlichsten Felsen der Anden, dem Skorpionstachel Südamerikas. Hatten die Schiffe mit Glück das Hoorn passiert, wandten sie sich nach Norden und liefen durch den Atlantik heim nach England.

Eine kleine moderne Yacht gegen grandiose Windjammer. Ein eigentlich absurder Wettkampf (den Chichester dann auch verlor, er konnte die Klipperzeiten nicht schlagen), der aber nach ehrenwertem Sportsgeist aussah. Der tiefere Grund, warum Chichester auf See ging, war: Er war ein Abenteurer; als junger Mann bereits mit einem Kleinflugzeug von England nach Australien geflogen, hatte er großes Aufsehen erregt; er hatte an Einhand-Regatten über den Atlantik teilgenommen; nun, mit über Sechzig, hielt es ihn immer noch nicht zu Hause. An der Route reizte ihn nicht nur, Klipper-Rekorde zu brechen (obschon diese einen interessanten Maßstab für seine Segelzeit lieferten). Die Ostroute um die Welt, durch die Vierziger und ums Hoorn, reizte ihn, weil sie die schnellste, schrecklichste und gefährlichste ist. Sie ist der Mount Everest für Segler. Chichester nahm sie, weil sie da war. [Neben der Ostroute durch den Westwindgürtel gibt es noch die Westroute durch den Passatgürtel, die länger und weniger hart ist; A. d. Ü.]

In England – dessen Weltgeltung seit dem Zweiten Weltkrieg schrumpfte; das nicht mit heldenhaften Astronauten aufwarten konnte; dessen beste Wissenschaftler und Denker aus Geldgründen nach Amerika abwanderten; dessen einzige große Heroen des 20. Jahrhunderts der Everestbesteiger Hillary (ein Neuseeländer) und der Antarktisfahrer Scott waren, dessen Heldengehabe und Unfähigkeit ihn und sein Team das Leben kosteten – füllte Chichester ein schmerzlich empfundenes Vakuum. Niemand hatte vollbracht, was er vollbracht hatte. Eine Viertelmillion Menschen säumte den Hafen von Plymouth, als er an einem Maiabend 1967 einlief. Später segelte er weiter nach Greenwich, ging an Land und kniete vor Queen Elizabeth nieder, die ihn unter freiem Himmel adelte. Beide Ereignisse wurden vom Fernsehen übertragen. Ich entsinne mich, daß ich in London vor dem Fernseher saß, sechzehn Jahre jung, und nicht genau wußte, was er getan hatte und worum man da solches Aufhebens machte.

Zugeschaut hat sicher auch Robin Knox-Johnston, sechzehn Meilen von meiner Wohnung entfernt (sofern er sich in seinem Elternhaus in Downe, Kent, aufhielt, wo er damals wohnte).

»Ich habe mitbekommen, daß Tabarly einen Trimaran baut«, sagte mein Vater eines Morgens. »Eignet der sich denn für das Transatlantik-Rennen?«
»Meines Wissens nicht«, sagte ich. »Weißt du Genaueres?«
»Nein, aber ich frage mich, ob er Chichesters Zeit unterbieten oder vielleicht sogar nonstop um die Welt segeln will. Das ist ja so ungefähr das einzige, was noch bleibt, nicht?«
Sprach's, stand auf und ging ins Büro. Ich saß und rührte in meinem Kaffee. Die Worte »das einzige, was noch bleibt« wollten mir nicht mehr aus dem Sinn. Weltumsegelung solo und nonstop war wirklich die einzig noch verbleibende große seglerische Herausforderung. Chichester hatte in Australien haltgemacht ... Wer würde es einhand und nonstop versuchen? Es war nur eine Frage der Zeit ...

So beginnt Knox-Johnstons Buch ›A World of My Own‹. Das Gespräch fand im März 1967 statt, zwei Monate vor Chichesters Heimkehr. Ein paar Wochen darauf verhandelte Knox-Johnston schon mit einem Yachtkonstrukteur über ein speziell für eine Nonstop-Umsegelung zugeschnittenes Boot – ein Boot, das er sich am Ende nicht leisten konnte. Er mußte mit der »Suhaili« vorliebnehmen, die er bereits besaß.

Auch andere ließen sich durch Chichesters Reise inspirieren. Ende 1967 schmiedeten mindestens sechs Männer Pläne für Nonstop-Weltumrundungen. Die Londoner ›Sunday Times‹, die schon Chichester mitgesponsert und seine Story gebracht hatte – zögernd zuerst, dann enthusiastisch, als die Chichestermanie sich zur Fieberhitze steigerte –, bekam Wind von der Nonstop-Truppe, deren Mitglieder sich sämtlich um Sponsoring durch Zeitungen bemühten. Die ›Sunday Times‹ kam ihren Konkurrenten aus der Fleet Street, der Pressemeile Londons, zuvor und schrieb für diese Individualisten im März 1968 eine Weltregatta aus, das Golden-Globe-Race. Dem Sieger, dem ersten, der es von England nach England nonstop schaffte, winkte eine Trophäe, der *Golden Globe*; dem schnellsten überdies ein Geldpreis von 5 000 Pfund. Für die Teilnehmer ging es ausschließlich darum, der erste zu sein. Der Geldpreis für den schnellsten konnte lediglich ein

Trostpreis sein (es sei denn, der erste wäre auch der schnellste). Sie alle gierten nur nach einem: dem kitschigen Goldenen Globus.

Als erster segelte am 1. Juni 1968 John Ridgway, ein neunundzwanzigjähriger Hauptmann des *Special Air Service* (Englands Anti-Terror-Einheit Nummer eins: die Jungs in Schwarz, die man ruft, damit sie sich aufs Dach besetzter Botschaften abseilen, die Fenster einschlagen und die als Geiseln genommenen Sekretärinnen retten). Ridgway hatte schon See-Erfahrung – 1966 war er über den Atlantik gerudert, von Cape Cod nach Irland, mit einem schottischen Fallschirmjäger namens Chay Blyth. Zwei harte Burschen, zweifellos. Auch Blyth ging ins Rennen und segelte eine Woche nach Ridgway, am 8. Juni, ab. Beide Männer benutzten normale serienmäßige 9,30-Meter-GFK-Kreuzer, biedere Familienboote, geeignet für Wochenendtörns um die Isle of Wight, aber völlig ungeeignet für den Südlichen Ozean. Beim Auslaufen aus dem Hafen kollidierte Ridgway mit einem Fünfundzwanzig-Tonnen-Schiff voller Fernsehkameras. Sein Boot trug einige Schäden am Holz davon, doch er setzte die Fahrt fort.

Ridgway konnte segeln; Chay Blyth nicht. Er nahm vor dem Start ein paar Segelstunden, mußte aber am Tag der Abreise beim Segelsetzen Hilfe in Anspruch nehmen und folgte Freunden auf einem anderen Boot, deren Manöver nachmachend, aus dem Hafen. Drei Wochen später, in einem Sturm, der nur ein kleiner Vorgeschmack dessen war, was ihn im Südatlantik erwartete, verlor er die Kontrolle über sein Boot, das nur geringen Tiefgang hatte. Er holte die Segel ein und ging in die Kajüte, wo er betete und Segellehrbücher las; eine »Hölle mit Gebrauchsanweisung«, wie er es später ausdrückte.

Knox-Johnston fuhr als nächster. Am 14. Juni stach er von Falmouth in See. Am 22. August folgten ihm zwei Franzosen (einer von ihnen mußte zunächst nach England segeln, um die Regattabedingungen zu erfüllen): Loïck Fougeron in einem Stahlkutter von 9,30 Meter Länge und Bernard Moitessier in seiner Stahlketsch »Joshua« von 12,40 Meter Länge. Moitessier, dreiundvierzig Jahre alt, war der mit Abstand chancenreichste Teilnehmer. Er galt in Fahrtenseglerkreisen bereits als Legende. In Vietnam geboren, war er mit dschunkengetakelten Sampans großgeworden. 1965/66 hatte er mit seiner Frau die »Joshua« 14 216 Meilen nonstop von Tahiti über Kap Hoorn nach Spanien gesegelt, damals die längste Nonstop-Kleinbootfahrt. Er wußte Bescheid,

war ausgefuchst. Die »Joshua«, von einer kommerziellen Stahlboot-
werft gebaut, war sehr stabil, auf Herz und Nieren getestet, und Moitessier kannte sein Boot genau.

Moitessier hatte bereits zwei literarisch anspruchsvolle, etwas mystische Bücher über sein langes Leben auf See geschrieben, ›Weite
Meere, Inseln und Lagunen. Erfahrungen eines Blauwasserseglers‹
und ›Cap Horn à la Voile‹. Letzteres behandelt seine Reise von Tahiti
über Kap Hoorn nach Spanien, und er beschreibt darin eine umstrittene Technik, die er zum Abreiten der Monsterseen im Südlichen Ozean entdeckt hatte. Hiscock bemerkt dazu in ›Voyaging Under Sail‹:
»1966 geschah etwas, das die lange akzeptierte Theorie der Kleinboot-
führung bei schwerem Wetter erschütterte.« Diese Theorie bestand
im wesentlichen darin, Segelfläche zu reduzieren und beizudrehen –
also praktisch zu stoppen –, oder das Boot durch Treibanker oder
Schleppleinen, mit Ankern oder Reifen beschwert, zu bremsen. Moitessiers radikale Taktik dagegen war, mit voller Geschwindigkeit vor
dem Sturm zu laufen und die nachkommenden Riesenbrecher in
einem leichten Winkel zu nehmen, so daß das Boot krängend die Wel-
lenwände hinabsurfte. Er behauptete, ein Winkel von 15 bis 20 Grad
zu den Wellen verhindere sowohl ein Kentern als auch ein Über-Kopf-
Gehen.

Hiscock fährt fort:

Ein Jahr nach diesem Ereignis nahm ich an einer Podiumsdiskussion der Zeitschrift
›Yachting World‹ teil, auf der vier von uns, darunter mein Freund Adlard Coles – der
damals vielleicht erfahrenste britische Hochseeregattasegler, dessen Buch ›Schwerwettersegeln‹ gerade herausgekommen war –, über Yachtführung bei Schwerwetter
debattierten. Naturgemäß kam die Sprache auf Moitessiers Methode, und wir fanden
sie alle ziemlich verblüffend. Coles sagte, er habe sie niemals auszuprobieren gewagt.

Obwohl Moitessier mit fast drei Monaten Verzögerung nach Knox-
Johnston ausgelaufen war, hatte er durch die größere Länge und
Schnelligkeit der »Joshua« und seine große Erfahrung durchaus Chan-
cen, den Vorsprung aufzuholen und als erster durchs Ziel zu gehen.

Am 24. August startete der älteste Teilnehmer, der achtundfünfzig-
jährige Navy-Commander Bill King, in einem vermeintlich idealen,
speziell für diese Regatta gebauten Boot. Ein weiterer Navy-Com-

mander, Nigel Tetley, ging am 16. September in einem 12,4-Meter-Trimaran ins Rennen. Vom Design her war dieses Mehrrumpfboot schneller als die bisher genannten – sämtlich Einrumpfboote – und hätte theoretisch alle überholen und siegen können.

Der achte Teilnehmer war Donald Crowhurst, ein ambitionierter Elektrotechniker, Erfinder und Wochenendsegler. Er war zu der Überzeugung gelangt, daß er auf einem Trimaran, ausgestattet mit elektronischen Raffinessen eigener Erfindung, alle Konkurrenten schlagen konnte. Als charismatischer, mit Überzeugungskraft begabter Mensch fand er, wenngleich mit einiger Verspätung, Geldgeber für seinen Bootsbau. Er startete mit großer Verzögerung, am 31. Oktober, und auch das nur, weil ihm die ›Sunday Times‹ eine Deadline und damit die Pistole auf die Brust gesetzt hatte. Sein Boot war unfertig, unerprobt, die meisten seiner Erfindungen und Ideen noch nicht umgesetzt. Crowhursts Charme, Phantasie und Ehrgeiz, geschürt von der brennenden Überzeugung, ein verkanntes Genie zu sein, trieben ihn dazu, zu starten, aber er hätte nicht fahren sollen. Schließlich, in der Nacht vor dem Aufbruch, wußte er es selber:

Nach dem Drink ruderten Donald und Clare [seine Frau] zu einer letzten Besichtigung hinaus zum Boot. Auf dem Deck türmte sich noch immer alles mögliche Zubehör. Sie schafften Ordnung, soweit sie konnten, und um zwei Uhr morgens kehrten sie zum Hotel zurück. Sie gingen zu Bett, und Donald lag schweigend neben Clare. Nachdem er lange um Worte gerungen hatte, sagte er schließlich in sehr ruhigem Ton: »Liebes, ich bin sehr enttäuscht über das Boot. Es taugt nichts. Ich bin nicht vorbereitet. Wenn ich in diesem hoffnungslosen Zustand aufbreche, wirst du dich dann verrückt machen vor Sorgen?« Clare konnte ihrerseits nur mit einer Frage antworten: »Wenn du jetzt aufgibst«, sagte sie, »wirst du für den Rest deines Lebens unglücklich sein?«
Donald gab keine Antwort, sondern begann zu weinen, und er weinte bis zum Morgen. In dieser letzten Nacht schlief er nicht einmal fünf Minuten. »Ich war so dumm!« sagt Clare Crowhurst. »Ich war so fürchterlich dumm. Ich hatte alle Beweise klar vor Augen und begriff noch immer nicht, was Don mir da sagte: daß er versagt hatte und daß ich ihn zurückhalten sollte.«

Das Zitat stammt aus dem Buch ›Die sonderbare Reise des Donald Crowhurst‹ von Nicholas Tomalin und Ron Hall (der zur Zeit des Rennens Redakteur bei der ›Sunday Times‹ war). Die Autoren führen in ihrem Buch den Nachweis, daß Crowhurst auf seiner Reise langsam, aber sicher dem Wahnsinn verfiel.

Auch der letzte Teilnehmer, der Italiener Alex Carozzo, fuhr erst in letzter Minute am 31. Oktober ab, in einem brandneuen, eigens gebauten 18,6-Meter-Boot, das ebenfalls noch nicht fertig war.

Ridgway und Blyth – einsam und demoralisiert, als sie sich in ihren Sonntagsbooten den Belastungen des Hochseesegelns ausgesetzt sahen – schieden früh aus. Loïck Fougeron und Bill King kenterten im Südatlantik, dreihundertundachtzig Meilen voneinander entfernt, im selben Sturm. Kings Boot verlor die Masten; Fougeron kam glimpflicher davon, bekam aber eine Heidenangst vor dem, was ihn im Südlichen Ozean erwartete. Beide stiegen aus. Alex Carozzo begann bald nach dem Start Blut zu spucken, wahrscheinlich von einem aufgebrochenen Geschwür, und beendete seine Fahrt in Oporto, Portugal.

Im Dezember 1968, sechs Monate nach seinem Aufbruch, war Knox-Johnston schon an Neuseeland vorbei und segelte auf Kap Hoorn zu, Moitessier irgendwo hinter ihm – nicht weit genug, wie er fürchtete. Er hatte sich vorangekämpft, einer unendlichen Pechsträhne zum Trotz: Die Windfahne (Marke Eigenbau, ähnlich der meinen auf der »Toad«) war ihm zerborsten, ein überkommener Brecher hatte das Kajütdach verschoben, und er hatte seinen Schnauzbart an ein Segel genäht. Mehrere Male hatte er ans Aufgeben gedacht, sich aber nicht kleinkriegen lassen.

Weit abgeschlagen – 12000 Meilen zurück, immer noch im Atlantik, folgten die beiden Trimarane. Nigel Tetley brachte es nur auf achtundsechzig Meilen Tagesschnitt. Donald Crowhurst dagegen, ebenfalls auf einem Mehrrumpfboot, schien hervorragend voranzukommen. Am 10. Dezember teilte er seinem Presseagenten per Funktelegramm mit, er habe ein Etmal von 243 Meilen erreicht. Das roch nach Rekord. Plötzlich stand Crowhursts Name in der ›Sunday Times‹ ganz obenan:

CROWHURST GESCHWINDIGKEITSREKORD?
Donald Crowhurst, der als letzter Teilnehmer zum Sunday-Times-Einhandrennen um die Welt aufbrach, legte in seinem 12,5-Meter-Trimaran »Teignmouth Electron« am vergangenen Sonntag die atemberaubende Strecke von 243 Meilen zurück und stellte damit wahrscheinlich einen neuen Rekord auf. Um so beachtlicher ist dieser

Erfolg im Licht seiner äußerst schwachen Leistung während der ersten drei Wochen seiner Fahrt – um die Kapverdischen Inseln zu erreichen, brauchte er länger als jeder andere Teilnehmer.

Des Rätsels Lösung: Um seine schwache Leistung zu vertuschen und sich endlich im Ruhm sonnen zu können, hatte Crowhurst angefangen zu lügen. Von diesem Punkt an funkte er zunehmend übertriebene Positionen nach England. Auf den Seekarten in der Presse, und in der Phantasie vieler Leser, sprang er nun mit Siebenmeilenstiefeln voran. Um seine Rekorde glaubhaft zu machen, mußte er ein immer komplizierteres System erfundener Standortberechnungen austüfteln, quasi eine doppelte Logbuchführung. Hall und Tomalin schreiben, dies sei in vieler Hinsicht das anspruchsvollste Navigationskunststück der ganzen Reise gewesen:

> Von einer erfundenen Strecke zu einer Reihe täglicher Positionen zurückzurechnen und mit Hilfe von Deklinationen und anderen Tabellen deren korrekte Sonnenmessungen zu rekonstruieren, das ist eine fürchterliche und mühsame Aufgabe, viel schwieriger als ehrliche Navigation.

Die meisten Menschen schenkten seinen Behauptungen Glauben. Sir Francis Chichester freilich bezeichnete ihn in einem Telefonat mit der ›Sunday Times‹ als »kleinen Witzbold«, und Captain Craig Rich von der London School of Navigation, der die Veranstalter in allen navigatorischen Belangen beriet, äußerte »Erstaunen und Befremden«.

Crowhurst hatte alles auf diese Reise gesetzt. Es drohte ihm der finanzielle Ruin, wenn er nicht wenigstens die 5000 Pfund für die schnellste Fahrt gewann und genug Aufsehen erregte, um durch Buchantiemen und die Vergabe seines Namens für Produkte noch mehr einzunehmen. Und letztlich hatte er auch seine Seele verkauft. Der Allgemeinheit und auch sich selbst gegenüber hatte er sich als der ehrliche, biedere, patriotische englische Abenteurer hingestellt, dem eine solch epochale Tat gelingen konnte. Er war es nicht.

Robin Knox-Johnston war es – ohne Zweifel. Dämonische Neurosen waren ihm fremd. Seine Helden, auf die er sich in seinem Buch oft beruft, sind die elisabethanischen Haudegen Drake und Frobisher, Kaperfahrer, die für die Ehre der Queen segelten – so steht es jedenfalls in englischen Schulbüchern. Hier sein Bericht über sein Weihnachtsfest auf der »Suhaili« im Südlichen Ozean:

Zwei Glas später kletterte ich auf Deck und hockte mich aufs Kajütdach, um einen Gottesdienst mit Weihnachtsliedern zu feiern. Fröhlich sang ich eine Stunde und krakeelte meine Lieblingslieder ... Um drei Uhr nachmittags trank ich auf das Wohl der Königin und wünschte, ich wäre früh genug aufgestanden, um ihre Rede zu hören, um sechs Uhr [morgens]. Irgendwie verleiht es dem Weihnachtsfest einen besonderen Charme, wenn alle sich zusammenfinden, um dieser Rede zu lauschen.

Abends hörte er im Rundfunk von der Mondumrundung durch »Apollo 8« und philosophierte über den Unterschied zwischen der Reise der Astronauten und seiner eigenen:

Der Gegensatz zwischen ihrer großartigen Leistung und meiner eigenen Reise war erschreckend ... Es stimmt, nachdem Chichester und Rose einmal bewiesen hatten, daß es möglich war, hätte ich nicht akzeptieren können, daß ein anderer als ein Brite der erste gewesen wäre, der es versuchte, und, freilich, dieser Brite wollte ich sein. Aber nichtsdestoweniger war meiner Ansicht nach doch auch ein Stück Egoismus dabei. Bevor ich aufbrach, hat man meine Mutter gefragt, was sie von meinem Vorhaben hielte, und sie sagte, sie finde es »vollkommen unverantwortlich«, und heute, an diesem Weihnachtstag, dachte ich zum ersten Mal, daß sie recht hatte. Ich segelte um die Welt, bloß weil ich das absolut und unbedingt wollte – und, das wurde mir klar, es machte mir riesigen Spaß.

Ein Psychiater, der Knox-Johnston vor und nach der Reise untersuchte, bezeichnete ihn als »irritierend normal«. Ich weiß nicht, ob »normal« angesichts seiner enormen Willensstärke das richtige Wort ist. Er mochte sich um sein Boot sorgen, er mochte bescheiden über seine Reise denken – aber er hatte nicht die geringsten Selbstzweifel.

Crowhurst war aus ganz anderem Holz geschnitzt, von dunklerer, haltloserer Wesensart. Während er durch den Atlantik südwärts segelte, entfernten sich seine erfundenen Positionen immer weiter von seinen wahren, bis hinein in den Indischen und den Pazifischen Ozean, Meere, die er nie sehen sollte. Er fuhr in Richtung Hoorn, wie um dort umzukehren und wieder heimzusegeln – nicht an der Spitze des

Rudels, dafür lag er, auch nach seinen geflunkerten Positionen, zu weit hinter Knox-Johnston, aber er konnte zumindest ein fiktives Schau-Rennen liefern und den Geldpreis für die schnellste Reise einheimsen. Am 17. Januar 1969 umrundete Knox-Johnston Kap Hoorn.

Mein erster Impuls war ..., nach Osten weiterzusegeln. Das Gefühl, das Schlimmste überstanden zu haben, war herrlich, und ich vermute, dieser Impuls war eine Triumphgeste gegenüber dem Südlichen Ozean, wie um ihm zu sagen: »Siehst du, ich habe dich kleingekriegt, und um dir das endgültig zu beweisen, fahre ich noch einmal rundherum.« Zum Glück ging diese Anwandlung sehr schnell vorbei ... Ich dachte an heiße Bäder, Bier vom Faß, das andere Geschlecht und Steaks, und nahm Nordkurs in den Atlantik, Heimatkurs.

Zu diesem Zeitpunkt lag Bernard Moitessier, der 20 Prozent schneller segelte, nur noch neunzehn Tage hinter ihm. Es schien möglich, daß die beiden Männer sich ein Kopf-an-Kopf-Rennen nach England lieferten und nach 30 000 Meilen und zehneinhalb Monaten dicht hintereinander über die Ziellinie gingen.

Doch Moitessier und Knox-Johnston unterschieden sich vom Naturell her grundlegend. Aus Moitessiers Buch über das Rennen – ›Der verschenkte Sieg‹ – geht hervor, daß der Franzose mindestens die halbe Reise an Deck stehend verbrachte, mental und sinnlich berauscht, die umgebenden Elemente einsaugend, gleichsam in einer Art mystischen Anverwandlung. So tief ist seine innere Fühlung zum Meer und den Meereswesen, daß ein Schwarm Delphine ihn in der Nähe Neuseelands auf einen unbemerkten Kurswechsel aufmerksam macht:

In dichtgedrängter Front schwimmen fünfundzwanzig Delphine auf der Steuerbordseite nebeneinander her und gelangen in drei Atemzügen von achtern nach vorn. Dann wendet die ganze Gruppe nach rechts und taucht senkrecht in die Tiefe, wobei alle Schwanzflossen gleichzeitig den Wasserspiegel durchschneiden ... Ich habe so etwas noch nie gesehen ... Irgend etwas zieht mich, irgend etwas drängt mich, und ich blicke auf den Kompaß ... »Joshua« läuft vor dem Wind [unter Selbststeuerung] mit sieben Knoten Fahrt direkt auf die hinter einem Dunstschleier verborgene Insel Stewart zu. Der stetige Westwind hat, ohne daß ich es gemerkt habe, auf Süd gedreht.

Daraufhin ändert Moitessier den Kurs, so daß er in sicherem Abstand an der Insel vorbeiläuft.

Und jetzt sehe ich zum ersten Mal etwas ganz Phantastisches: Ein großer, schwarz-weißer Delphin schnellt sein Zweitonnengewicht in einem ungeheuren, halsbrecherischen Sprung drei oder vier Meter in die Luft und fällt mit dem Schwanz voran platt zurück aufs Wasser. Dreimal hintereinander wiederholt er seine Darstellung, in der eine unbändige Lebenslust zum Ausdruck kommt. Fast möchte man meinen, er schriee mir und allen anderen Delphinen zu: »Der Mensch hat endlich verstanden, was wir ihm sagen wollten, er müsse nach rechts halten! ... Jetzt hast du verstanden! ... Du hast verstanden! ... Mach weiter so, alles voraus ist klar! ...«

Wer hierüber die Nase rümpft, möge sich die Geschichte von Pelorus Jack zu Gemüte führen. Pelorus (abgeleitet vom lateinischen Namen des Schiffslotsen Hannibals) ist der englische Name für eine Peilscheibe. Pelorus Jack hieß ein Delphin, der im neunzehnten Jahrhundert vor French Pass, Neuseeland, herumschwamm, alle Schiffe begrüßte und sie durch die Felsenriffe der Meerenge lotste. Eines Tages zog ein Schiffspassagier eine Pistole und schoß aus Spaß auf Pelorus Jack. Der Delphin wurde verwundet, genas aber. Weiterhin begrüßte er Schiffe vor French Pass, nur ein einziges mied er fortan: dasjenige, von dem auf ihn geschossen worden war.

Nach Passieren des Hoorns spürte auch Moitessier den Impuls, nach Osten weiterzusegeln – und gab ihm nach. Er stieg aus dem Rennen aus.

Er führte kein Funkgerät mit sich. Seine Schiffsorte und seine Gedanken übermittelte er der ›Sunday Times‹ und der Außenwelt auf Zetteln in kleinen Plastikbehältern, die er mit einer Zwille aufs Deck vorbeifahrender Schiffe schoß. Die erste Nachricht von seiner Entscheidung kam aus Kapstadt, wo er eine Notiz an die ›Sunday Times‹ auf die Brücke eines in der Tafelbucht ankernden Tankers schoß: »Lieber Robert, wir haben das Hoorn am 5. Februar umrundet. Heute ist der 18. März. Ich setze die Fahrt zu den Inseln des Pazifischen Ozeans ohne Zwischenaufenthalt fort, weil ich auf See glücklich bin, und vielleicht auch, um meine Seele zu retten.«

Am Wettrennen nach England hatte er zusehends das Interesse verloren. »Plymouth verlassen, um nach Plymouth zurückzukehren: Im

Laufe der Zeit ist das so etwas wie ein Kommen von Nirgendwoher geworden, das nach Nirgendwohin führt«, schreibt er in seinem Buch.

Er war glücklich an Bord der »Joshua« und hätte ewig weitersegeln können. Die Entbehrungen einer langen Reise störten ihn nicht. Vor sechs Monaten, im Kalmengürtel im Atlantik, hatte er zum letzten Mal gebadet. Sein Haar war zu einer Matte verfilzt: »Meine Haare sind so lang geworden, daß sich auf meinem Kopf Knoten bilden; seit mehreren Wochen komme ich mit dem Kamm nicht mehr durch. Ich glaubte zuerst, Teer auf den Kopf bekommen zu haben ...«

Als man in England hörte, daß Moitessier das Rennen abgebrochen hatte, glaubten viele, er sei übergeschnappt. Verrückt oder nicht, er tat für sich subjektiv das Richtige. Er segelte weiter nach Tahiti, wo er am 21. Juli 1969 eintraf, zehn Monate nach der Abfahrt aus Plymouth. Er schrieb ›La Longue Route‹, das in Frankreich zu einem Bestseller wurde, heiratete noch einmal und gründete eine neue Familie.

Tatsächlich hätte es, wäre er nach England weitergefahren, ein Kopf-an-Kopf-Rennen gegeben. Knox-Johnston hat ausgerechnet, daß er theoretisch immer noch gewonnen hätte:

Moitessier wäre in der Zone der umlaufenden Winde und Kalmen gebremst worden wie ich, aber selbst wenn man von seiner vollen Durchschnittsgeschwindigkeit von 117 Meilen täglich für den gesamten Heimweg ausgeht ..., hätte er theoretisch immer noch fünfzig Meilen zu segeln gehabt, als ich in Plymouth eintraf.

Fünfzig Meilen ..., das sind gerade zehn Stunden Segeln.

Durch seinen »verschenkten Sieg« ist Moitessier weit besser in Erinnerung geblieben als durch einen zweiten Platz auf dem Siegertreppchen.

Nun blieben nur noch die beiden Trimarane, gesegelt von Crowhurst und Tetley. Tetley, im Glauben, Crowhurst hole auf oder werde ihm zumindest den Geldpreis wegschnappen, trieb seinen Trimaran wie ein Rennpferd an. Er hatte die Welt schon fast umrundet, dabei jedoch sein Boot überanstrengt; die Auslegerarme zwischen den drei Rümpfen waren geschwächt. In der Nacht vom 21. Mai – 1 100 Meilen von England – zerbrach sein Trimaran und sank. Tetley setzte sich im Rettungsfloß ab und wurde von einem Schiff aufgenommen.

Am 29. Juni morste Crowhurst, von der BBC um seine voraussichtliche Ankunftszeit gebeten, seine Position durch: 32° N, 40° W (nicht weit von meinem jetzigen Standort, dieselbe Breite, mehrere hundert Meilen östlich). Es war sein letzter Kontakt mit der Außenwelt. Elf Tage später und etwa sechzig Meilen weiter nördlich sichtete das britische Postschiff »Picardy«, unterwegs von London in die Karibik, einen langsam dahintreibenden Trimaran. Das Schiff ließ dreimal das Nebelhorn ertönen. Keine Antwort. Ein Boot wurde ausgebracht, und drei Mann Besatzung von der »Picardy« enterten den Trimaran. Er war so mysteriös verlassen wie die »Mary Celeste«. An Deck lag das Rettungsfloß noch fest vertäut. Drei blaue Logbücher lagen auf dem Kartentisch. Die »Picardy« alarmierte Lloyd's of London, Lloyd's die amerikanische Luftwaffe. Die Suche nach einem Schwimmer oder einem Leichnam wurde eingeleitet, ergebnislos. Die »Picardy« hievte den Trimaran an Bord und dampfte weiter.

In Santo Domingo nahmen Vertreter der ›Sunday Times‹ die Logbücher in Empfang – »Enthüllungsliteratur« im wahrsten Sinn, zeigten sie doch, daß Crowhurst nie den Atlantik verlassen hatte. Sie enthielten fünfundzwanzigtausend Wörter, einen Wust von mathematischen und philosophischen Betrachtungen und Bekenntnissen, die offenbarten, daß Crowhurst langsam den Verstand verloren hatte, gepeinigt von bohrender Reue. »Es ist vollbracht – Es ist vollbracht – ES IST DIE GNADE«, schrieb er als eine seiner letzten Eintragungen. Aus seinen Notizen rekonstruierte man, daß er am 1. Juli um elf Uhr zwanzig ins Meer gesprungen war und den Trimaran führerlos hatte weitersegeln lassen.

Die Story von Crowhursts Betrug, Wahnsinn und Selbstmord machte in der britischen Wochenendpresse vom 27. Juli Schlagzeilen. Die überlebenden Teilnehmer schrieben alle ihre Bücher. Knox-Johnstons und Moitessiers Reisechroniken sowie Tomalins und Halls Buch über Crowhurst sind auch heute noch im Handel und verkaufen sich gut, fast dreißig Jahre nach dem Ende des Rennens.

Robin Knox-Johnston, der einzige, der über die Ziellinie ging, gewann sowohl den *Golden Globe* als auch den Preis von 5 000 Pfund. Das Geld schenkte er der Familie Crowhurst.

Seinerzeit wußte ich von alldem nichts. Ich war nicht mehr in England, wo ich sonst gewiß die ›Sunday Times‹ gelesen hätte. Ich war in die

Staaten zurückgekehrt, studierte in Boston, machte meine eigenen chaotischen Trips (mit LSD). Ich protestierte gegen Vietnam. Die ganze Hippie-Achtundsechziger-Drogenmasche.

Einer meiner College- und Tripkumpel, Bill, war es, mit dem ich den unglückseligen Drogentörn unternahm, der nach Marokko führen sollte. Als wir (drei Jahre nach dem Ende des Golden-Globe-Race) von Swansea hinaussegelten in den Bristolkanal, war ich durch nichts in meinem Leben auf das vorbereitet, was mir blühte. Mitten in der furchtbaren ersten Nacht hockte ich auf Wache im Cockpit, unter meinem Ölzeug ein kleines Transistorradio ans Ohr gepreßt (bis eine Welle mich überspülte und das Radio ersäufte), und hörte, wie Beryl Reid, eine britische Komikerin und Schauspielerin, ein Studiopublikum zum Lachen brachte. Mehr als alles auf der Welt wünschte ich mir, durch den Äther zurückfliegen zu können in dieses Studio, zu diesen Leuten, die da saßen, in seliger Unkenntnis des Horrortrips, auf den ich hier geraten war. Doch das Land blieb vorerst in unerreichbarer Ferne, weil wir uns aus Sicherheitsgründen nicht in die Nähe der Küste wagen konnten. Ich kam nicht mehr von Bord, egal wie. Das war das Schreckliche an der Sache.

So wählte ich den einzigen anderen Ausweg: Ich wurde kränker. Ich floh in ein Delirium der Seekrankheit und schob alle Arbeit und Verantwortung auf Bill. Kein Wunder, daß er schließlich den Rettungskreuzer rief.

Sprung über mehrere Jahre: Ich schrieb in London Werbetexte, hatte eine kleine Wohnung, ein Fleckchen an Land gefunden, an dem ich mich mit der Zeit wohl hätte einrichten können. Mein einziges Segelerlebnis hatte mich geschockt, fasziniert und einen komischen, undefinierbaren Nachgeschmack hinterlassen. Jeden Januar ging ich zur Bootsschau in London und las ein paar Segelzeitschriften, aber damit hatte sich's.

Dann kauften meine Eltern – die vom Segeln keine Ahnung hatten und denen mein Abenteuer doch eigentlich den Appetit verdorben haben mußte – die »Viva III« für ihren dritten, vergeblichen Anlauf, ihr Leben in den Griff zu bekommen. Ich segelte mit ihnen an Wochenenden und lernte die Grundlagen der Segelführung, des Ankerns und der Navigation. Auf diesen kleinen Törns an der englischen Südküste, auch den rauheren, merkte ich: Ich wurde nicht mehr seekrank.

Eines Morgens, wir lagen mit der »Viva« im Yachthafen von Hamble, Hampshire, erwachte ich und sah neben uns am Kai die »Suhaili« vertäut. Ich erkannte das Boot sofort; ich hatte Knox-Johnstons Buch in die Hände bekommen und zweimal gelesen, völlig in Bann geschlagen, und mir die rustikale, unelegante »Suhaili« auf den Farbfotos genauestens angeschaut. Robin Knox-Johnston war allein an Bord und werkelte an Deck herum. Er hatte hier übernachtet, und ehe er wieder abfuhr, sprach ich eine Weile mit ihm. Die »Suhaili« war mit keiner Yacht, die ich je gesehen hatte, zu vergleichen. Ein echtes Arbeitspferd: nur gestrichen, nicht lackiert (wäre Zeitverschwendung gewesen), korrosionsgesprenkelte Stahl- und Eisenbeschläge, manche rostfleckig. Doch sie war schön, auf die Art, wie ein Hafenschlepper schön sein kann. Mit zehn Metern war sie knapp vier Meter kürzer als ihre Nachbarin »Viva«, wirkte aber massig und großdimensioniert, wie ein Brocken, abgehackt von einem hölzernen Walfangschiff. Ich schaute zu, wie Knox-Johnston die »Suhaili« vom Kai wegbugsierte, lässig, als binde er sich einen Schnürsenkel, und unter Motorkraft den Hamble hinablief. Was ich empfand, weiß ich noch ganz genau: ein drückendes Gefühl der Ungleichheit zwischen uns beiden, das, hätte ich es in Worte fassen können, gelautet hätte: »Da fährt ein echter Mann.« Schmerzlich standen mir all meine Defizite vor Augen und mein schmählicher Schiffbruch als Seemann im Bristolkanal.

Später stieß ich auf das Buch über Crowhurst und das Buch Moitessiers. Es wurde mir klar, daß beim wettkampfmäßigen Alleinsegeln, in einer Situation, in der keine Verstellung mehr möglich war, das wahre Ich der Regattateilnehmer zum Vorschein gekommen war – was sich bei einigen positiv, bei anderen negativ ausgewirkt hatte. Moitessier hatte eine geistig-seelische Ebene erreicht, auf der ihm das Rennen sinnlos erscheinen mußte und eine Rückkehr nach England, wo er Geld und äußerlichen Ruhm einheimsen würde, nicht mehr zur Debatte stand. Crowhurst verbrachte acht Monate in einem Boot, das nirgendwohin fuhr, einem Wahn verfallen, der ihn schließlich in den Tod trieb. Und Knox-Johnston war trotz verheerender Niederschläge in Riesenwellen und trotz Schwierigkeiten mit seinem Boot, weit schlimmer als jene, die andere Teilnehmer demoralisiert und zum Aufgeben gezwungen hatten, zu dem Schluß gekommen: »Es machte mir riesigen Spaß.«

Ich las alle drei Bücher wieder und wieder, und der merkwürdige Nachgeschmack meiner eigenen gescheiterten Reise wurde bitter und beschämend. Ich hatte eine winzige Prise dessen gekostet, was die Einhandsegler durchgemacht hatten, und ich hatte mich in die Koje geflüchtet und wie ein Baby gegreint, bis ich gerettet wurde. Ein Minderwertigkeitsgefühl ergriff mich, das, so schien es mir, nur dadurch kuriert werden konnte, daß ich eines Tages selbst einhand auf See ging. Ein Fehdehandschuh lag plötzlich zu meinen Füßen. Es mußte nicht unbedingt eine Weltumsegelung, nicht unbedingt der Südliche Ozean oder das Hoorn sein. Eine einzige Ozeanüberquerung, einhand, würde schon genügen. Das würde mich erlösen und mich von der Schande befreien, die ich bei meiner ersten Seefahrt auf mich geladen hatte …

Ach, das klingt zu glatt. Ich habe es damals nicht so klar und rational gesehen. Rückschauend glaube ich, daß dies ein Teil dessen war, was mich unbewußt getrieben, mich fasziniert hat; damals aber las ich einfach diese drei extrem unterschiedlichen Chroniken ein und desselben Ereignisses immer wieder, dachte übers Einhandsegeln nach, und mein Interesse für Boote erwachte wieder, nach einem Einstieg, der es mir eigentlich für immer hätte verleiden sollen.

Nein, ich habe die Werbebranche nicht verlassen, um einen Schulungskurs für Einhandsegeln zu besuchen. Ich versuchte, einen Roman zu schreiben, und hörte als Werbetexter auf, weil ich glaubte, nicht genug Zeit für die eigene literarische Arbeit zu haben. Bald aber arbeitete ich auf Segelbooten im Mittelmeer, die Sache mit dem Roman schob ich auf die lange Bank. Dann taten J. und ich uns zusammen und heirateten, und nun trat das Einhandsegeln in den Hintergrund zugunsten des Traums, zu zweit auf Hiscocks Spuren zu wandeln, genüßlich-gemächlich den Globus zu umsegeln, Karibik, Panama, Pazifikinseln, Neuseeland und Australien, Indischer Ozean, Südafrika und wieder zurück in die Karibik. Hiscock-Highway hat man diese Route genannt. Nachdem wir zusammen gesegelt waren, konnte ich mir nicht mehr vorstellen, ohne J. zu fahren.

Und nun bin ich am Ende doch beim Einhandsegeln gelandet. Ich tu's nicht nur, um den Ozean zu überqueren, nicht nur, um in Maine das Boot zu verkaufen, wie ursprünglich geplant, und auch nicht, weil ich keine Mitsegler hätte finden können. Ich segle allein, um zu mir selbst zu finden – hoffentlich ein Ich zu entdecken, das etwas besser ist als das bisherige. Ich will nie wieder erleben, daß ich mich irgendwo verkrieche.

Beim augenblicklichen Zustand meines Bootes wird die Bewährungsprobe vielleicht härter als vermutet, ein Test auf Biegen und Brechen. Ich muß versuchen, die »Toad« sicher in den Hafen zu bringen. Ich muß diese Aufgabe mannhaft bewältigen. Ich brauche nicht Selbstmord zu begehen und mit dem Schiff unterzugehen, wenn es denn wirklich sinken sollte; ich darf mich zu retten versuchen, wenn der bevorstehende Kampf trotz Aufbietung aller Kräfte verlorenzugehen droht.

Aber ich muß gut kämpfen. Darauf kommt es an.

1800: Radio repariert. Es waren doch die Batterien. Nahm eine neue und setzte sie der Reihe nach an die Stelle der alten – auf einmal ging's. Herrlicher, klarer, glorreicher Sound! Eine schlechte Batterie! Der zweitgrößte Schock der Reise bislang. Erleichtert Jazz auf VOA gehört. Vorher auf BBC Bericht über Streit zwischen der Royal Horticultural Society und einem Kricket-Team über eine heimische britische Orchidee, die auf einem öffentlichen Kricket-Platz wuchs. Gartenbauer erwirkten Einstellung des Spielbetriebs. Verhandlungen sind angesetzt. Hätte ich nie erfahren ohne das Radio.
Machen gute Fahrt. Pumpe jede Stunde, aber Leben an Bord noch gut. Immer noch eine wunderschöne Reise. Wird sogar besser und besser.

24. Juli

Zweiundzwanzigster Tag seit der Abfahrt aus Horta.

Die ganze Nacht knüppeln wir mit leicht gerefftem Groß dahin, und um zwei Uhr gehe ich auf Deck, vermindere die Segelfläche noch weiter. Es ist windiger als vor einer Stunde. Vielleicht wegen der großen dunklen Regenwolke, die uns achtern passiert. Unten kann ich nicht wieder einschlafen; ich werde das Gefühl nicht los, daß wir immer noch übertakelt sind, und lausche dem Schwappen in der Bilge.

Eine Stunde später ist die Wolke fort, der Wind gleichgeblieben, stete zwanzig Knoten etwa. Ich gehe nach vorn und fiere die Genua. Rittlings sitze ich im Finstern auf dem Bugspriet, nehme das Segel zusammen und sichere es. Mit den Schenkeln umklammere ich die zehn Zentimeter dicke Segelstange aus Teak wie ein Reiter ein wildes Pferd. Meine Füße auf dem Wasserstag tauchen bei jedem Auf- und Abstampfen des Bugs in die lauwarme See. Ich trage immer noch keinen Sicherheitsgurt, noch nicht – es ist draußen noch durchaus erträglich. Nur eben anders, als es lange Zeit gewesen ist. Mich umgeben viel mehr Geräusche: das Tosen der übereinanderstürzenden Wellen, von der »Toad« energisch durchpflügt, und das stete Gurgeln des aufgewühlten Wassers auf beiden Seiten des Rumpfes.

Unter gerefftem Groß und Klüver fühlt das Boot sich viel wohler. Ich auch. Ich gehe unter Deck und schlafe ein.

Morgens: Es bläst immer noch. Erstaunlicher Unterschied zum Wetter vor ein paar Tagen. Die Mittagsmessung wird ergeben, daß wir endlich flotte Fahrt machen. Amerika ist tausend Meilen entfernt, scheint aber heute schlagartig nähergerückt. Ich fühle es dicht unter dem Horizont. Ein Bild vor meinem Auge: Neuengland im August, Muscheln, Hummer, Kombiwagen, Turnschuhe und abgewetzte Sweatshirts; und knackige amerikanische Mädchen, kräftig, wohlgenährt, glücklich, unglaublich normal. Ich male mir aus, wie ich mit der »Toad« an einer graugebleichten, von Angelschwimmern bekränzten Pier festmache, auf der sich Hummerfallen türmen, und eines dieser attraktiven sommersprossigen Mädchen kennenlerne. Gerade das Alltägliche daran macht es für mich so irreal. Ist es Wirklichkeit oder ein Bild aus einem Reisekatalog?

Um neun Uhr bemerke ich eine Veränderung am Himmel. Er ist immer noch blau und sonnig, aber hoch oben mit zausigen Zirrusfahnen behängt.

Bei Wolken, zerkratzt wie vom Hühnerfuß,
Man alsbald die Toppsegel reffen muß.

Ich hole Alan Watts Buch heraus und finde diesen Himmel auf Bild 2: »Himmel, der eine Wetterverschlechterung ankündigt ... Wahrscheinlich ist die Warmfront eines Tiefs im Anzug, so daß der Wind auffrischen wird und möglicherweise später Regen ... folgt.«

Nach mehreren solcher windigen Tage wie diesem steigt auch die

See, ist kabbelig und aufgewühlt. Eine von Süden kommende Dünung überlagert jetzt eine stetig aus Nordwest heranlaufende Kette kleinerer Wellen, gegen die die »Toad« anläuft und von der sie mit kräftigen Nasenstübern traktiert wird. Dennoch geht es gut voran, mit fünf Knoten, Kurs nordwestlich, genau gen Maine.

Allerdings ist Maine immer noch rund tausend Meilen entfernt. Zeitweise dachte ich daran, die Bermudas anzusteuern, jetzt vierhundert Meilen genau westlich. Doch bei dem aufgefrischten Wind aus Südwest kann ich die »Toad« nicht auf einen bermudanäheren Kurs zwingen als jetzt. Sollte der Wind drehen oder abflauen, werden wir sie anlaufen.

Unten inzwischen viel Wasser, und mehr, immer mehr kommt herein. In jeder freien Minute pumpe ich nun.

Am örtlichen Mittag, 1330, zeigt mein Besteck ein Etmal von hundertundzwölf Meilen. Nach dem Log hätten es hunderteinundzwanzig Meilen sein müssen; mit der nordwestlichen Dünung läuft also ein Strom, der uns zehn oder elf Meilen zurückversetzt hat.

Um 1500 und noch einmal um 1600 reffe ich das Groß schrittweise weiter. Die »Toad« ist mit einer Rollreffanlage ausgerüstet, bei der die Segelfläche durch Aufwickeln auf den Großbaum verkleinert wird. Sie wird mit einer Winsch bedient und ist schnell und zuverlässig. Binnen einer Minute kann ich die Hälfte des Großsegels einrollen. Der Rest bleibt stramm und strömungsgünstig am Mast sitzen. In zwei Minuten kann ich das Tuch auf Sturmsegelgröße verkleinern. Ein Foto dieser Anlage findet sich in Hiscocks ›Cruising Under Sail‹. Turners Drehreff, so heißt sie, ein Fabrikat aus den dreißiger Jahren. Sie erlaubt ein weit flinkeres Arbeiten als ihr modernes Pendant, das absurderweise Schnellreff heißt und das ich auf allen neuen Booten, die ich gefahren oder ausgeliefert habe, vorfand.

Später am Nachmittag höre ich auf Kurzwelle den Wetterbericht des US-Küstenwachsenders »November Mike November« in Portsmouth, Virginia, ab, um zu sehen, ob sie etwas über das Wetter hier erwähnen. Zwei Stürme ziehen ostwärts von der Ostküste fort, jedoch weit nördlich, um 45° nördlicher Breite.

Und gegen 1800 reffe ich das Groß noch weiter. Der Wind – endlich gestehe ich es mir ein – ist jetzt viel, viel stärker. Mit rund dreißig Knoten bläst er, ein Sturm. Wir werden gehörig geboxt und geschüttelt.

Kein Gedanke mehr daran, nun noch auf bermudanäheren Kurs zu gehen. Wenn ich mir vorstelle, daß ich dies bis vor ein paar Tagen noch ernsthaft in Erwägung gezogen habe ...

So viel ich auch pumpe, ständig schwappt jetzt Wasser über die Bodenbretter. Naß und drückend trostlos ist es in der Kajüte. Wenn ein altes, mitten im Meer tanzendes Boot ohne vernünftiges Rettungsfloß ständig Wasser macht, gallonenweise, wird das Selbstvertrauen untergraben, stelle ich fest. Ich bin daran gewöhnt, rings um mich, soweit das Auge reicht, nichts als Wasser zu sehen, aber im Boot, wo es nichts zu suchen hat, kann ungebetenes Naß einen ziemlich nervös machen.

Pumpen, immer nur pumpen. Die Wettervorhersage der Küstenwache erwähnt kein Tiefdruckgebiet in meiner Nähe, also wird sich das Wetter vielleicht bald wieder beruhigen. Dann geht's zu den Bermudas; oder eventuell doch mit raumem Wind nach Maine. Es ist schwer, sich an den raschen Wandel des Lebens an Bord zu gewöhnen: Immer noch habe ich das Gefühl, daß alles glattgehen wird.

25. Juli

Nicht viel geschlafen. Das Gurgeln in der Bilge. Ich habe Angst, daß ich einnicke und zuviel Wasser eindringt. Wenn ich döse, träume ich, daß wir sinken. Kaum weniger alptraumhaft das Erwachen, der Blick auf die schwimmenden Bodenbretter.

Der nach Watts' Buch zu erwartende Regen kommt in der Nacht. Ein Himmel mit tiefen Wolkenbäuchen hängt über uns und löst wieder jene räumlichen Halluzinationen aus, die mir vorgaukeln, ich ritte auf einem Steckenpferd durch riesige amorphe Säle. Ein schwindelerregendes Raumgefühl, nicht unangenehm, aber überwältigend stark heute nacht, wohl aufgrund des Seegangs und des Windes, des bisher heftigsten der Reise, und vermutlich auch, weil ich müde bin und mich mit wohliger Schlaffheit nur allzugern in dieses Gefühl hineinfallen lasse.

Ich muß mich vorsehen. Aus meinen Seglerbüchern und aus eigener Erfahrung weiß ich, wie gefährlich die Erschöpfung ist. Man macht Fehler, man läßt sich hängen und verliert die Kontrolle über das Boot. Ich muß wachsam sein. Ich muß essen, damit ich stark bleibe, aber auch genügend schlafen. Und zwar bald, sonst riskiere ich, daß beim Aufwachen zuviel Wasser ins Boot gekommen ist und ich die Schlacht verloren habe. Heute vormittag werde ich ein Nickerchen machen.

Bald werden wir die Schiffsrouten zwischen Nordeuropa und dem Golf von Mexiko kreuzen. Bei diesem Wetter nimmt kein Ausguck uns wahr, und auf den Radarschirmen geht die »Toad« im Wellenflirren unter. Außerdem machen wir derzeit keine Fahrt, so daß es etliche Minuten dauern würde, Ausweichmanöver in die Wege zu leiten, sollte ein Schiff aus dem Nebel auftauchen. Ich baue auf die statistische Unwahrscheinlichkeit eines Zusammenstoßes, wie es auch John Letcher eine Zeitlang getan hat. Wir liegen bei, Klüver backgesetzt und gerefftes Groß mittschiffs gelascht, wobei wir die Seen recht komfortabel abreiten, Bug gen Westen, und langsam nach Nordwest abdriften, wo wir ja hinwollen. Ich will prüfen, ob das Beiliegen – reduzierte Fahrt – die Leckage verringert. Man kann es noch nicht sagen. Es ist 0400.

Um 0800 wieder unterwegs. Versuchte zu schlafen, habe vielleicht ein bißchen gedöst, aber nicht viel. Es kam ebensoviel Wasser herein wie vorher, sind also wieder durchgestartet und machen flotte Fahrt in die richtige Richtung. Wind stetig und stark, achtundzwanzig bis dreißig Knoten.

Nein, die Leckage ist nicht kleiner geworden, im Gegenteil. Sie ist größer als gestern. Entnervend, wieviel Wasser hereinkommt ohne ein sichtbares Loch im Rumpf. Ich pumpe jetzt pausenlos, sobald die übrige Bordarbeit es zuläßt. Woher den überfälligen Schlaf nehmen … Bodenbretter jetzt ständig unter Wasser. Ich muß im Boot herumwaten. Doch ich scheine in der Lage zu sein, das Wasser auf dieser Höhe zu halten.

Am örtlichen Mittag, 1330, habe ich das Glück, daß die Sonne einmal hervorspitzt und ich ein Besteck nehmen kann. Am Vormittag gelangen mir schon zwei kurze Schnappschüsse der verschwommenen, aber hinreichend deutlichen Sonnenscheibe durch Wolkendunst. Position 35°18′ N, 52°45′ W. Etmal dreiundachtzig Meilen, hervorragend für ein beiliegendes Fahrzeug. Dieses Boot segelt gut.

Als ich mein X auf die Karte zeichne, sehe ich, daß wir uns wieder mal an einem Punkt des Ozeans befinden, wo ich schon einmal gewesen bin. Vor zwei Jahren, am 16. Juli, sind J. und ich drei Meilen entfernt von hier vorbeigekommen, mit den Katzen an Bord der »Toad«, Kurs Azoren. Vor gut einem Jahr, am 28. Juni, standen wir fünf Meilen entfernt auf der »Sea Bear«, einem Boot, das wir von Florida nach England überführten.

Die »Sea Bear« war eine Moody 33, ein modernes Kunststoffboot, entworfen von Angus Primrose, dem englischen Yachtkonstrukteur, der den großen Fehler machte, in einem seiner eigenen Boote auf See zu gehen (was Bootsdesigner sonst selten tun). In einer Moody 33 namens »Demon Demo« nahm er am OSTAR-Rennen (Einhand-Transatlantik-Rennen der britischen Tageszeitung ›Observer‹) teil, auf dem er, bei nicht besonders schwerem Wetter, durchkenterte und das Rigg verlor. Ein paar Jahre später segelte Primrose an der US-Ostküste, angeblich allein (Mrs. Primrose war in England geblieben), und kenterte wiederum, diesmal während eines Nordsturms über dem Golfstrom, der gegen die Strömung blies und gefährliche Seen erzeugte. Mit einem neuen *Bareboat*, das wir zu den Jungferninseln überführen wollten, liefen J. und ich gerade von Annapolis durch die Chesapeake Bay nach Süden, als sich dieser Sturm zusammenbraute. Wir hatten das Glück, im Radio die Sturmwarnung zu hören, und suchten Zuflucht in Little Creek Harbor an der Mündung des Chesapeake. Draußen geriet eine ganze Reihe von Booten in Seenot, und als die »Demon Demo« kenterte, ließ Primrose, der gar nicht allein war, sondern eine hübsche junge Dame bei sich hatte, das Rettungsfloß zu Wasser und setzte seine Gefährtin hinein. Gerade als er ihr folgen wollte – erzählte sie später –, brach eine neue Welle über das Boot und riß es samt seinem Konstrukteur in die Tiefe.

Die »Sea Bear« war häßlich und ungemütlich, allerdings schnell, und wir hatten mit dem Wetter mehr Glück als ihr Erschaffer. Einmal fuhren wir fünf Tage und fünf Nächte einen großen Spinnaker mit maximaler Rumpfgeschwindigkeit, sechs bis sieben Knoten, durch dichten Nebel südlich der Grand Banks, ständig in Angst vor plötzlich auftauchenden Schiffen und Eisbergen, jedoch wissend, daß in dieser Situation zwischen schnell und langsam kein großer Unterschied mehr besteht.

Heute nachmittag werden wir heftig herumgeboxt, Tonnen von Wasser füllen das Boot, deshalb drehe ich wieder bei, und zum ersten Mal verspüre ich einen Anflug von Verzweiflung, bin mir nicht mehr sicher, ob ich noch fertig werden kann mit dem, was auf mich zukommt. Ich will vorankommen, Fahrt machen, aber Fahrt scheint die Leckage zu vergrößern – obwohl es letzten Endes schwer zu sagen ist. Meine Stimmung schwankt. Vorübergend, so um die *Teatime* herum, sinkt mein Mut, und ich spiele mit dem Gedanken, Mayday zu funken. Von der Geborgenheit und Wärme, die das britische Fünf-Uhr-Ritual verspricht, das ich auch auf dem Boot fast täglich zelebriere, keine Spur mehr. Nur noch Nässe, Lärm und steigende Angst.

Doch wie heißt es so schön: Abwarten und Tee trinken.

»Komm, trink erstma' 'ne Tasse Tee«, sage ich laut in einem Cockney, das meiner Putzfrau alle Ehre machen würde. »So is' gut, immer drauf mit dem Kessel, mein Lieber. 'ne Scheibe Brot – willste se nich' toasten, Junge? Nu haste schon diesen sündteuren Ofen mit Grill gekauft, nu benutz ihn auch. Komm schon! Gönn dir ma' was. Nach der ganzen Aufregung. Junge, Junge! So, noch'n bißchen Marmelade. So'n anständiger Tee, das is doch was!«

Wer immer sie sein mag, sie ist wundervoll. Sie kocht mir einen köstlichen Tee und girrt in einem fort »mein Lieber«. Ich lasse sie noch eine Zeitlang in meiner Phantasie fortleben.

Ich sollte schlafen. Ich bin müde – total fertig, *muß schlafen* –, befürchte aber, daß ich dann vielleicht des Wassers nicht mehr Herr werde. Wenn Menge X jetzt hereinkommt und ich sie gerade noch lenzen kann, kann ich sie dann auch nach Y Minuten Schlaf noch lenzen? Ich weiß die Antwort nicht, und ich habe zuviel Angst, mich zu verrechnen. Und noch mehr Angst, daß ich, einmal eingeschlafen, vielleicht den Wecker nicht mehr höre.

Heute abend eine Marathonschicht an der Pumpe, ein paar Minuten lang tauchen die Bodenbretter aus dem Naß auf. Anschließend Jazz, McCoy Tyner, im Rundfunk. Ich koche Spaghetti.

Ich esse meine Schüssel Spaghetti in der Koje, die Füße hochgelegt auf einem Handtuch, damit sie nicht im Wasser stehen. Wenn ich mich in der Kajüte umschaue, bin ich heilfroh, daß J. heute nicht hier ist, nicht die schwappenden Pfützen sehen muß, den traurigen Zustand der »Toad«. Daß sie nicht um das Schiff bangen muß wie ich. Wir hatten an Bord dieses Bootes mehr Freude als Leid, davon bin ich immer noch überzeugt. Vor allem, wenn wir den Anker lichteten und aufbrachen zu neuen Ufern. Wir arbeiteten in Harmonie, mit dem Boot als Drittem im Bunde. Nachdem wir es repariert und aufgemöbelt hatten, nahm die Vision eines gemeinsamen Seglerlebens für kurze Zeit Gestalt an. Unser dreimonatiger Törn von den Jungferninseln über Puerto Rico nach Florida, weiter zur Dominikanischen Republik und den Bahamas war unsere größte gemeinsame Annäherung ans Paradies.

Es dauert seine Zeit, bis man irgendwo heimisch wird, speziell in einem Durchgangsnest für Wandervögel, und nach fast drei Jahren Schipperei um St. Thomas und St. John schienen wir uns, just als wir abfahren wollten, endlich eingelebt zu haben. Man kannte uns und unser robustes kleines Boot. Ed Dwyer von Water Island Charters, der uns soviel Arbeit gegeben hatte und zum Freund geworden war, offerierte uns Chartertouren und Überführungsfahrten für neue Boote von der Ostküste zu den Jungferninseln. Dieter, der deutsche Schmied, bat uns, sein 20-Meter-Boot in seiner ersten Chartersaison zu fahren. Wir lehnten dankend ab, froh über die Anerkennung, aber wir hatten genug von den Jungferninseln. Viel Schweiß und Tränen hatten wir hier vergossen. In Gedanken waren wir bereits fort.

Zwei Tage vor der Abreise holten wir uns ein zweites Kätzchen aus dem Tierheim, einen mageren schwarzen Kater mit großen Ohren. Ed Dwyer sagte, er sehe aus wie eine Fledermaus. Wir nannten ihn Neptune. Er sollte Minous Freund werden, aber er versetzte ihm erst einmal Ohrfeigen und ignorierte ihn, ehe er sich dann endlich verliebte. Allerdings nicht in Minou, sondern in mich. Nach zwei Tagen Versteckspiel saß er eines Morgens auf meiner Brust, rieb seine Nase an meinem bärtigen Kinn und schnurrte wie ein Außenborder. Er wurde »mein« Haustier, und ich liebte ihn mehr als Minou.

Zuerst segelten wir nach San Juan, Puerto Rico, wo wir einen amerikanischen Segler namens Rick und seine spanische Freundin Cruz kennenlernten, die er auf einem Transatlantiktörn auf den Kanaren aufgelesen hatte. Sein Boot war ein hübscher, aber etwas heruntergekommener hölzerner Doppelender; was ihm allerdings eine besondere Note verlieh, war ein Gebilde, das wie ein aufgeklapptes Regenschirmskelett am Masttopp prangte. Es war, wie Rick erklärte, ein Blitzableiter. Schon zweimal hatte es bei ihm eingeschlagen (»Aïe!« rief

Cruz, sich erinnernd), daraufhin hatte er nach Konsultation vieler Bücher seinen Blitzschirm gebastelt. Zwei Jahre später, als wir durch Horta kamen, erzählte uns Bob Silverman (dessen Haus und Lebensstil ich bewunderte) mehr von Rick, dem Paradies- und Pechvogel. Letztes Jahr, auf Faial zulaufend, war Rick eingenickt, der Wind hatte gedreht, und sein von der Windfahne gesteuertes, regenschirmbehütetes Boot war am Westende der Insel auf die Felsküste gekracht. Rick und Cruz, nur Shorts und T-Shirts am Leib, sprangen an Land, während das Boot unter ihnen sank, und verbrachten die gesamte Nacht damit, eine steile Felswand zu erklimmen, bis sie in der Morgendämmerung erschöpft die Hortensienbüsche am oberen Rand erreichten. Man fand sie blutverschmiert, unter Schock und halb bewußtlos und brachte sie ins Krankenhaus. Nach ihrer Genesung nahm sie eine andere Yacht nach England mit. Beim Einlaufen in den Ärmelkanal wurde diese Yacht von einem französischen Trawler gerammt und versenkt. Rick und Cruz trugen Verletzungen davon, gelangten aber lebendig an Land. Ich weiß nicht, ob sie noch einmal auf See gegangen sind; in Ricks Fall würde ich fast darauf wetten. Er hat zuviel Pech gehabt, um klein beizugeben. Leute wie er sind hartnäckig, und sie haben auf eine merkwürdige Weise Glück im Unglück, denn sie überleben immer, mögen sie auch noch so viele Trümmer und Tote und Verletzte in ihrem Kielwasser hinterlassen. Garantiert geistert Rick immer noch draußen herum, zielsicher ein neues Unglück ansteuernd, von einer ahnungslosen Gefährtin begleitet, die nicht weiß, was ihr blüht.

Von Puerto Rico segelten wir weiter durch sagenumwobene Wasser. La Isla Española nannte Kolumbus die große, tropisch-üppige, hohe Insel, die er südlich seines ersten Landfalls fand, zu Ehren seiner spanischen Patrone. Daraus wurde Hispaniola. Sie ist heute aufgeteilt zwischen die Staaten Haiti und Dominikanische Republik. An dem stillen Weihnachtsabend 1492 lief die »Santa Maria« vor der Nordküste, nahe dem heutigen Cap Haïtien, auf ein Korallenriff. Sie ließ sich nicht wieder flottmachen und wurde aufgegeben; ihre spanischen Planken verrotteten in der Neuen Welt. Auf dieser in blutigen Kämpfen eroberten Insel waren Zuckerplantagen, bearbeitet von karibischen und arawakanischen Indianersklaven, die ersten kolonialen Brückenköpfe Europas.

Wir besuchten mehrere Häfen in der Dominikanischen Republik. Samaná, im Reiseführer als malerisches Dorf an der Ostküste gerühmt, war kürzlich von der Regierung dem Erdboden gleichgemacht und in der Hoffnung auf einen baldigen Tourismusboom neu errichtet worden. Man sah Betonhäuschen aus der Retorte, in denen die vertriebenen Dorfbewohner jetzt wie in Slums hausten, leere Betonhotels und breite, ins Nichts führende Betonstraßen.

Vier Tage brauchten wir, um von Puerta Plata an der Nordküste der Dominikanischen Republik die gut neunzig Meilen nach Great Inagua, der südlichsten Insel der Bahamas, zurückzulegen. Auf halbem Wege ließ uns der Wind im Stich, bekalmt dümpelten wir herum. Wir saßen unter dem Sonnensegel und schnabulierten die unglaublich guten Avocados und Ananas, die wir in Puerto Rico gekauft hatten. (»Was kosten die Avocados?« »Sechzig Cent das Dutzend.« »Was?« »Bueno, vierzig Cent.«) Wir lasen. Und wir hörten auf der »Voice of America« die Reportagen über die Raumstation Skylab, die aus dem Orbit getrudelt war und in so unberechenbarem Winkel auf die Erde zuraste, daß die NASA nicht vorhersagen konnte, wo sie auftreffen würde. Der größte Teil der Erdoberfläche, so der Rundfunkreporter beschwichtigend, bestehe ja aus Wasser, kein Grund zur Sorge also für die Landbewohner. Außerdem werde der größte Teil der achtzig Tonnen schweren, fünfundzwanzig Meter langen Station ohnehin verglühen und nur ein paar Tonnen geschmolzenes Metall ins Meer stürzen. Der Rundfunk behandelte den feurigen Absturz wie ein Sportereignis; aufgeregt berichteten die Kommentatoren, jetzt überquere die Station das Beringmeer, rasch sinkend, jetzt brause sie über die kanadische Tundra, jetzt über den offenen Atlantik; großes Ratespiel, wo sie landen würde; die jüngsten NASA-Schätzungen wurden fortlaufend revidiert; jetzt ungefähr müßte sie anfangen zu verglühen ...

Ich suchte mit den Augen den Himmel im Norden ab und erwartete schon fast, ihn zu sehen: den aufflammenden Feuerpunkt, der rasch näherkam und vielleicht, sollten wir noch mehr Pech haben als Rick und Cruz, zielsicher auf uns draufraste. Schlimm, daß wir nicht auf Motorhilfe zurückgreifen konnten, um dem Killerkometen, sollte er es denn auf uns abgesehen haben, mit fünf Knoten aus dem Wege dampfen zu können.

Nein, der Unstern kam nicht auf uns herab. Skylabs Trümmer gingen über dem östlichen Indischen Ozean und Westaustralien nieder, hoffentlich ohne ein einziges Känguruh oder einen einzigen australischen Yachtie zu verschrecken.

Die Bahamainseln, die sich von der Hauptstadt Nassau auf New Providence nach Südosten erstrecken – die Exuma Cays, Cat Island, Long Island, San Salvador (wo nach herrschender Meinung Kolumbus seinen ersten Landfall in der Neuen Welt machte), Crooked und Acklins Island, Mayaguana und Great und Little Inagua –, heißen bei den Bahamaern die »Äußeren Inseln«. Sie sind wirklich außen vor, in mehr als einem Sinn. Sie liegen nördlich von Ostkuba. Touristische Einrichtungen gibt es auf ihnen nicht, und sie werden vom Rest der Welt für gewöhnlich links liegengelassen. Mir schienen sie so einsam und abgelegen wie kaum ein anderer Ort auf Erden.

Hier segelten wir im Kielwasser eines meiner Helden. In den sechziger Jahren reisten Eric und Susan Hiscock mit der »Wanderer III« über den Atlantik in die Karibik, zu den Bahamas und zur amerikanischen Ostküste. Errötend folgte die »Toad« Hiscocks Spuren durch die Äußeren Inseln, und wir hielten an vielen in Hiscocks Buch ›Atlantic Cruise in Wanderer III‹ erwähnten Ankerplätzen: French Wells, Calabash Bay, Big Major's Spot. Überall, wo seinerzeit die »Wanderer III« vor Anker gelegen hatte, fotografierte ich die »Toad«, wobei ich versuchte, Hiscocks Fotos aus dem Buch genau nachzustellen. Ich lockte sogar J. an die Stellen, wo Susan gestanden hatte, glich die Bildkomposition präzise ab und drückte auf den Auslöser. J. mahnte mich, mehr an unsere und weniger an Hiscocks Reise zu denken, aber ich fand's spannend.

Die Bahamas liegen am Rande der Großen Bahamabank, einem fast fünfhundert Meilen langen Sandplateau, das die Inseln von Kuba trennt. Die Durchschnittstiefe des Wassers über der Bank ist nur fünf Meter, und oft sieht man Meilen voraus in der Luft über der Bank das sogenannte »Bankblinken«, eine blaßgrüne Reflexion der darunterliegenden Untiefe. Auf der anderen Seite der Inseln, stellenweise nur wenige hundert Meter von der Bank entfernt, beginnt der Atlantik. Dort stürzt der Meeresboden rasch in Tiefen über 4 000 Meter ab. In den Meerengen zwischen den Inseln, wo sich diese Wasser begegnen, gibt es starke Strömungen – gegen die wir rein mit Segelkraft nie hätten ankommen können. Wir mußten »auf den Gezeiten reiten« wie die Seeleute vor alters. Gefahren wurde auf Sicht: Tiefe und Art des Meeresbodens wurde nach Wasserfarbe, Richtung und Tempo des Tidenstroms durch einen Seitenblick zur Küste abgeschätzt. So schossen wir durch Engstellen und liefen, kreuzten, halsten und wanden uns durch einen endlosen Irrgarten kleiner Inseln und labyrinthischer Riffe, vorbei an pilzförmigen Korallenstöcken, die aus dem Sandboden hervorwuchsen und sich nur durch eine Dunkelfärbung des Wassers verrieten. Unsere Passage durch die Äußeren Inseln wurde zur ultimativen Reifeprüfung für uns als Kleinbootsegler. Wir kannten die Gerüchte über die Bahamas: wie riskant dort das Segeln war, wie viele Boote verlorengingen. Wir bestanden.

In jenem Sommer schienen die Äußeren Inseln menschenleer. In unserem ersten Monat dort sahen wir nur eine einzige andere Yacht, einen Einhänder auf einem winzigen Boot auf Südkurs. Die Äußeren Inseln hatten sogar ihre eigene Musik, die immer ertönte, wenn wir aus dem Dingi an Land sprangen: das klagende Seufzen des Passatwindes in den Kasuarinen, die zusammen mit Seetrauben die Ufer säumten. Es erinnerte uns beide an den Wind in den Pinien auf Mallorca in unserer Kinderzeit.

In drei Monaten gaben wir hundert Dollar für Gemüse, Limonen und Eiskrem aus, gekauft in winzigen Krämerläden in Dörfern der Äußeren Inseln, und für kaltes Bier, wenn wir irgendwo eine Bar sichteten. Auf dem Boot führten wir kein Bier mit, weil wir keinen Kühlschrank hatten und uns warmes Bier zuwider war. Am Ende jedes Tages, vor Anker in stillem Wasser, die kurze, aber stets schöne tropische Abenddämmerung vor Augen, tranken wir einen Mix aus Rum, Limonensaft, Wasser und etwas Zucker. Tagsüber tranken wir literweise Wasser, das wir frisch aus Regenböen im Sonnensegel auffingen und durch einen Schlauch gleich in die Tanks leiteten. Wir tauchten nach Barschen, Langusten und Muscheln, für uns und »die Jungs«. Ich benutzte dazu keine Handharpune, sondern eine Schleuder, wie man sie auf Hawaii verwendet: An einem hohlen Holzgriff ist beidseits ein starkes Gummiband befestigt, in das eine Harpune eingelegt wird, die durch den Griff verschossen wird. Man muß sich nahe an die Beute anpirschen, dann die Schleuder spannen und feuern. Wir sahen Haie und Barrakudas, ließen sie aber in Frieden, und sie ließen uns in Frieden. Aus dem, was ich erbeutete, bereiteten wir vier bis fünfmal die Woche ein lukullisches Mahl, das wir mit Reis oder Gemüse verzehrten; hatten wir von Fisch und Langusten genug, gab's einfach nur Spaghetti oder Reis pur. Wir fanden wilde Papayas und Kokosnüsse. Wir buken Brot. Vom Schwimmen, Tauchen und Nahrungjagen, vom Ankerlichten, Segelsetzen und Schotdichtholen und vom Umwandern jeder Insel, vor der wir ankerten, wurden wir braun und fit wie die Eingeborenen.

Das waren J. und ich in Bestform, gemeinsam unser Boot führend, Nahrung beschaffend, jedes Eiland erkundend, dann weiterzigeunernd. Wir hatten das Gefühl, ewig so leben zu können, wir bummelten und erlaubten uns Abstecher und Umwege, kamen dabei aber unausweichlich den Staaten und dem Ende unseres Törns immer näher.

In den Berry Islands, nördlich von Nassau, suchten wir Schutz in einer landumschlossenen Bucht, als der Hurrikan David sechzig Meilen südlich unseres Schlupflochs durch die Bahamas röhrte. Das Dach eines in Sichtweite am Ufer stehenden Hauses wurde abgerissen, aber unsere drei Anker – sternförmig ausgebracht, damit wir nach allen Seiten gesichert waren – hielten, und unbeschadet warteten wir den Wirbelsturm ab, durch die Fenster in die gischtdurchfegte Luft hinausblickend. Über den amerikanischen Rundfunk verfolgten wir die Bahn des Hurrikans. Der örtliche Sender der Bahamas brachte auf der Höhe des Sturms live einen endlosen Bittgottesdienst als ultimativen Sturmschutz für seine Hörer. Nach Abflauen des Orkans fanden wir Langusten, desorientiert durch aufgewirbelten Sand und ungewohnte Strömungen, aus ihren Löchern getrieben, wie trunken über den Meeresboden wandernd; in fünf Minuten sammelten wir acht Stück und aßen sie alle auf dem Weg nach Fort Lauderdale.

Sechs Monate blieben wir in Fort Lauderdale, ein weiteres Jahr vor Anker vor Dinner Key, südlich von Miami. Dies war eine deprimierende Zeit; wir suchten unsere Kasse aufzubessern, um wieder weg zu können, aber es war nie genug, oder jedenfalls glaubten wir das. Ich hatte Sterling Haydens Autobiographie ›Wanderer‹ noch nicht gelesen (Hayden war Segelschiffskapitän, ehe er das wurde, was er ein »männliches Starlet« nennt), in der er schreibt: »Um eine wirkliche Herausforderung zu sein, muß eine Reise, wie das Leben, auf einem soliden Fundament finanzieller Unsicherheit ruhen. Sonst ist man zu einer routinemäßigen Schipperei verdammt.« Wir machten Überführungs-fahrten: segelten für Charterfirmen Neuboote von Florida und Anna-polis zu den Jungferninseln, ein Törn von zehn bis zwölf Tagen, meist gegen den Wind, strapaziöses Aufkreuzen in zerbrechlichen Küsten-schiffchen, die von der Bauart her nur dazu taugten, in den ruhigen Wassern zwischen den Jungferninseln herumzugondeln. Ich kaufte einen guten Sextanten im lackierten Holzkasten von Sy Carkhuff, der damit um die Welt gesegelt war, und meine Gestirnshöhenmessungen wurden merklich präziser. Zwischen den Törns arbeitete ich als Schiffszimmermann auf Dinner Key, und J. übernahm Bootsanstriche und -lackierungen.

Wir gerieten wieder ins alte Fahrwasser. Unser Ehekrieg brach er-neut aus, die Streitereien häuften sich, wurden bösartiger. Ein Krach kam zum anderen, und so baute sich zwischen uns ein chronisches, stumpfes Unglück auf wie ein Korallenriff.

Nach achtzehn Monaten beschlossen wir, wieder fortzusegeln. Wir empfanden die Lage ähnlich wie seinerzeit auf den Jungferninseln: Es war Zeit, dem zu entfliehen. Wir wußten, daß unser Geld bis Neusee-land nicht reichen würde – ein Jahrestörn ohne jede Chance, zwi-schendurch Geld zu verdienen –, deshalb fuhren wir nach Osten über den Atlantik.

Diese Reise glich in nichts dem seligen, andauernden Traum unse-rer Kreuzfahrt durch die Äußeren Inseln. Nach dem Auslaufen aus No Name Harbor auf Key Biscayne wurden wir nach wenigen Mei-len von einer Flaute überrascht, und der Golfstrom entführte uns mit fünf Knoten Fahrt nach Norden. Am ersten Abend hatten wir eine schreckliche Auseinandersetzung und brüllten uns an. Ich entsinne mich an die Schreierei, aber nicht mehr an den Anlaß; der Anlaß ist meist ohnehin nur der Zündfunke. Das Wetter blieb freundlich bis zu den Bermudas. Geschlagene fünfzehn Tage brauchten wir, bis wir dort waren.

Nach zwei Wochen auf den Bermudas füllte sich am Abreisetag die Bilge, was uns Angst einjagte, aber wir stellten fest, daß das Wasser nur durch das ungesicherte Vorluk gekommen war. Nachdem wir den Lu-kendeckel geschlossen hatten, hörte es auf. Drei Wochen bis zu den Azoren. Einen Monat auf Faial. Dann eine Woche bis zum europäi-schen Festland, an einem Sonnentag ums Cabo de São Vicente, malerisch lag Portugal vor uns, aber wir schrien uns an. »*Ich hab' dich satt! Sterbenssatt!*« habe ich J. heiser angebrüllt, und sie brüllte zurück.

Nördlich von Tarifa am Eingang der Straße von Gibraltar wären wir fast aufgelaufen. Die ganze Nacht waren wir in Kreuzschlägen gegen einen heftigen Levante angerannt, der aus der Straße herauswehte. Wenden, wenden, wenden, bis zur Erschöpfung, wir waren klatschnaß und froren in unserem Ölzeug, eine dumpfe Lähmung überkam uns. In der dunstigen Morgendämmerung sahen wir Autos auf der Küstenstraße, erkannten aber nicht, daß die Straße schon ein Stück landeinwärts lag. Ehe wir uns in unserer Benommenheit versahen, tanzten wir schon in der Strandbrandung. Wir hatten erwartet, daß das Wasser in Küstennähe ruhiger würde, aber der ablandige Wind war so stark, daß nur wenige Meter vom trockenen Sand entfernt sich noch hohe Wellen brachen. Wir ließen die Schoten ausrauschen und die Segel flattern, und ich sprang vom Bug ins Wasser, wo ich hüfttief stand, und schob die »Toad« zurück ins Tiefere. Einen Tag später erreichten wir glücklich Gibraltar, die nördlichen beiden »Säulen des Herkules«, wo sich am Fuß des Felsens eine häßliche englische Trabantenstadt ausbreitet, wie durch ein Versehen ans Ufer des Mittelmeers versetzt.

Unser endgültiger Bruch kam dann nicht mit einem großen Knall, sondern vollzog sich in einer Serie von schmerzlichen Zerwürfnissen. Auf Ibiza, einer Insel vor unserem Endziel Mallorca, verließen wir die »Toad«, weil wir es einfach nicht mehr ertrugen, miteinander zu segeln. Ich flog sofort nach London. J. folgte zwei Monate später, nachdem sie für die Katzen ein neues Heim in Deutschland gefunden hatte (nach England hätten sie nur nach sechsmonatiger Quarantäne gedurft). Es muß sie schwer getroffen haben, die Tiere abgeben zu müssen; und noch schwerer, daß ich unsere alte Wohnung gegen ein Studio tauschte, das ich von meiner Mutter angemietet hatte. Wir verbrachten einen unglücklichen Winter und Frühling zusammen in London. Ich versuchte wieder zu schreiben, nachdem ich jahrelang nachgedacht, aber keine Zeile zu Papier gebracht hatte. J. mißfiel es, mich wieder teilen zu müssen, besonders mit unseren Londoner Bekannten, die sie für oberflächlich hielt. Sie war nicht glücklich mit mir und haßte sich selbst dafür. Im Sommer bekamen wir den Auftrag, die »Sea Bear« von Florida nach England zu überführen. Im Frühherbst schließlich schafften wir die »Toad« von Ibiza nach England. Unsere letzte gemeinsame Reise. Martin fuhr mit uns, bis Motril auf dem spanischen Festland, wo wir Whit trafen, den fanatischen *Scrimshaw*-Gegner. Hier schlugen J. und ich unsere letzte Eheschlacht. Eines Abends, in einer Bar, ließ sie Martin und mich sitzen, und als ich aufs Boot zurückkam, fand ich einen Zettel von ihr: »Ich weiß, wenn ich so bin, dann schaufle ich mir mein eigenes Grab und wecke in dir den Wunsch, mich zu verlassen.«

Noch zwei Wochen verbrachten wir auf See, wortkarg, behutsam darauf bedacht, einander nicht zu nahezutreten. Ein letztes Mal schliefen wir miteinander. Kurz vor dem Ärmelkanal schüttelten uns die Äquinoktialstürme durch. In Flushing vertäuten wir die »Toad« an ihrem Winterliegeplatz und überließen sie einem Yachtmakler zum Verkauf.

Eines Tages dann, in London, nach einem Einkauf in der King's Road, kehrte ich nach Hause zurück und sagte J., ich könne nicht mehr mit ihr leben. Ich tat dies instinktiv – erschrocken über mich selbst. Nichts half mehr, nicht meine Liebe zu ihr, nicht mein Gefühl, daß sie der beste Mensch war, den ich kannte und vielleicht je kennengelernt haben würde, nicht meine Vision, was aus uns hätte werden können. Die ewigen Versuche, sie glücklich zu machen, hatten mich zermürbt; ich hatte es satt, meine schlechten Seiten durch ihre Augen zu sehen und ihre schlechten Seiten zu sehen, ich hatte Angst vor der Wildheit, mit der wir kämpften wie zwei Alpha-Wölfe im Käfig, ineinander verbissen, immer wieder dieselben Wunden aufreißend.

Sie hatte es von Anfang an erwartet – fast vom Tage unserer Hochzeit an, wie ich jetzt erkenne. Es kam als Beweis für die unauslöschliche Lektion, die sie als Neunjährige gelernt hatte, im Urlaub mit ihren Eltern, als ihre Mutter mit dem smarten Tennisprofi durchbrannte: Die Menschen, die du liebst, werden dich verlassen.

Sie hat nicht dagegen angekämpft. Sie hat nicht gesagt: »Laß uns eine Lösung finden.« Sie faßte das, was ich sagte, als unumstößliche Tatsache auf und fuhr nach Nizza, um bei ihrer Mutter zu leben. Dort besuchte sie wieder die Bergströms, und Leif fragte sie, ob sie ihn nach Florida begleiten wollte, wohin er eine Motoryacht zu überführen hatte. Sie fuhr mit, sechs Wochen nach unserer Trennung, und sie sind immer noch zusammen.

Später dachte ich manchmal: Wir hätten ein perfektes Paar sein können, hätten wir uns kennengelernt als die Menschen, die wir bei unserer Trennung – oder noch besser: danach – waren. Als Menschen mit Eheerfahrung, die ihr Know-how dazu hätten einsetzen können, diese eine Ehe funktionsfähig zu machen. Hätten wir nicht zusammenbleiben und unsere Beziehung von Grund auf erneuern können, so wie wir die »Toad« renoviert hatten: durch Wegschneiden alles Faulen bis hin zum Gesunden, Festen, als Basis für einen Neuanfang? Nein, denn wir konnten nicht mehr so tun, als seien wir uns nie begegnet und als lernten wir uns ganz neu kennen.

Ich fing an zu joggen. Frühmorgens stand ich auf und trabte im Dunkeln durch den Bishop's Park in Fulham, am Ufer der Themse. Ich lief immer längere Strecken. Über die Putney Bridge und den Treidelpfad am Fluß entlang nach Hammersmith. Fünf Meilen. Dann zehn Meilen. Es schien das einzige auf der Welt, was ich tun konnte und was im Gegenzug etwas für mich tat. Je länger ich lief, desto wohler fühlte ich mich.

Ich bezog Arbeitslosenhilfe (als Beruf gab ich Schiffskapitän an, und da in Fulham derzeit keine Kapitänsstellen offen waren, bekam ich neunzig Pfund die Woche).

Im März nahm ich am Londoner Marathon teil.

Die meiste Zeit verbrachte ich in meinem kleinen Studio, schrieb, las Segelbücher und -zeitschriften, nahm meinen Sextanten aus seinem Kasten und betrachtete ihn. Ich fühlte mich gestrandet. David und Martin arbeiteten erfolgreich in ihren Berufen, aber nicht in Positionen, von denen aus sie mir Starthilfe hätten geben können. Ich fand meine alte Präsentationsmappe mit Werbeanzeigen und dachte daran, vielleicht wieder in die Werbung einzusteigen. Ich schrieb und zeichnete neue Annoncen, unter anderem eine für Seiko-Uhren, in der ein gewisser Peter Nichols erzählt, wie er damit über den Atlantik navigierte. Aber man sagte mir, es sei eine schlechte Zeit für Wiedereinsteiger.

Sinnfragen: Was machst du da, wer bist du, allein, über dreißig, zu Hause bei Muttern lebend, pleite, Arbeitslosenhilfe beziehend? Solche Gedanken flogen mich an wie van Goghs schwarze Krähen, zwischen zwei und vier Uhr in der Nacht, und ich wußte keine Antwort.

Immer häufiger dachte ich an die »Toad« – die keiner kaufen wollte und die einfach dalag. Ich dachte daran, allein in ihr irgendwohin zu segeln. Dies traute ich mir jetzt zu; ich wußte, es würde mein Selbstwertgefühl stärken.

Schließlich war ich regelrecht besessen von diesem Gedanken.

26. Juli

Den größten Teil des Tages im Cockpit verbracht. Trage jetzt Schlechtwetterzeug und Gurt, weil ich, zwischen den Pumpschlägen, manchmal im Cockpit einschlafe, aufrecht über der Pumpe sitzend, den Rücken zur Kajüte. In den Schlaf gewiegt und geschaukelt. Es ist echter Schlaf, weil ich lebhaft träume. Träumte, wir näherten uns den Azoren. Wachte einmal auf und hatte Maine vor Augen, plastisch und lebensecht, Granitküste, Nadelwälder. Ein Bild wie aus dem Magazin ›Wooden Boat‹. Wollte schon aufstehen und den Anker klarmachen, da merkte ich, daß ich allein auf weiter Flur war und noch achthundert Meilen bis zum Ziel hatte. Viele Träume dieser Art den ganzen Tag.

Beigedreht. Verschnaufpause. Boot voll Wasser, muß waten. Geht aber noch relativ problemlos. Die Autobatterie, die meinen Recorder und den Funk mit Strom versorgt, setze ich in die Kühlbox, die im früheren Motorraum schwimmt. Ich muß sie trocken halten, damit das UKW-Gerät betriebsfähig bleibt.

Keine Sonne heute. Kein Besteck. Und keiner macht mir Tee. Die Putzfrau aus dem East End kommt heute nicht. Vielleicht ist sie ja auch im Urlaub.

Merkwürdige weiße Flöckchen tanzen im Wasser, während wir in der Dünung rollen. Wie abgeschabte Stücke Bewuchs, nur kleiner. Säubern Wellen den Rumpf? Das Zeug sinkt langsam. Ich schaue zu, wie es untergeht. Stückchen von irgend etwas.

Ich glaube, es ist heute windiger. Steifer bis stürmischer Wind, über dreißig Knoten. Die See geht höher als gestern – muß ja, nach mehreren Tagen Brise wie dieser. Vielleicht teste ich nachher das Funkgerät, setze einen Ruf ab, mal sehen, ob jemand da ist.

Endlose Nacht, immer wieder pumpen, zwischendurch dösen. Pump pump pump. Hin-her, hin-her, ein Rhythmus kristallisiert sich heraus, eine hypnotische Litanei. Es ist wolkig, aber durch die Wolken fällt dünnes Neumondlicht und gibt der Nacht Form und Struktur: düstere Säle mit unvollendeten Fresken an der Decke und dunklen, wogenden Wänden.

27. Juli

Im Morgengrauen sehe ich ein Schiff im Norden, vier, fünf Meilen entfernt. Sehr dunstig, Dämmerlicht und diesige Luft, aber es bleibt da und bewegt sich wie ein echtes Schiff, während ich aufstehe und es beobachte. Ich gehe nach unten und rufe es über den UKW-Funk.

»Hallo Schiff auf 35°43′ Nord, 53°03′ West. Hier ist die Segelyacht ›Toad‹, mehrere Meilen querab von Ihnen, an Backbord. Hören Sie mich? Over.«

Eine Antwort, von einem holländischen Schiff. Die Holländer sagen mir, ich sei bei ihnen weder an Backbord noch auf dem Radar zu sehen; es müsse ein anderes Schiff sein, das ich vor mir hätte. Ist mir egal. Ich habe geprobt, was ich sagen will.

»Mein Boot hat ein schweres Leck. Ich bin auf dem Weg zu den Bermudas. Vielleicht muß ich das Schiff aufgeben. Könnten Sie bitte der amerikanischen Küstenwachstation ›November Mike November‹ meine Lage und Position durchmelden und sie bitten, daß sie die Schiffe in diesem Seegebiet auffordert, Ausguck zu halten, für den Fall, daß ich von Bord muß?«

Das holländische Schiff wird einen Kurzwellensender haben. Mein UKW reicht normalerweise nicht weiter, als man von der Antenne am Masttopp blicken kann: vielleicht zwanzig Meilen, bei gutem Wetter und ruhiger See eventuell etwas weiter.

»Müssen Sie jetzt schon von Bord?«

Auf diese Frage bin ich nicht vorbereitet.

»Yacht, wollen Sie jetzt das Schiff aufgeben?«

»Nein, danke. Ich hoffe, bis zu den Bermudas durchzukommen. Aber mein Boot leckt, und vielleicht ist es doch schon bald soweit.«

»Okay, alles klar.«

Ich warte und frage etwas später nach, ob sie die Küstenwacht erreicht haben, kriege aber keine Antwort mehr. Noch mehrere Male rufe ich, doch keine Reaktion. Ich gehe an Deck zurück und blicke nach Nordwesten, aber das Schiff ist fort. Es bläst immer noch mit dreißig Knoten.

Sofort fange ich an zu denken, ich hätte lieber sagen sollen: »Ja, ich sinke. Ich muß von Bord. Bitte retten Sie mich.«

Sinken – was heißt das? Sinkt die »Toad«? Eine befremdende Vorstellung, auch jetzt noch. Sie leckt, aber *sinkt* sie? Wie schlimm ist es?

Wie sehr habe ich mich daran gewöhnt?

Was, wenn ich keinem anderen Schiff mehr begegne?

Wann gebe ich auf?

Ich pumpe lange Zeit, aber die Bodenbretter stehen immer noch unter Wasser. Ich gehe nach unten und suche etwas zu essen. Kein Brot mehr da. Noch etwas Müsli. Mehrere Tage hatte ich keine ordentliche Mahlzeit mehr. Das letzte waren Spaghetti, wann war das? Ich durchsuche die Schränke in der Pantry, ohne richtig wahrzunehmen, was ich sehe. Hatte ich nicht noch Erdnußmus?

Ich tappe ziellos in der Pantry herum, mich festhaltend, während das Boot hin- und herstampft. Mein Hirn ist wie leergeblasen.

»Hallo, ›Toad‹!« Eine unglaublich fröhliche Stimme ertönt plötzlich aus dem Funklautsprecher. »Kleines Boot ›Toad‹!« Ein indischer Akzent. »Hallo! Hallo! Hallo!«

Ich nehme das Mikrophon. »Ja, hallo. Hier spricht die ›Toad‹.«

»›Toad‹, ja! Gutten Morgen! Wie geht's?«

Wie's mir geht? »So leidlich, bis auf das Leck, danke schön. Und Ihnen?«

»Ja, das Leck!« Kichern, ganz deutlich. »Haben wir schon gehört! Aber uns geht's gutt, danke! Sehr gutt! Sehr gutt!«

Der starke indische Akzent, in England bei Mimen und Komikern sehr beliebt, klingt ziemlich ulkig. Der Funker hört sich an wie Peter Sellers in dem Film ›Der Partyschreck‹. In einer anderen Situation als dieser würde ich das Ganze für einen Scherz halten.

Und selbst jetzt frage ich: »Wer spricht da überhaupt?«

»Hier ist das Schiff ›Laxmi‹. Wir rufen, um zu fragen, ob Sie Hilfe brauchen. Wie sieht's denn aus, mal ganz ehrlich?«

»Wo sind Sie?«

»Wir sind hier!«

»Wir sind hier« ist nicht unbedingt eine professionelle Positionsangabe. Immer mehr beschleicht mich das Gefühl, einem Scherz aufzusitzen, die Situation bekommt etwas Surreales.

»Ihre Position, bitte!«

»Hier, wir sind hier, ›Toad‹! Schauen Sie doch aus dem Fenster!«

Immer noch das Mikrophon in der Hand, steige ich auf die Arbeitsplatte der Pantry und blicke hinaus … Ein Schiff ist unmittelbar hinter uns, ja über uns. Ich könnte einen Badmintonball auf sein Deck schlagen. Groß, schwarz, rostig, ein Frachter. »LAXMI« steht am Bug. Darüber wie ein Turm die Brücke, an der Reling acht bis zehn grinsende Inder, winkend, als sei ich Prince Charles. Einen von ihnen kann ich rufen hören: »Hallo, ›Toad‹!« Ich winke zurück.

»Sehen Sie!« triumphiert die lachende Stimme im Lautsprecher. »Wir sind doch hier!«

»Ja, jetzt sehe ich's«, antworte ich ins Mikro.

Wir alle winken eine Zeitlang.

»Wie ist's, wollen Sie mit uns kommen?«

Wieder die Frage. Von Bord oder warten? Auf was? Es bläst immer noch. Mir geht es nicht gut. Ich bin müde, kann mich kaum noch auf den Beinen halten. Und ich glaube nicht, daß das Leck kleiner wird, wenn der Wind nachläßt. Ich muß mich entscheiden.

»Wohin fahrt ihr?« frage ich.

»Nach Birma!«

»Birma?«

»Ja, Birma! Sie wissen schon, gleich neben Indien!«

Was für eine Idee! Was sollte ich in Birma? Vielleicht könnte ich mich in einen Buchhelden von Somerset Maugham verwandeln, in einen britischen Kolonialisten der alten Schule. Könnte eine Kautschukplantage betreiben, weite Shorts und einen Tropenhelm tragen und anfangen, Unmengen Gin zu trinken. Meinen Schnauzbart trimmen wie ein Offizier der Royal Air Force und die Tochter eines Missionars heiraten, Celia, mit der ich auf der Veranda nach dem Dinner fein vergiftete Streitgespräche führe. Langsam verrückt werden. Oder vielleicht auf die andere Seite wechseln, eine Birmanin heiraten – »armer Kerl, schlecht fürs Geschäft« – und eine Schar bildhübscher eurasischer Kinder großziehen. Oder ein buddhistischer Mönch werden. Oder würde ich in Samarra mein Himmelreich finden, den Tod, auf den ich unbewußt schon immer zugesteuert bin? Ich denke an diese alten Klischees und merke, daß ich überhaupt nichts über das moderne Birma weiß. Ein Grund mehr, hinzufahren. (Seit dieser Reise habe ich einiges in Erfahrung gebracht über Aung San und die Probleme des modernen Birma.)

Hier, am Scheideweg, öffnet sich mir in Gestalt der »Laxmi« ein verlockender exotischer Seitenpfad. Doch, zu meiner eigenen Enttäuschung, finde ich nicht den Mut, ihn einzuschlagen.

»Nein, danke, ›Laxmi‹. Ich versuche die Staaten zu erreichen. Oder die Bermudas.«

»Sind Sie sicher?«

»Ja, danke.« Nein, sicher bin ich mir überhaupt nicht mehr.

Ich bitte auch die »Laxmi«, die Küstenwachstation NMN in Portsmouth, Virginia, von meiner Position und Lage zu unterrichten. Man verspricht es mir, und nach viel Winkerei und zähneblitzendem Lächeln dampfen sie ab nach Südwesten.

Wird dies das letzte Schiff sein, das ich sehe? Bestimmt nicht. Es ist schon das zweite binnen einer Stunde. Wir müssen genau auf der Schiffahrtsroute sein.

Etwas später ruft die »Laxmi« zurück. Sie hat die Küstenwacht erreicht, die meine voraussichtliche Ankunftszeit für Maine oder die Bermudas haben will. Acht bis zehn Tage bis Maine, drei zu den Bermudas, sage ich meinem Kollegen auf der »Laxmi«. Zum Abschied macht er einen Positions-Check. Nach seiner Angabe stehe ich nordöstlicher als nach meiner Rechnung. Einer von uns beiden irrt sich um circa vierzig Meilen.

Um 1030 kommt die Sonne raus und ermöglicht mir zwei Standlinienbestimmungen. Danach war meine vorherige Berechnung goldrichtig. Ich glaube an meine Navigation. Ob die »Laxmi« mit der ihren nach Birma kommt?

Mit der Sonne kommt eine plötzliche drastische Änderung von Wind und Wetter. Mittags wird es richtig schön, der Wind fällt auf zwölf Knoten. Die See ist noch unruhig, aber es ist Zeit, mehr Segel zu setzen, das stabilisiert das Boot und gibt uns Tempo. Neue Kraft erfüllt mich. Ich fühle mich hellwach.

Ich gehe an Deck und entrolle das komplette Groß. Dann klettere ich aufs Bugspriet und fange an, die Genua auszupacken.

Meine Füße und Beine auf dem Wasserstag tauchen platschend in die See beim Stampfen der »Toad« in der verbleibenden Dünung. Aus dem Augenwinkel sehe ich plötzlich einen ausgedehnten dunklen Schatten im Wasser direkt unter meinen Füßen. Schnell wie der Blitz fliehe ich aufs Deck, einen Schreckensschrei ausstoßend. Groß und dunkel war der Schatten und wälzte sich mit schlängelnder Bewegung im Wasser, als wolle er mich beschnüffeln.

Ich lehne mich über die Deckskante und blicke nach unten. Gott, was ist das? Die unheimlichste Kreatur, die ich je gesehen habe, platt wie ein Rochen, riesig, mit fransigen Rändern ...

Es ist der Rumpfbelag. Er pellt sich vom Vorschiff ab, hängt als großer flatternder Lappen neben dem Boot und rollt mit der Dünung mit, schweres Tuch, braun von altem Resorzinkleber. Ich klettere wieder aufs Bugspriet und sehe auch auf der anderen Schiffsseite den gleichen lose mitwehenden Lappen. Der Belag hat sich an der Bugkante gelöst und sich beidseits abgeschält, bis mindestens halb nach achtern, soweit ich sehe. Obszöne Riesenflossen, die das Boot mittschiffs mitschleppt. Wie lange ist das schon so?

Im Wasser sehe ich auch wieder die weißen Flocken, und jetzt ist mir klar, was das ist: alter Kalfatkitt, getrocknet und bröselig, der aus der Beplankung gewaschen wird.

Benommen und mit flauem Gefühl im Magen eile ich nach unten und inspiziere das Vorschiff. Wie aus aufgestochenen Arterien pulst überall Wasser durch die Nähte, bis achtern zur Kajüte jetzt schon, und weiter. Weiße Stücke der Kalfaterung sind nach innen gedrückt worden und hängen an den Planken und Spanten herunter. Überall. Habe ich das denn bisher nicht gesehen? Nicht gewußt, wie schlimm es ist, auch ohne über Bord zu schauen? Ich weiß es nicht. Wenn ich es gesehen habe, habe ich es verdrängt.

Ich weiß nicht, ob ich die Luft angehalten habe; jedenfalls versagt mir jetzt der Atem. Ich stürze nach oben.

Ich sitze im Cockpit, mir schwindelt. Atemnot. Wie betäubt hocke ich da. Minuten vergehen.

Das Boot – ich wußte es die ganze Zeit – ist strukturell gesund. Die neuen Spanten und Bodenwrangen, die ich vor zwei Jahren in Florida eingezogen habe, geben ihm Halt. Es ist so stark wie eh und je. Aber die Beschichtung hat sich gelöst, und am ganzen Vorschiff bröckelt die

Kalfaterung aus den Plankennähten. Das Boot hat sich in ein Sieb verwandelt.

Dagegen bin ich machtlos ..., oder? Ein einzelnes Leck könnte ich flicken; ich könnte das Sperrholz unter den Kojen zurechtsägen und zehn Löcher damit dichten. Aber das hier ... Ich denke an Robin Knox-Johnston, wie er eine lecke Naht der »Suhaili« mit einem komplizierten Patsch abdichtete. Einen Riß, jeweils mehr als zwei Meter lang, beidseits des Rumpfes. Was würde er hier tun, bei rund vierzig in den Rumpf gesägten Kerben, fünf Meter lang, und länger werdend?

Das bedeutet das Todesurteil für die »Toad«. Das ist jetzt so sicher wie das Amen in der Kirche. Draußen wird der Tag immer schöner. Die Sonne scheint, der Seegang legt sich.

In dem Bewußtsein, daß es heißt, Abschied zu nehmen, blicke ich mich um. Die Lüfterkästen aus Teak, die ich auf dem Kajütdach gebaut habe. Die Relingstützen aus rostfreiem Stahl, die ich gesetzt habe. Die Winden, das Rigg. Der neue Kompaß, eingebaut von Martin und mir. Der kleine Buckel unter der Farbe an der Kajütwand, hier habe ich ein Loch abgedichtet, das Henry einmal für einen nutzlosen Tiefenmesser gebohrt hatte. Im ganzen Boot sehe ich praktisch keinen Zentimeter, den ich nicht renoviert und nach eigenen Vorstellungen umgebaut habe. Jetzt weiß ich, daß das Leck nicht besser, sondern schlimmer werden wird, daß ich diesen Wettlauf gegen die Zeit nicht gewinnen kann, daß ich von Bord muß, mein Leben retten, und die »Toad« sinken lassen muß.

Ich habe von der »Toad« nie als von »ihr« gedacht, so wie viele andere, für die ihr Boot eine Person aus Fleisch und Blut geworden ist. (Mein Bruder David machte sich sogar einen Spaß daraus, von ihr als »ihm« zu sprechen.) Für mich ist die »Toad« ein Neutrum; allerdings ist sie gewiß viel mehr als nur die Summe ihrer Planken und Beschläge. Jeder Nagel, jeder Bolzen, jeder Pinselstrich von J. und mir hat ihr Erscheinungsbild mitgeformt, und sie brachte zudem ihren eigenen Charakter mit ein. Sie hat mehr Liebe in ihre Fasern gesaugt als Lack und Farbe, und diese ist zum tragenden Element geworden. Für mich ist die »Toad« jetzt ein Ding, das aus dieser Liebe gemacht wurde und aus ihr lebt.

Und ich glaube, daß die »Toad« meine Liebe erwidert.

Deshalb hüte ich meine Zunge. Ich sage, wie ich so im Cockpit sitze und mir die Tränen die Wangen hinablaufen, kein Wort. Ich sage ihr nicht, was ihr bevorsteht.

Ich ziehe das Groß mittschiffs fest, drehe bei und warte auf den örtlichen Mittag. Breitenbesteck. Mit ungewöhnlicher Sorgfalt bestimme ich den Schiffsort unter Berücksichtigung unserer Drift seit den Standlinienmessungen heute morgen. Unsere Position ist 36°08' N, 53°12' W. Dreihundert Meilen nordöstlich der Bermudas; achthundert Meilen von Maine.

Um 1400 setze ich den ersten Notruf ab. Der internationalen Etikette entsprechend, sage ich ins Mikrophon: »Mayday, Mayday, Mayday. Hier ist die Segelyacht ›Toad‹ auf 36°08' N, 53°12' W. Bitte um Hilfe. Mayday, Mayday, Mayday. Hier ist die Segelyacht ›Toad‹ auf 36°08' N, 53°12' W. Bitte um Hilfe.«

Keine Antwort. Ich wiederhole es ein paarmal und lausche dann. Ich bin nicht gehört worden. Wahrscheinlich kein Schiff in Reichweite. Eine Stunde werde ich warten und es dann noch einmal versuchen. Ich werde regelmäßig zu jeder vollen Stunde funken, aber nur zwei, drei Minuten, um die Batterie zu schonen. Ich kenne diesen Teil des Ozeans, ich weiß, daß hier eine Schiffahrtsroute ist. Mit zwei Schiffen habe ich heute morgen schon gesprochen. Ein weiteres wird kommen. An diesen Glauben klammere ich mich. Im Dingi zu den Bermudas, daran will ich vorerst nicht denken. Statt dessen überlege ich mir, was ich mitnehmen will, wenn ein Schiff kommt. Ich beginne zu packen.

Der ideale Zeitpunkt, um meine Garderobe zu sichten und einiges wegzuwerfen. Ausgerechnet jetzt fällt mir ein Artikel von Michael Korda ein, der vor einiger Zeit im ›New York Times Magazine‹ gestanden hat. Es ging um das absolute Minimum an Männergarderobe. Laut Korda kommt ein Mann mit einem Anzug und zwei Hemden aus. Die Hemden kann er abends im Becken waschen und zum Trocknen aufhängen; den Anzug kann er, wenn er aus guter Wolle ist, beim Duschen ins Bad hängen, dann entfernt der Dampf die Knitterfalten. Beim Lesen fragte ich mich, woher Korda, Sproß einer Familie von Filmtitanen, aufgewachsen im Luxus, später selbst namhafter Journalist und Bestsellerautor, das wußte – es sind Erfahrungen eines mittellosen Mannes, der Wert auf untadeliges Aussehen legt – und warum er auf der Höhe seines eigenen Erfolgs darüber schrieb. Vielleicht stammten diese Weisheiten aus dem Erfahrungsschatz seines Onkels

Alexander Korda, der vom bettelarmen ungarischen Auswanderer zum Film-Tycoon aufstieg und die Schauspielerin Merle Oberon heiratete. Vermutlich ist die Angst vor dem Verlust neugewonnenen Reichtums und das Know-how, mit wenig auszukommen, unbewußt über mehrere Generationen weitergereicht worden. Möglich, daß Michael Korda es auf den Knien seines Großvaters erfahren hat, als Weisheit, die ins Gepäck jedes Mannes gehört, der seinen Weg machen will; das war wahrscheinlich der tiefere Grund, warum er es seinerseits weitergegeben hat.

Jedenfalls fällt mir das jetzt ein, während ich meine Kleidung durchgehe. Einen Anzug habe ich nicht, aber einen Blazer (aus Wolle), und ich stopfe ihn in einen Segelsack. Wenn ich das nächste Mal dusche, werde ich ihn hervorholen. Aus meinen Hemden wähle ich zwei Brooks-Brothers-Button-down-Hemden und mehrere T-Shirts aus. Eine ehrwürdige Jeans. Unterwäsche, Socken, ein Taschentuch, das mir Martin geschenkt hat. Das reicht, hoffe ich. Ich habe keine Ahnung, was die nächste bootlose Lebensphase bringen wird, welche Kluft angesagt ist und wie oft ich mit meinem Blazer werde duschen müssen.

Mein Blick wandert über meine Bücher. Hunderte drängen sich auf den Regalbrettern über den Kojen, über dem Kartentisch, in der Pantry. Frucht jahrelangen Sichtens und Sammelns. Das meiste sind Bücher über Boote und die See. Wie man sie designt, baut, segelt. Geschrieben von den Bootsdesignern, Bootsbauern und Seglern, die ich am meisten schätze. Etwa William Albert Robinson, dessen Zweiundzwanzig-Meter-Brigantine »Varua« mein absolutes Lieblingsboot ist. In den zwanziger Jahren ist Robinson auf einer kleinen Ketsch namens »Svaap« um die Welt gesegelt und hat dann mit Starling Burgess die »Varua« entworfen, sein »ultimatives« Schiff, und in diesem den »ultimativen« Sturm erlebt: »Wieder und wieder fragte ich mich in jener Nacht, wieso ich hier war – und hatte keine bessere Antwort als diese: Vielleicht hat mich genau das hergezogen, der unbewußte Wunsch, einmal einen richtigen Orkan am Kap Hoorn zu erleben.« Robertson baute die »Varua« auf seiner eigenen Werft in Gloucester, Massachusetts (Baubeginn 1939, das Baujahr der »Toad«), und segelte sie dann nach Tahiti, wo er den Rest seines Lebens verbrachte. Über dieses Schiff und seine Törns im Pazifik und durch die »brüllenden Vierziger«

nach Chile schrieb er zwei meiner Lieblingsbücher, ›Return to the Sea‹ und ›To the Great Southern Sea‹. Aber wenn ich sie mitnehme, welche lasse ich zurück? ›Skiffs and Schooners‹; ›Boats, Oars and Rowing‹; ›Spray‹? Alle von R. D. »Pete« Culler, der den Umgang mit dem Marl-spieker von einem Mann lernte, »der sie von Männern hatte, die mit Nelson gefahren waren«. Bill Tilmans ›Mischief in Patagonia‹? Die Bücher von und über Knox-Johnston, Moitessier, Crowhurst? Slocums Weltumseglerbuch? Chapelles ›Boatbuilding‹ und ›Yacht Designing and Planning‹? Und dann meine Hiscocks, um Gottes willen … Es ist ja ganz egal, daß ich sie alle gelesen habe; sie sind meine Bibliothek, ständig schlage ich in ihnen nach, und sei es nur, um Trost zu schöp-fen, mich zu vergewissern, daß diese Welt, von der ich gelesen habe und an der ich teilhaben will, wirklich existiert; schaudernd ahne ich, wie einsam ich sein werde, wenn ich sie alle zurücklasse.

Ich nehme die Hiscocks, alle neun; Erics komplettes Œuvre, blaue Leinenausgabe, Oxford University Press. Salzfleckig, halb ruiniert, Rücken gebrochen, Schutzklappen längst zerfleddert, bilden diese Bände das Fundament meiner Bibliothek – und meines Lebens, denn sie beschreiben alles, was ich tun will, und die Welt, in der ich es tun will. Sie sollen zum Grundstock meiner neuen Bibliothek werden.

Um 1500 setze ich den nächsten Notruf ab. Keine Antwort – dann, als ich längst wieder am Packen bin, ertönt nach etlichen Minuten plötzlich eine klare, rauschfreie Stimme aus dem Lautsprecher: »Schiff, das Notruf sendet, hier ist die ›Almeria Lykes‹! ›Almeria Lykes‹ ant-wortet auf Notruf, bitte melden.«

Obwohl ich im Grunde fest davon überzeugt war, Rettung zu fin-den, atme ich erleichtert auf. Ich denke: »Junge, ging das schnell.«

»Ja, ›Almeria Lykes‹, hier ist die Segelyacht ›Toad‹, Position 36°08′ N, 53°12′ W. Ich sinke. Over.«

Ruhig und bestimmt teilt mir der Sprecher mit, er stehe zwanzig Meilen von meiner Position entfernt. (Er redet im Singularis majesta-tis: nicht wir, nicht das Schiff, sondern »Ich stehe zwanzig Meilen …«) Es ist ein Containerschiff, unterwegs von Rotterdam nach Galveston, Texas. Der Sprecher fragt, wie sicher ich mir meiner Positionsangabe bin. Ziemlich sicher, sage ich. Ich rechne allenfalls mit einer Abwei-chung von wenigen Meilen – wenn sie die Position anlaufen, werde ich sie auf jeden Fall sehen. Der Sprecher antwortet, er komme. In einer

Stunde will er da sein. Er wird versuchen, die Funkverbindung aufrechtzuerhalten.

Ich hänge das Mikro ein und blicke mich in der Kajüte der »Toad«
um. Nach sechs Jahren noch eine Stunde. Nach einem endlosen Augenblick gehe ich wieder ans Packen. Natürlich könnte ich jetzt mehr
nehmen als die Klamotten, die Hiscocks und die Nottasche, die schon
für die Flucht im Dingi bereitliegt (das Erdnußmus aus »Neal's Yard«
und Gibbons ›Verfall und Untergang‹ werde ich hierlassen), aber ich
sehe mich schon zu Fuß in Amerika. Ich habe sechzig Dollar und eine
englische Kreditkarte mit einem Hundert-Dollar-Limit. An einem
Busbahnhof in Texas werde ich mein neues Leben anfangen müssen.
Alles werde ich schleppen müssen, weiß Gott wie weit und wie lange.
Ich muß mit leichtem Gepäck reisen.

Ich bin Segler. Mit Segeln möchte ich auch künftig meinen Lebensunterhalt verdienen. Deshalb stelle ich meinen lackierten Sextantenkasten ins Cockpit. In den Segelsack stopfe ich – zu meiner Kordaschen
Minimalkluft – alle meine Karten, die Mappe mit Patent und Paß, Ölzeug und Stiefel. Dann die Hiscocks, Kamera, belichtete Filme, Kuverts mit Fotos und mein Logbuch dieser Reise, dessen letzte Eintragung lautet:

1500: Notruf wird erwidert von »Almeria Lykes«, einem Containerschiff mit
Ziel Galveston. Habe ihm meine Position durchgegeben . Will in einer Stunde
hier sein.

Am Arm trage ich die Seiko, am Hals mein kostbares *Scrimshaw* der
»Toad« von den Azoren.

Für J. packe ich noch ihre fünf Tagebücher ein.

Ganz obenauf kommt die Manuskriptmappe mit dem Roman, den
ich zu schreiben versuche. Bisher ist nichts Rechtes daraus geworden,
fürchte ich. Ich sehne mich danach, etwas Großes und Wunderbares
zu schreiben, viel besser als dieser Roman, aber ich habe noch keine
klare Vorstellung, was es sein könnte.

Als ich die Reiseschreibmaschine ins Cockpit stelle, neben den
Sextanten, blicke ich auf und sehe das Schiff am Horizont. Schwarz
und viereckig. Wie ein Gebäude sieht es aus. Ich gehe nach unten und
rufe es über Funk, sage, daß ich es gesichtet habe, gebe meine Peilung

durch. Die Gegenpeilung auszurechnen, überlasse ich dem Schiff, ich bin zu beschäftigt.

Ich gehe zurück ins Cockpit und fange an zu pumpen, teils weil ich den Anblick des steigenden Wassers im Boot nicht ertragen kann, teils weil ich nicht will, daß die »Toad« sinkt, ehe die Retter kommen. Ich weiß nicht, wie lange das Schiff braucht, um längsseits zu gehen, und wie eine solche Rettungsaktion überhaupt vonstatten geht.

Das Schiff ist jetzt noch drei, vier Meilen entfernt. Der Funker teilt mir mit, daß er mich gesehen hat, daß Sichtkontakt besteht.

Ich schaue zu, wie es größer und größer wird. Form und Einzelheiten treten hervor. Es ist häßlich, platt wie ein Sargdeckel. Auf dem langen Deck Container, Schicht auf Schicht gestapelt, rot, grün, blau, rostig. Fast keine Aufbauten sichtbar bis auf die Brücke, die ganz vorn sitzt, direkt am Bug, wo meinem ästhetischen Empfinden nach keine Brücke hingehört. Je näher es kommt, desto häßlicher wird es, desto weniger wirkt es wie ein Schiff. Schließlich hat es die Größe und Form eines Einkaufszentrums, das kurz vor der Fertigstellung steht: rechteckig, schwarz, fast dreihundert Meter lang (wie ich später am Nachmittag erfahre). Mr. East würde es hassen, es als Mißgeburt abtun. Meine Gefühle sind gemischt. Es sieht aus wie einem Alptraum entsprungen, aber es kommt, mich zu retten.

Das Schiff – ALMERIA LYKES lese ich jetzt am Bug, und LYKES LINES in riesigen weißen Lettern am langen Rumpf – nähert sich aus Luv. In seinem Windschatten dümpeln wir im Kabbelwasser. Die Stimme ertönt wieder in meiner Kajüte und erklärt mir die Prozedur: Das Schiff will stoppen, langsam zu mir hertreiben, mir eine Leine zuwerfen, die ich am Bug festmachen soll, und dann kleinste Fahrt vorauslaufen, so daß ich zu seinem Rumpf hingezogen werde. Auf einem Fallreep soll ich dann an Bord klettern.

Bald sehe ich nur noch das Schiff. Es driftet auf uns zu, dwars, die Breitseite uns zugewandt, die Hälfte der sichtbaren Welt verdeckend. Sein schwarzer Rumpf erhebt sich gleich einer himmelhohen Wand an der Steuerbordseite der »Toad« und bedeckt den ganzen Horizont.

Meine Nackenhaare sträuben sich – im wahrsten Sinne des Wortes: Am Hinterkopf zieht sich die Haut zusammen. Dies hier geht völlig gegen meine Seglerinstinkte. Wie der Blitz sollte ich Segel setzen und flüchten vor diesem Monster, das für die »Toad« nur eines bedeuten kann: Schaden. Eine so beängstigende Tuchfühlung zwischen David und Goliath habe ich nur ein einziges Mal vorher erlebt, mit Bill auf der »Mary Nell«, als die Russen uns mit dem Lasso einfingen und die Masten der »Mary Nell« wie Streichhölzer brachen.

Die »Toad« ist der jetzt nur noch wenige Meter entfernten schwarzen Wand halb zugewandt. Instinktiv, ohne zu denken, turne ich übers Kajütdach und Vordeck bis hinaus aufs Bugspriet. Ich stehe am äußersten Ende, eine Hand am Vorstag. Rasch rückt die schwarze Stahlwand heran – aus der Nähe ist sie pockennarbig, stumpf und uneben. In einem unguten Winkel zielt die »Toad« schräg mit der Nase darauf.

Kurzer Blick nach oben: In großer Höhe beugt sich ein Mann mit langem blonden Haar und Schnurrbart über die Reling. Er winkt. Bedeutet mir zurückzuweichen.

Das Schiff ist noch einen halben Meter entfernt. Mich am Bugspriet abstützend, halte ich einen Fuß heraus, um es abzustoßen, um uns abzustoßen. Doch dieser Versuch endet mit einer Kollision, das ist alles, was ich weiß.

Und wie wir kollidieren. Mit der Spitze des Bugspriets tippt die »Toad« an die schwarze Wand. Es kracht – ich fliege durch die Luft, Hand immer noch am Vorstag – und lande auf dem Kajütdach neben dem Mast. Das Bugspriet ist durch den Aufprall gebrochen. Dadurch ist das unter Spannung stehende Vorstag zurückgeschnellt und hat mich, wie Tarzan an der Liane, aufs Kajütdach geschleudert. Der Mast bleibt stehen, gehalten durch das Fockstag (das vor fünf Jahren, als der Mast im Hafen von St. Thomas umkippte, nicht gerigt war). Ich blicke auf den gezackten Stumpf des Bugspriets und das abgebrochene Stück, das zu meinen Füßen liegt, und überlege mechanisch, wie man es reparieren könnte … reiße mich dann los von dem Gedanken und zwinge mich, mich auf die gegenwärtige Situation zu konzentrieren.

Ein Ruf von oben. Ich blicke wieder hoch, und der blonde Mann schwingt über mir eine Taurolle, die sich spiralig entrollt und auf mein Vordeck plumpst. Ich mache das Ende an einer übergroßen Bronzeklampe fest, die ich vor Jahren, in der Lagune, von dem Chris Craft abmontiert habe.

Die Kabbelsee, die Kollision, vielleicht auch mein Versuch abzustoßen haben uns etwas vom Schiffsrumpf abgetrieben. Nun aber

nimmt das Schiff langsam Fahrt auf. Die Leine am Bug der »Toad«
spannt sich, und wir werden mitgeschleppt und an den schwarzen
Rumpf herangezogen. Knirschend reiben und stoßen die Lärchen-
planken der »Toad« gegen den schwarzen Stahl. Ich versuche, nicht
weiter darüber nachzudenken.

Achtern von uns fällt ein hellgelbes Fallreep an der Bordwand herab. Jemand fiert unsere Schleppleine, so daß die »Toad« langsam am
Rumpf entlang zurückfällt, bis wir das Fallreep erreicht haben und
dort auf- und abtanzen. Dünne Leinen werden ins Cockpit hinabge-
lassen, wo mein Gepäck wartet.

Der Blonde ist jetzt ungefähr zehn Meter über mir. Ich kann ihn
deutlich hören. Er bittet mich, meine Packsäcke an den dünnen Leinen festzumachen. Ich tue es, und Crewleute hieven sie an Bord.
Mit dem Sextanten gehen sie sehr vorsichtig um, so daß er beim
Hinaufschweben nicht an die Bordwand bollert. Insgesamt vier Teile:
ein Segelsack, der Sextant, die Schreibmaschine und eine Reisetasche.

»Ist das alles?« fragt der Blonde.

»Ja. Ich komme gleich nach.« Ein letztes Mal gehe ich nach unten.

Ich blicke mich um. Davon abgesehen, daß ich jetzt bis zu den Knien
im Wasser stehe, wirkt die »Toad« gespenstisch normal. Sauber, aufgeräumt, wie ich es liebe auf einem kleinen Boot mit jahrelang ge-
sammelten Habseligkeiten. Auf dem Herd der Wasserkessel. Die Tee-
zeit ist vorüber.

Ein, zwei Stunden wird es noch hell sein. Ich weiß, was ich zu tun
habe. Ich nehme das Brotmesser, bücke mich und krieche in den Raum
hinter der Pantry, in den alten Maschinenraum, und durchtrenne den
Plastikschlauch zwischen der Pantryspüle und dem Seeventil. Wie ein
Springbrunnen spritzt das Wasser herein. Bis zur Dunkelheit muß die
»Toad« sinken. Damit keine andere Yacht sie, wenn sie schon halb
unter Wasser treibt, übersieht und überläuft und mit ihr sinkt. Die
»Toad«, in die wir soviel Liebe gesteckt haben, die mit so vielen Erinnerungen behaftet ist, ist jetzt ein Sicherheitsrisiko.

Ich klettere zurück ins Cockpit, schnappe das Fallreep und beginne
aufzuentern. Ein surreales, verwirrendes Gefühl, das zu verraten, was
ich liebe – neu und doch vertraut, ein dunkles Echo – hängt schwer an
mir. Zehn Meter bis nach oben.

Ich stehe auf dem hohen Deck des Schiffes. Der Blonde – ein Zweimetermensch, sieht aus wie ein Wikinger oder wie der junge Hulk Hogan – packt meine Hand und schüttelt sie grinsend.

»Hey, ich bin Dan. Alles klar?«

Auch die anderen Crewmänner grinsen. Sie stellen sich vor. Sie sind Amerikaner. Für sie ist das eine aufregende Abwechslung auf ihrem monotonen Trip. Sie freuen sich wie die Schneekönige.

Ich suche nach Worten der Begrüßung, stocke. Aus dem Augenwinkel sehe ich jemanden die Leine loswerfen, die zum Bug der »Toad« führt. Klatschend fällt sie in die See.

Dan sagt ein paar Worte in sein Sprechfunkgerät. Einen Moment später erzittert das Schiff. Langsam beginnt es einen weiten Bogen um die »Toad« zu schlagen, der ich wie gebannt hinterherstarre.

Hinter Dan gehe ich übers Deck, er spricht mit mir, aber ich höre ihn nicht. Es ist wie im Traum: Ich sehe alles, aber aus weiter Ferne, wie ein unbeteiligter Beobachter. Wir gehen nach vorn, ein paar Stufen hoch, in die Aufbauten unter der Brücke und drinnen eine Stahltreppe hoch.

Ich werde in eine Luxuskabine geführt. Sie ist riesig, wirkt ebenfalls wie einem Traum entsprungen. Ein Doppelbett, dahinter ein Bad. Sie sieht wie ein Hotelzimmer aus, nur größer. Fenster mit Seeblick – ich verrenke mir den Hals, kann aber die »Toad« nicht sehen. Dan sagt, ich solle es mir gemütlich machen, duschen und dann, wenn ich Lust habe, auf die Brücke kommen, ein Deck höher, und dem Kapitän guten Tag sagen. Eine Prozession von Helfern trägt meine vier Gepäckstücke herein, alles, was ich auf der Welt mein eigen nenne. Dann lassen sie mich allein.

Wieder blicke ich aus dem Fenster, sehe die »Toad« aber nicht. Irgendwo hinter uns muß sie liegen. Ich verlasse meine Kabine und renne – wieder wie im Traum: das Rollen des Schiffes bewirkt, daß ich bergan laufen muß – durch einen langen Korridor zu einer Tür. Sie führt ins Freie, auf eine Brückennock hoch über dem Ozean.

Und da liegt die »Toad«, eine Viertelmeile hinter uns, etwas fremdartig wirkend mit dem verstümmelten Bugspriet, und auffallend tief im Wasser. Aber sie sieht immer noch gut aus, frisch lackiert und glänzend im Licht der untergehenden Sonne.

Der Bug zeigt pfeilgerade nach Maine.

KURZE BIZARRE KREUZFAHRT NACH GALVESTON

30. Juli

Kapitän Frank Johnson könnte als Double des späten John Wayne durchgehen. Größer als der Erste Offizier Dan, muß er um die fünfundsechzig sein. Seine Füße wirken fast einen halben Meter lang. Er hat genau so eine faßförmige Taille wie Wayne in seinen späteren Jahren, aber es paßt zu ihm. Jeder Zoll an ihm ist Captain. Er trägt Khakihosen und Khakihemd, beides gut gebügelt. Heute, während wir auf der Brücke schwatzten, stand er am Panoramafenster, vor dem Rudergänger, den Blick unablässig auf die See gerichtet, die zusammengekniffenen Augen von Fältchen umrandet vom ewigen Ausguckhalten. Nur bei den Mahlzeiten öffnen sich seine Augen weiter, und dann kann ich ihre Farbe sehen, blaßblau wie die eines Babys. Winzige geplatzte Äderchen haben sein Gesicht tiefrot werden lassen, fast wie ein gekochter Hummer, der Teint eines Walfangkapitäns aus dem neunzehnten Jahrhundert, der zeitlebens auf wind- und gischtgepeitschtem Deck gestanden hat; aber da Captain Johnsons Arbeitsplatz die windgeschützte, klimatisierte Brücke ist, mag vielleicht nur eine Rosazea die Wettergerbung vortäuschen. Er ist Texaner, er spricht gut Englisch, deutlich, leise, und strahlt jene natürliche Autorität aus, die ich schon im Funk über Meilen weg klar wahrgenommen habe, denn er war der Sprecher des Schiffes.

Captain Johnson hat den roten Teppich für mich ausgerollt. Er bringt mir eine Gastfreundschaft entgegen wie dem besuchenden Kapitän eines anderen Schiffes, die Gastfreundschaft, die er auch selbst erwarten würde. Er behandelt mich nicht wie einen verantwortungslosen Hippie, der sein Boot hat absaufen lassen und den er mühsam auffischen mußte, sondern erweist mir kollegialen Respekt, und dafür bin ich ihm dankbar. Ich darf jederzeit auf die Brücke. Ich darf am Radar kiebitzen (es gibt drei oder vier Radarschirme), über die Karte gebeugt die aktuelle Position prüfen, dem Rudergänger zuschauen, der mit zentimeterweisen Bewegungen das Schiff steuert. Langweilig, nach einer Zeitlang. Keine Segel, die man wechseln muß, keine Angst.

Ich begleite Dan, den Ersten Offizier, auf seinen täglichen Runden übers Deck und durch die riesigen Laderäume seines Schiffs. Er kontrolliert, ob die Container gut verzurrt sind. Im Schiff gibt es ganze

Flöße mit Containern, die schwimmend in ihren – vorher gefluteten – Teil des Laderaums bugsiert werden, der dann leergepumpt wird. Dieser Bereich ist zum Heck hin offen, so daß man hinausblicken kann auf den Niagarafall des Kielwassers, das sich bis zum Horizont erstreckt. Auch den Maschinenraum besichtige ich mit Dan. Er ist laut und sieht so bedrohlich aus wie das Atomkraftwerk in dem Film ›Das China-Syndrom‹. Dan zeigt mir die Quartiere der Crew und ihren Freizeitraum, eine kahle Lounge neben der Messe, wo man sich Videos anschauen und zerfledderte Paperbacks ausleihen kann.

Dan erzählt mir, die Crew sei von meiner genauen Positionsangabe beeindruckt gewesen, nachdem sie erfahren habe, daß ich keine elektronischen Navigationshilfen an Bord hatte, sondern mit dem Sextanten arbeitete. Offensichtlich hat mein Schiffsort genau gestimmt, den ich ihnen durchgab.

Mein Luxusdomizil unter der Brücke, neben dem Kapitänsquartier, ist normalerweise für Eigner der Lykes Line und ihre Familienangehörigen bestimmt, falls ihnen mal der Sinn nach einer Reise steht. Andere Gästekabinen gibt es nicht.

Ich esse am Kapitänstisch mit Captain Johnson und Dan, dem Ersten Offizier. Nur wir drei. Dan ißt schnell, ohne viel zu reden, und entschuldigt sich meist nach acht bis zehn Minuten. Die Verpflegung ist hervorragend und reichlich, die Speisekarte (für jede Mahlzeit frisch getippt) gnadenlos amerikanisch. Zum Frühstück, Lunch und Abendessen gibt es Steak. Kapitän Johnson ißt jeden Abend eines, von der Form und Größe eines Sattels, blutig. Die Alternativen sind Hackbraten, Hamburger, Hot dogs, Huhn (gebraten oder gegrillt) und Leber. Dazu gibt's Kartoffeln (Brat- oder Röstkartoffeln oder Fritten), Gemüse sowie Salat mit einer Auswahl Fertig-Dressings. Und zum Nachtisch Torte und Eiskrem.

Unsere Bestellungen nimmt Frankie entgegen, eine Frau Anfang Dreißig, die etwa einsfünfundfünfzig groß ist und an die zwei Zentner schwer. Sie hat einen Heidenrespekt vor Captain Johnson und Dan, die ihre Bestellungen vage in ihre Richtung grunzen, als wäre sie eine Wechselsprechanlage in einem Drive-in-Schnellimbiß. Mich bemuttert sie mit rührender Sorge. Anscheinend glaubt sie, ich sei wochenlang hungernd auf einem Rettungsfloß umhergetrieben. Tatsächlich habe ich Gewicht verloren: Meine Jeans, die ich seit Horta nicht getragen habe, schlottern mir am Leib wie die Hosen eines Fremden. Bei jeder Mahlzeit drängt mir Frankie Nachtisch auf, und bisher habe ich ihr nachgegeben. Eiskrem esse ich ja sowieso sehr gern, und wenn es sie glücklich macht … Aber nach zwei Tagen Steak, Hackbraten, Torte und Eisbomben bin ich aufgebläht und leide wie Robin Knox-Johnston nach seinen Völlereien mit *Steak and kidney pie.* Also gibt's heute nur Salat, eine Ofenkartoffel und keinen Nachtisch. Frankie ist unglücklich und will sich nicht trösten lassen.

Captain Johnson und ich haben nun schon ein paarmal beim Essen angeregt gefachsimpelt. An ein Bermudadreieck glaubt er nicht, meint aber, in dem Fünf-Grad-Planquadrat nordwestlich der Bermudas (außerhalb des ominösen Dreiecks) kämen mehr Schiffsunglücke vor als in allen anderen Gewässern, die er kenne. Der Grund ist ganz natürlich und hat mit Aberglauben nichts zu tun: Der nordöstlich fließende Golfstrom weitet sich hier über ein ausgedehntes Seegebiet aus, und über dieses zieht von der US-Ostküste eine ununterbrochene Kette von Tiefdruckgebieten. Die stärksten Winde dieser Systeme wehen aus Nordwest bis Nordost, das heißt gegen den Strom, wodurch abnorm steile Seen entstehen. Hinzu kommt eine starke Verkehrskonzentration sowohl an Handelsschiffen als auch an Yachten. All diese Faktoren bündeln sich zu einem statistisch hohen Unfallrisiko.

Johnson erzählt mir, daß rollende Containerschiffe im Winter in diesem Seegebiet regelmäßig Container »abwerfen«. Durch kluge Schwerwettertaktik, sagt er, lasse sich das vermeiden – indem man von der Route abgehe und die Seen mehr von achterlich nehme, was auch Segelboote (nach Moitessiers Empfehlung) zeitweise tun müssen. Viele Kapitäne machen sich jedoch diese Mühe nicht. Einhaltung des Fahrplans ist ihnen wichtiger als der Verlust von ein paar versicherten Stücken Cargo. Als Fahrtensegler höre ich das mit Schrecken. Genau das ist der Alptraum jedes Seglers – einen treibenden Container zu rammen.

Unumwunden hat Johnson mir auch Komplimente gemacht, daß ich ganz allein mit Sextant, Tabellen und Chronometer auf hoher See navigiere. Keiner seiner Offiziere könnte das mehr, sagt er. Zwar nähmen sie täglich noch auf der Brücke ein Besteck mit dem Sextanten, aber nur, weil das auf diesem Schiff Pflicht sei; und weil sie die elektronischen Wunderkästen an Bord hätten, seien ihre Bestecke nicht allzu vertrauenswürdig. Die Kunst der Navigation nach Sextant und Instinkt und die Kunst der Bootsführung nach dem Diktat der See und des Himmels sei im Aussterben begriffen, meint er, und ich stimme ihm zu. Er ist ein echter Seemann, und ich glaube, er weiß, wie nur wenige, richtig einzuschätzen, welche Bewährungsproben ich bestehen mußte. Ich freue mich über seine Anerkennung.

Die anderen an Bord, Dan inbegriffen, halten es für hirnrissig, in einem kleinen Boot auf See zu gehen. Schon auf der »Almeria Lykes« ist es schlimm genug, das betonen sie immer wieder, aber auf einer Nußschale, kleiner als ein Container, da muß man verrückt sein. Meine Hinweise auf die hohe Seetüchtigkeit kleiner Boote stoßen auf taube Ohren. Man glaubt mir nicht.

Seit ich an Bord gegangen bin, nagt das Gefühl an mir, vorschnell aufgegeben zu haben. Nicht alles Denkbare versucht zu haben. Es kam mir sogar der Gedanke, ich hätte aufgegeben, weil ich *wollte*, daß das Boot sinkt, um meine letzte Verbindung zu J. zu kappen. Ich habe diesen Gedanken gewogen und zu leicht befunden.

Was blieb mir übrig …? Am Ende kam selbst während des Beiliegens zuviel Wasser herein, als daß ich noch schlafen und es hätte lenzen können; von den Mengen, die ins fahrende Boot kamen, ganz zu schweigen. Die Beschichtung war halb ab und löste sich immer weiter; löchrig wie ein Wäschekorb war der Rumpf geworden. Doch ich werde das Gefühl nicht los, daß ein anderer vielleicht doch eine Lösung gefunden hätte. Ich denke an Knox-Johnston und seine Rißreparatur. Oder an Marcel Bardiaux, den französischen Weltumsegler aus den fünfziger Jahren – sein Buch, von ihm vor zwei Jahren signiert, als ich ihm auf den Azoren begegnete, habe ich an Bord der »Toad« gelassen. (Damals fast achtzig, hatte er Zähne und ein Boot aus rostfreiem Stahl und umwarb eine einheimische Zahnärztin.) Jahre zuvor war sein Holzboot »Les Quatre Vents« im Südpazifik an einem Riff leckgeschlagen und – fast – gesunken. Beim Bau hatte Bardiaux jeden freien Hohlraum im Boot mit luftdicht versiegelten leeren Dosen gefüllt, genug, daß das Boot schwimmfähig blieb. In praktisch gesunkenem Zustand, nur noch Rigg und Segel über Wasser, hatte er es vier Tage bis zum nächsten Hafen gesegelt, es dort aufgeslippt und das Loch geflickt. Moitessier empfahl folgende Methode zum Leckdichten: unter

Wasser Sägemehl in Lecknähe ausstreuen; es wird in das Leck gezogen, setzt sich dort fest, quillt und dichtet ab. Nach diesem Verfahren hätte ich einen Lastkahn voll Sägemehl gebraucht, den Abfall einer Sägemühle. Hundert leere Auftriebsbüchsen hatte ich ebenfalls nicht. Vielleicht hätte ich die Bermudas erreicht, aber nur wenn ich viel früher gemerkt hätte, was los war und wie rasch sich die Situation verschlimmern würde, und entsprechend eher Kurs Bermudas genommen hätte. Als der Wind, Gegenwind von den Bermudas, auffrischte und die Beschichtung abriß, war es zu spät. Und ich spüre tiefe Scham. Leise beginne ich zu ahnen, warum früher Kapitäne mit ihrem Schiff untergingen.

Ich frage mich, wie ich J. beibringen soll, wie ich das Boot verloren habe. Und was sie denken wird.

Tag für Tag, seit ich an Bord bin, mache ich Lauftraining. Das Schiff hat einen regelrechten Trimm-dich-Pfad, dessen Verlauf in rutschfester Farbe auf den Boden eines leeren Laderaums gepinselt ist. Dan sagt, ein früherer Erster Offizier, ein Sportler, habe den Pfad während einer langen Reise aufgemalt. Ich stelle fest, daß ich meine Laufschuhe dabei habe, die Nikes, die ich im März beim Londoner Marathon getragen habe, obwohl ich mich nicht erinnere, sie eingepackt zu haben. Also: Jogging, immer im Kreis herum, im dunklen Schiffsbauch.

Gestern fiel mir ein, daß ich vergessen habe, meines Vaters »Hundemarke« – seine Erkennungsmarke mit Name, Seriennummer und Fingerabdruck, die er im Zweiten Weltkrieg getragen hat – einzupacken. Ich hatte sie als Schlüsselanhänger benutzt. Es gab zwei davon; David hat die andere. Ich habe sie im Wandschrank über dem Kartentisch gelassen, mit meinem einzigen Schlüssel, dem Bootsschlüssel der »Toad«, der die Niedergangskappe abschloß.

Meine Suite ist von geradezu absurdem Komfort. Mehrmals täglich dusche ich in meinem Badezimmer. Jemand kommt und macht sauber, wenn ich weg bin. Neben meinem Bett steht ein Telefon. Dan hat mir erklärt, daß es in die Schiffsküche führt und daß ich damit alles, was ich will, aufs Zimmer ordern kann. Bisher habe ich noch nichts bestellt. Ich will nicht, daß jemand hereinkommt, während ich hier bin. Hier drinnen will ich allein sein.

Das Gefühl zu träumen ist unvermindert stark. Ich sehe das Schiff durch eine Membran, die meine Gefühle abblockt. Alles ist wie ein Dokumentarfilm im Fernsehen: interessant, aber weit weg. In manchen Augenblicken, wenn ich mit Captain Johnson, der ein freundlicher, warmherziger Mensch ist, über die See gesprochen habe, sind einige bebende Emotionen nahe an die Oberfläche gestiegen und haben mich gezwungen, mich über den Teller zu beugen oder Frankie nachzugeben und Eiskrem zu bestellen.

Nur nachts, wenn ich erwache – und ich erwache häufig –, scheint es mir, als erwachte ich aus diesem Traum. Dann blicke ich mich in meiner Suite um und weiß, daß ich hier fehl am Platz bin, und mein Innerstes zieht sich zusammen bei dem Gedanken, was passiert ist. Nachts im Cockpit habe ich immer gestaunt, wie zielsicher die »Toad« ohne meine Hilfe durch die Wellen pflügte, aber in Wirklichkeit hat sie mich doch gebraucht, und ich habe sie im Stich gelassen. Schon vor Tagen. Weit draußen. Im Stich gelassen, um meine miese Haut zu retten. *Die »Toad« ist tot.*

31. Juli

Ich bin zurückgekehrt in vertraute Gewässer: zu den Bahamas. Heute morgen sind wir durch die gut zwanzig Meilen breite Tiefseerinne zwischen der Südspitze von Great Abaco Island und dem Kranz kleiner Inseln – Royal Island, Russel Island, Spanish Wells – im Norden von Eleuthera gefahren. Dann schwenkten wir nach rechts in den Northwest Providence Channel, der die Berry Islands, wo J. und ich Hurrikan David abwetterten, von den Abacos trennt. Jetzt dampfen wir Richtung Florida.

Durch diese Straße, den Northwest-Providence-Kanal, sind J. und ich auf unseren Überführungstörns von Florida zu den Jungferninseln immer gesegelt. Auf Spanish Wells machten wir stets einen Tank- und manchmal Übernachtungsstopp. Hier wohnen an die tausend weiße Bahamaer namens Pinder, Abkömmlinge einer englischen Loyalistenfamilie dieses Namens, die während der amerikanischen Revolution aus den Kolonien floh. Als wir in Spanish Wells erstmals einklarierten, fragte ich Mr. Pinder, den *Immigration Officer*, ob seine Kneipe, »Pinder's Bar«, neben dem Hafen, kaltes Bier vorrätig habe.

»Weiß nich«, sagte Mr. Pinder. »Nie da gewesen. Trinke nicht.«

»Ist das nicht Ihre Bar?«

»Nee. Kenne den Mann nicht. Nicht mit ihm verwandt.«

So ging's einem überall auf Spanish Wells. Tausend blonde, spitzgesichtige Pinders, die für die Namensgleichheit und äußerliche Ähnlichkeit alle möglichen Zufälle, bloß nicht den Stammbaum verantwortlich machten.

Ein weiteres Überführungsboot lag neben uns vertäut, und wir dinierten mit seiner Crew in »Pinder's Restaurant«, ein paar Häuser neben »Pinder's Bar«. Einer der Jungs, der schon reichlich Bier und Langusten intus hatte, fragte uns, was wir nach dem Essen zu tun gedächten. Wir wollten ins Bett; und was hatte er vor?

»Ich geh' mal 'ne Pinder schwingen.«

Ich weiß nicht genau, was er damit meinte, aber offensichtlich freute er sich darauf.

Einmal kamen wir am Sonntag durch und sahen alle Pinders auf dem Kirchweg. Sie hatten auch die Familienmitglieder mitgebracht, die über die Woche zu Hause blieben, die Pinders, die so wirkten, als sei die genetische Suppe schon etwas dünn ausgefallen. Es erinnerte mich an den Science-fiction-Roman ›The Chrysalids‹ von John Wyndham, der in einer bibelgläubigen postnuklearen Welt voller Erbmutationen spielt, wo alle zweiköpfigen und dreibeinigen Farmtiere, die von der vorgeschriebenen Norm abweichen, rituell geschlachtet werden und die menschlichen Mutanten an einen Ort namens Badlands verbannt werden, von wo sie periodisch Raubzüge gegen die selbstgerechten »Normalen« unternehmen.

Von der Brücke aus schaue ich zu, wie wir Great Isaac Light, den Leuchtturm der kleinen Insel an der Nordspitze der Großen Bahamabank, passieren und südlich einschwenken in die Floridastraße. Um 1700 stehen wir südlich von Miami, küstennah, nur eine Meile von

Fowey Rocks Light an der Einfahrt zur Biscayne Bay, aus der J. und ich vor zwei Jahren mit der »Toad« ausliefen, um über den Atlantik zu segeln. Am Strand von Key Biscayne kann ich Menschen erkennen.

Ich wünschte, Captain Johnson könnte mich hier von Bord lassen. In Coconut Grove, nur fünf Meilen westlich, wohnt mein Freund Bennett. Thom und Beth leben in Fort Lauderdale, auch nicht viel weiter. Aber die »Almeria Lykes« hat einen Fahrplan, bei dem mit Minuten gegeizt wird. Nach dem unvorhergesehenen Stopp, um mich aufzufischen, mußte Captain Johnson per Funk darum ersuchen, die gebuchte Ankunft am Containerkai in Galveston um drei Stunden zu verschieben.

Hier sind wir von Segelbooten umgeben. Man hat einen Blick fast wie aus einem Zeppelin, vibrierend dahinschwebend mit achtzehn Knoten, fünfzig Meter über dem Wasser. Ich blicke von der Brücke auf die winzigen Dreiecke der Segel und vergleiche meinen optischen Eindruck mit dem Bild, das sie auf dem Radar abgeben. Radar ist eindeutig besser. Mit bloßem Auge sind manche dieser Boote im Nachmittagslicht kaum zu sehen. Wie leicht wäre es, sie unbemerkt unterzupflügen. Lästig sind sie, wie Insekten.

Doch unser Schiff hat eine aufmerksame Mannschaft. Es besteht ständiger Funkkontakt zwischen der Brücke und dem am Bug stationierten Ausguck.

Im Zwielicht laufen wir an den Florida Keys entlang, die sich an Steuerbord als schöne Silhouette präsentieren, mit der untergehenden Sonne im Rücken. Ich frage mich, warum J. und ich nie von Miami hierher gesegelt sind. Anscheinend fehlte uns immer die Zeit.

1. August

Den ganzen Tag pflügen wir durch den Golf von Mexiko. Der Himmel ist weiß verhangen, es ist heiß, das Meer ist platt, ein paar Kräuselwellen, aber keine Dünung, eine merkwürdige Ruhe nach der langen Zeit auf dem offenen wogenden Ozean. Ich spüre, wie uns der Kontinent, unsichtbar noch unter der Kimm, in seinen Fängen hat und näher rückt. Meine kurze Kreuzfahrt als Tourist geht dem Ende entgegen. Das Traumgefühl verflüchtigt sich allmählich, und ich erwache aus der barmherzigen Betäubung, die in den letzten fünf Tagen meine Gedanken getrübt hat. Ich fange an, über das nachzudenken, was werden soll, und mir schwant nichts Gutes.

Am späten Nachmittag dann ein blankgefegter blauer Himmel. Wir sichten die Bolívar-Halbinsel und Galveston Island an der texanischen Küste. Langgestreckte Nehrungen mit Häusern darauf. Eine Zeitlang dampfen wir daran entlang und laufen durch eine schmale Passage in die Bucht von Galveston ein.

Ein Lotse kommt an Bord. Auf der Brücke tritt Captain Johnson zurück und überläßt es diesem Mann – klein, scharfgeschnittener Schnurrbart, Haar und Bart schwarz gefärbt –, dem Rudergänger Befehle zu geben. Er steuert unsere schwimmende Mall durch ein enges Fahrwasser. An Steuerbord ziehen Strandhäuser vorbei, ganz nah. Mit einem Gefühl wie ein zur Erde herabkommender Außerirdischer beobachte ich das vorbeigleitende Tableau: normale Erdlinge, wie sie grillen und in ihren Vorgärten herumhüpfen.

Fast dunkel ist es, als wir den Containerkai erreichen, aber der ganze Hafen liegt unter blendendem Flutlicht, Kräne auf Gleisen, eine Flotte wartender Lastzüge. Hier übernimmt Captain Johnson wieder das Kommando und gibt von der Brückennock Befehle über sein Sprechfunkgerät. Mit der Präzision und dem Zeitlupentempo einer andockenden Raumstation legt das Schiff an.

Sofort beginnt das Entladen. Kräne liften Container vom Deck und bugsieren sie auf die Lastzüge. Das Rumoren von hundert rangierenden Dieseln grollt am Schiff hoch.

Ein *Immigration Officer* kommt an Bord. Mit meiner unorthodoxen Einreise in die USA hat er keine Schwierigkeiten. Rasch stempelt er die Pässe und verschwindet wieder. Auch zwei Offiziere der Küstenwache erscheinen, notieren sich den Namen meiner gesunkenen Yacht und gehen. Keine bohrenden Fragen. Ich könnte jemanden ermordet und auf der »Toad« zurückgelassen haben, ohne daß sich jemand darum scherte.

Ich danke Captain Johnson für seine Gastfreundschaft. Freundlich wünscht er mir Glück – so wie es Wayne tun würde, mit einem Nicken und zerknittertem Lächeln; fast höre ich seinen breiten Akzent: »Wäääll, paß auf dich auf, Pilger«, aber das habe ich mir vielleicht nur eingebildet. Ein fester Händedruck, und nun steigen in letzter Minute doch noch die Emotionen hoch, und ich bringe kaum ein Wort heraus. Er ist mir in den letzten Tagen auf eine merkwürdige Art zum Vater geworden; ein älterer Mann, der meine kleine Leistung verstanden und gesagt hat: »Gut gemacht.« Aber er ist schon weg, mit Reederei- agenten und Papierkram beschäftigt.

Ich kann Dan nicht finden. Frankie gibt mir den Namen eines Ho- tels und hilft mir meine Taschen über die Gangway an Land tragen – da stehe ich auf hartem, unnachgiebigem Beton und spüre erstmals seit einem Monat wieder Erdenschwere. Eine Reihe Taxis wartet, um die Besatzung an die Fleischtöpfe von Galveston zu bringen. Ich dan- ke Frankie, klettere in ein *Cab* und werde fortgefahren.Ich blicke dem Schiff durch die Rückscheibe nach, bis es verschwunden ist.

Durch die Straßen. Rote und grüne Verkehrsampeln. Supermärkte. Spirituosenhandlungen. Vagabunden an den Straßenecken. Das Taxi riecht nach kaltem Rauch und Schweiß, und es kommt mir vor, als ra- se es mit halsbrecherischer Geschwindigkeit.

Am Abendhimmel blinzeln ein paar Sterne, aber, desorientiert, er- kenne ich sie nicht mehr.

GALVESTON.
UND WEITER INS
UNENDLICHE

2. August

Abendnachrichten im Fernsehen. Ich will duschen und mich anziehen, kann aber nicht. Schwer, sich loszureißen, während der Fernseher läuft. Etliche Minuten stehe ich mitten im Zimmer und starre auf den Apparat. Schließlich bringe ich es fertig, ihn abzustellen, und rufe meine Cousine Poppy in Connecticut an.

»Du hast *was* gemacht?« staunt sie. »Du bist *wo*?«

Ich kann bei ihr wohnen, so lange ich will, ewig, sagt sie. Und ihr Bruder Matt, mit dem ich befreundet bin, lebt in Manhattan. Also auf nach Norden, Richtung New York. Vielleicht fahre ich später weiter nach Maine, aber ich sah mich dort mit einem Boot ankommen. Ohne Boot bedeutet Maine ein Zimmer an Land, ist es wie jeder andere x-beliebige Fleck Erde. Ich habe noch keine Ahnung, was nach meinem Aufenthalt bei Poppy werden soll. Arbeit finden, irgendwo. Mal sehen, wie die Dinge laufen, wenn ich wieder auf dem Boden der Realität gelandet bin, was meinem Gefühl nach noch nicht ganz der Fall ist.

»Also, sag doch mal, wie war die Reise?« fragt Poppy.

»Ich … Ich erzähl's dir später.«

Das Hotel akzeptiert meine englische Kreditkarte. Ich nehme ein Taxi zum Busbahnhof. Dort gibt man mir auf Kredit sogar ein Busticket nach New York. Das sind schon mehr als 100 Dollar. Ich bin bereits verschuldet, die passende Art, ein neues Leben in Amerika anzufangen.

Ich denke: »Wie kann ich Poppy und Matt je meine Reise näherbringen? Gibt es Worte dafür?«

In Houston wechsle ich den Bus. Ich stelle fest, daß ich mein gesamtes Gepäck auf einmal durch den Busbahnhof tragen kann. Ich will nicht die Hälfte stehenlassen und später holen müssen. Ich habe Angst, daß mir die Sachen geklaut werden.

Was ich bräuchte, wäre ein Einkaufswagen. Da paßte alles prima rein, und ich paßte endlich perfekt ins Obdachlosen-Klischee. Ich bin jetzt tiefer gesunken als Wilfred in Mylor, der für mich stets der Ausbund an Verkommenheit war. Mehr kann ich nicht mehr verlieren, es sei denn, ich verlöre Körperteile. Der Witz fällt mir ein mit dem Kranken im Hospitalbett, der nur noch aus Kopf und Rumpf besteht und sich schwarz ärgert, weil er einen Zahn verlieren soll.

Ich habe genug gelesen, um zu wissen, daß ich meine neue Situation als Chance auffassen sollte: Aller materiellen Bürden bar wie ein brahmanischer Bettelmönch, bin ich jetzt frei. Ich könnte Berge erklimmen oder in einem New-Age-Disneyland wie Sedona, Arizona, auf Selbsterfahrungstrip gehen, eine Reise, länger und schwieriger als eine Fahrt nach Birma. Diese Leichtigkeit des Seins der Besitzlosen scheint der Masse der Menschen, die in stiller Verzweiflung leben, oft erstrebenswert, aber in mir, mit meinen armseligen Bündeln in einem *Trailway*-Busbahnhof wartend, weckt es den Wunsch nach einem Auto, Geld für Benzin und irgendwo am Stadtrand einen saftigen Hamburger. Ich bin noch nicht bereit für die totale Vergeistigung.

Von Houston aus bringt mich der Bus über die Interstate 10 nach Osten. Wie sehr ein Teil Amerikas dem anderen gleicht. Ich bin noch nie hier gewesen und erkenne doch alles wieder.

Immer wieder zieht es mich nach Amerika zurück, und ich frage mich, warum. Vielleicht weil ich in zartem Alter hier wegmußte. Später habe ich mich darüber geärgert, in meiner Dickensschen Internatsschule, wo ich mit einem Rohrstock geschlagen wurde, wo es keine Mädchen gab und wo ich die Beach Boys hörte und merkte, was ich in den guten alten USA verpaßte. Ich kehrte zurück, ging aufs College und fand das Verpaßte nicht. Später versuchte ich's immer wieder, floh aber stets zurück nach England, niedergeschlagen, Amerika hassend, weil es nicht das war, was ich mir vorstellte.

Jetzt gleitet es so vertraut an meinem Busfenster vorbei, und da bin ich wieder, nur mit meinem Sextanten, meinem *Scrimshaw* und meinen Hiscocks. Und meinem Blazer, den ich heute morgen in die Dusche zu hängen vergessen habe. Meinen Start ins amerikanische Leben hatte ich mir anders vorgestellt. Das einsiedlerische Bootsdasein war mein Schutz. Aber es hat mich vielleicht auch isoliert – mich zu dem gemacht, was ich nie werden wollte: einem Satelliten, so bindungslos wie Klaus in Horta. Vielleicht ist es gut, daß ich jetzt nicht jederzeit ankerauf gehen kann, sobald mich der Wunsch dazu überkommt.

Ich schaue aus dem Fenster, und ich bin voll Hoffnung. Ich hoffe, Arbeit zu finden, die mir gefällt. Ich hoffe, eine Frau zu finden, die mir gefällt und der ich gefalle. Ich hoffe, etwas Gutes zu schreiben. Ich hoffe, irgendwie wieder ein Boot zu kriegen.

Ein paar Zeilen aus T. S. Eliots ›Little Gidding‹ fallen mir ein, aus einem Buch, das mit der »Toad« gesunken ist:

> *… Werden wir nicht nachlassen in unserem Kundschaften*
> *Und das Ende unseres Kundschaftens*
> *Wird es sein, am Ausgangspunkt anzukommen*
> *Und den Ort zum ersten Mal zu erkennen.*

Spätnachmittags, irgendwo in Louisiana, kriege ich die Rückenschmerzen meines Lebens. Weder auf der stets unruhigen »Toad« noch auf der sanfter sich fortbewegenden »Almeria Lykes« bin ich je so gefoltert worden wie auf diesem Bussitz, höchstens bei meinem letzten Besuch beim Zahnarzt. Hinzu kommen immer stärkere Kopfschmerzen. Der allgegenwärtige Lärm macht mich fertig: das Dröhnen des Busses, das kehlige rauhe Brüllen der Leute an den Haltestellen. Vielleicht ist's auch das Englisch, das sie sprechen; im Augenblick klingt es so fremd wie der Dialekt der Docker 1959, als die »Caronia« in England anlegte. Eben noch keimte Hoffnung in mir auf, nun beginnt Amerika wie ein Alptraum auf mich zu wirken. Ich merke, wie ich mich abkapsele, in meinen alten Solipsismus zurücksinke.

Zum Abendessen genehmige ich mir ein Stück Apfeltorte, offenbar in New Jersey hergestellt, das ich zellophanverpackt in Mississippi aus einem Snack-Automaten ziehe.

Aus dem durchs Dunkle brummenden Bus blicke ich auf die flache Landschaft und denke ans Meer. Und dann an die »Toad«. Wie eine Sturzwelle überspült mich die Erinnerung. Ich denke wieder an alles, was J. und ich in das Boot investiert haben, wie wir es renovierten, umtauften und ihm zu seiner letzten Inkarnation verhalfen, wohin es uns getragen hat, und schließlich, wohin es mich getragen hat.

Zum ersten Mal beginne ich zu begreifen, was die »Toad« für mich bedeutet hat. Schlagartig wird es mir klar. Sie hat mir gezeigt, daß ich mit Gummi aus einem alten Autoschlauch die Membran einer Lenzpumpe flicken kann. Daß ich als Tischler arbeiten könnte, wenn ich wollte, oder als Navigator; daß ich wochenlang auskommen kann mit lediglich dreißig Minuten Schlaf am Stück. Daß ich, damals im Bristolkanal ein bibbernder Angsthase, heute allein auf See gehen und mich wacker schlagen kann. An den meisten Tagen des vierzigtägigen Törns sind die »Toad« und ich so elegant und glücklich übers Meer geflogen wie ein Zweiergespann im Märchen: ein Knabe auf seinem Zauberdelphin. Trotz meiner Scham und Trauer bin ich stolz auf unsere Fahrt. Das Ende war eben nur das Ende, nicht die ganze Reise.

Was ich jetzt tun will: meinen Weg zurück zur See finden.

★ ★ ★

★

Danksagung

Als ich mit diesem Buch begann, steckte ich in einer ernsten Krise. Ich, ein ehemaliger Drehbuchautor, hatte jegliche Hoffnung fahren lassen, je wieder etwas schreiben zu können, was mir in irgendeiner Weise bedeutsam erschien. Dinge bedrückten mich. Die Unterstützung und Ermutigung, die ich bei der Arbeit an diesem Buch empfing, waren für mich von unschätzbarem Wert. Mein Bruder David war der erste, der Teile des Manuskripts las. Bei meiner Heimkehr fand ich auf meinem Anrufbeantworter eine Nachricht von ihm aus Indien – oder Patagonien –, wo er einen Film produzierte: »Glückwunsch! Hervorragend! Das Beste, was ich je gelesen habe! *Scheiß* auf den Film!« – und dann, mit vor Bewegung heiserer Stimme: »Das, genau das solltest du schreiben! Weiter so, Alter!«

Danach las Suzanne Gluck vom ICM, langjährige Förderin meiner schriftstellerischen Arbeit, mein Manuskript und gab guten Rat. Außerordentlich dankbar bin ich ihr, daß sie mich mit Sloan Harris beim ICM bekannt machte, einem Mann, der ein altes Holzhaus und gleichzeitig ein altes Holzboot restauriert und mithin ein großes Herz hat und einen Glauben, der Berge versetzt. Er wurde mein Agent, und sein starker Enthusiasmus hat mir mehr bedeutet, als er ahnt. Seine Kommentare haben das Buch von Anfang an begleitet und mitgeformt.

Bennett Scheuer, Segler, Bootsbauer, und sehr belesen, sah erste Skizzen und spätere Fassungen durch. Von ihm erhielt ich in der Anfangsphase die größte Resonanz auf das Buch, und er half mir in vielerlei Hinsicht. Christine Herrmann, eine vorzügliche Autorin, gab allgemeine Schreibhilfe und Rat. Peter Birch lobte und Barry Longley verriß einen ersten Entwurf (was diesem sehr zugute kam), und ich habe Barry immer noch sehr gerne – er hatte recht. Mary Louise Rootenberg war mir eine gute Freundin, während ich das Buch schrieb; desgleichen Judith Tegland, Terri Jaffe, Elly Wood, Pamela Margaux, Judy deMacelli und Rita Shakin. Dr. Neil Young steuerte Hilfe und wertvolle Erkenntnisse bei und brachte mich immer wieder zum Lachen. Annie Nichols und Jeanne Davis lasen den ersten Entwurf und leisteten konstruktive Kritik. Jeremy Scott und Peter Mayle lasen spätere Fassungen und halfen mir – jeder auf seine Art – in dankenswerter Weise. Jeremy inspiriert mich, heute wie damals, auf eine einzigartige, ganz persönliche Art zum Schreiben. Susie Watson-Taylor war eine treue und großherzige Freundin und machte mir immer wieder Mut. Desgleichen Howard Frumes.

Martin Smith half mir bei der Arbeit an meinem Boot und sprach mir Mut zu, als es mit der »Toad« auf große Fahrt ging. Dank an Kapitän Frank Johnson und seine Crew von der »Almeria Lykes« für ihre Seemannschaft und Hilfe. Mein Cousin Matthew deGarmo und meine Cousine Poppy deGarmo boten mir nach dem Ende meiner Reise – und auch später oft – ein Zuhause, und sie sowie Nancy Gruber und Chris Fox haben mir immer wieder unter die Arme gegriffen.

John Standing – ebenfalls einer meiner langjährigen Förderer und Helfer – und Annie Cleland schrieben mir am Ende des »Toad«-Törns schöne Briefe, die ansehnliche Schecks enthielten, und ihre Gedanken und ihre klingenden Dollars halfen mir über eine schwierige Zeit.

Meine Lektorin bei Viking, Carolyn Carlson, hat von Anfang an mit bemerkenswertem Enthusiasmus hinter meinem Projekt gestanden und freundschaftlich und mit unermüdlicher Zähigkeit dem Buch zu einer Qualität verholfen, von der ich mir selbst zu Zeiten, da mir das Schreiben leichtfiel, nie hätte träumen lassen. Sie sah den Wald, den ich vor lauter Bäumen nicht sah, und half mir, einen Pfad durch den Dschungel zu schlagen. Ich schulde ihr großen Dank.

Jane Baldwin las die Endfassung und gab Anregungen zum Umarbeiten der letzten Seite.

Meine Mutter schaffte es, mich nach Spanien zu locken, wo sie lebt, und sorgte dafür, daß ich dort, wohlgenährt dank der Köstlichkeiten aus ihrem Garten, ungestört schreiben konnte. Es war eine herrliche Zeit für uns beide.

Glossar

abfallen Kursänderung vom Wind weg

ablandiger Wind Wind weht vom Land hinaus auf die See

abschäkeln etwas mit einem Schäkel Befestigtes losmachen

achteraus alles, was hinter einem Boot liegt

Achterleine hintere Festmacherleine, die vom Heck eines Bootes schräg nach achtern an Land oder zu einem Pfahl führt

achterlich Richtungsbezeichnung für den hinteren Sektor; man segelt zum Beispiel mit achterlichem Wind

achtern hinten

Achterschiff hinterer Teil eines Schiffes

Achterstag vom Masttopp zum Heck verlaufendes Tau(werk), das den Mast nach hinten hin abstützt

Achtersteven hintere Begrenzung eines Schiffs

am Wind laufen siehe Amwindkurs

Amwindkurs Kurs, bei dem man so nahe wie möglich am Wind segelt, das heißt, die Segel dichtholt, und der Wind fast von vorne kommt; der Effekt ist eine starke Krängung des Bootes und eine gewisse Abdrift

anholen (Segel) näher heranholen

Anker ausbringen Anker werfen

ankerauf gehen den Anker lichten

Ankerwinde mit Muskelkraft, Handhebel oder elektrischer Energie betriebene Vorrichtung zum Ankerlichten, Hieven des Ankers, Einholen von Ankerkette und Ankertrosse

Anluven Kursänderung zum Wind hin

anschäkeln etwas mit einem Schäkel befestigen

Antifouling Anstrich, der dem Bewuchs des Unterwasserschiffs durch Muscheln oder Algen vorbeugen soll

Astronomische Navigation Errechnung des Schiffsortes auf hoher See, indem man mit Hilfe von Sextanten, nautischen Tafeln, Chronometer und anderem die Stellung der Gestirne bestimmt

auf Slip liegen auf einer Bootsrampe liegen

aufentern in die Takelage eines Segelschiffs hinaufklettern

auffieren siehe fieren

auflandiger Wind Wind weht von der See auf das Land

aufslippen (ein Boot) auf eine Rampe ziehen

auftakeln die gesamte Takelage (Rigg) an Bord bringen und aufrichten, das heißt, Mast setzen und stehendes Gut anbringen; nicht das gleiche wie Segelsetzen!

Augbolzen Bolzen mit Schraubengewinde und einem Auge an seinem freien Ende

ausbaumen die auf Vorwindkurs durch das Großsegel abgedeckte Fock auf die gegenüberliegende freie Luvseite holen und hier entweder mit dem Spinnakerbaum oder dem Bootshaken weit heraushalten

ausbringen etwas außenbords halten oder dort anbringen

ausrauschen lassen (Schoten) schnell und unkontrolliert loslassen

Ausschießen (des Windes) Umspringen des Windes im Uhrzeigersinn (auf der Nordhalbkugel), also plötzliche Rechtsdrehung

außenbords alles, was sich außen an der

Bordwand oder außerhalb des Schiffes im Wasser befindet

Back Aufbau auf dem Vorschiff, der von der einen Bordwand zur anderen reicht

back soviel wie entgegengesetzt oder zurück, rückwärts

Backbord in Fahrtrichtung gesehen die linke Seite eines Bootes; links

backgeschotet außen an der Reling festgemacht, mit dem Effekt, daß der Wind besser genutzt wird

backhalten seitliches Heraushalten eines (Vor-)Segels, so daß der Wind auf die Rückseite treffen und eine Drehbewegung des Bootes einleiten oder beschleunigen kann; gegen den Wind halten

backholen (Segel) Segel so setzen, daß der Wind von der Rückseite einfällt

backsetzen ein Segel mit Hilfe seiner Schoten oder anderer Hilfsmittel so stellen, daß der Wind gegen die eigentliche Leeseite des Segels wenden kann

Bareboat Boot ohne Mannschaft, zum Beispiel im Chartergeschäft

Barkasse robustes, größeres Verkehrsboot mit Motorantrieb für den Hafenverkehr

Baum Rundholz (Spiere), Kunststoff- oder Aluminiumstange, an denen ein Segel mit der Unterkante befestigt wird, zum Beispiel Großbaum

Baumstütze Stütze, auf der der Baum aufliegt, wenn das Segel geborgen wird

Beaufortskala siehe Windgeschwindigkeit

Beidrehen Segelmanöver vor dem Beiliegen: eine Yacht hoch am Wind, durch entsprechende Segelstellung, etwa das Backholen der Fock und das Fieren des Großsegels, nahezu zum Stehen bringen

Beiliegen eine Yacht ohne Segel seitlich (quer zu den Wellen) abdriften lassen, um einen Sturm abzuwettern oder einfach längere Zeit annähernd an einer Stelle liegenbleiben, um etwas zu bergen oder zu reparieren

bekalmt sein keinen Wind haben

Besan Segel am hintersten oder Besanmast

Besanmast Achtermast bestimmter Riggs

Beschläge Bau- und Zubehörteile, wie Bolzen, Klampen, Schienen et cetera

Besteck der nach geographischer Länge und Breite festgehaltene Schiffsort

Bestecknehmen Ortsbestimmung mit Instrumenten

Bilge tiefster Raum im Schiff, in dem sich Wasser, Öl und Schmutz sammeln

Bilgepumpe eine Lenzpumpe, deren Saugbrunnen am tiefsten Punkt der Bilge liegt

Blauwassersegeln schwer zu definierender Begriff, der unter anderem impliziert, daß rundum nichts als Wasser ist (wie beim Hochseesegeln), der Erfahrungshorizont des »Normalseglers« gesprengt wird, der Segler große Erfahrung und Abenteuergeist mitbringt und tatsächlich für längere Zeit auf seinem Boot lebt

Bodenwrange Querverband über dem Boden und in der Bilge, der für Festigkeit des Bootsrumpfes sorgt, als Auflage für Bodenbretter und zur Befestigung der Haltebolzen eines Ballastkiels dient

Breitenbesteck nehmen geographische Breite des Schiffsorts bestimmen

Brigantine zweimastiger Großsegler mit Rahsegeln am Fockmast und Schratsegeln am Großmast

Brigg zweimastiger Großsegler mit Gaffelgroßsegel und Rahsegeln an beiden Masten

Brückennock Ende einer Kommandobrücke auf Großschiffen

Bugspriet kurze, kräftige und fest am
Bug eingebaute Spiere in Längsschiff-
richtung, die als Unterbau für den
Klüverbaum dient. Auch zur Halte-
rung eines Pflugscharankers oder zur
Erleichterung des Anbordgehens

Cable altes englisches Längenmaß; ein
Cable entspricht 185 Metern

Charter Frachtvertrag; Mietvertrag für
ein fahrklares Boot mit seiner gesamten Ausrüstung für eine begrenzte
Zeit

Chronometer sehr genau gehende Uhr,
die in einem besonderen Gehäuse kardanisch aufgehängt untergebracht
ist und konstant Weltzeit (Mittlere
Greenwicher Zeit) anzeigt

Coaster Küstenfahrer

Cockpit vertiefter Sitzraum für Crew
eines Bootes

Crew Besatzung, Mannschaft

Crewmann Besatzungsmitglied

Cruiser Kreuzer

Davit drehbarer Schiffskran

Daysailer Tagessegelboot, Mischung
aus Jolle und Kreuzer

Deckshaus bei größeren Yachten ein auf
Deck stehender Aufbau, bei kleineren Seekreuzern auch die höher über
das Deck ragenden Räume, die nicht
von Bord zu Bord reichen

Deklination durch schiffseigene Magnet-
felder verursachte Abweichung der
Kompaßnadel, daher für jedes Schiff
eigene Deviationstabelle

Deplacement siehe Verdrängung

dichtholen eine Leine, ein Tau oder
eine Schot nahe heranholen

Dingi kleines Beiboot, das mit Rudern,
Segeln oder Motor ausgerüstet ist

Dollbord der verstärkte obere Rand
eines offenen Bootes, in dem die Rie-
mengabeln (Dollen) befestigt werden

Doppelender um die Querachse annähernd symmetrisch gebautes Schiff,
das aber nicht in beide Richtungen
fahren kann wie zum Beispiel ein
Kanu oder ein anderes Doppelbug-
boot

Drehreff ältere Bezeichnung für Roll-
reff

Dreikant-Toppsegel Gaffeltoppsegel bei
der Gaffeltakelage, dessen vordere
untere Ecke mit einer langen Leine
verbunden ist, die am Mast entlang
zum Deck führt und dort befestigt ist

Drift 1. vom Wind bewirkte Strömung
an der Meeresoberfläche 2. durch
Strom oder Wind bewirktes Treiben
eines Schwimmkörpers in einer be-
stimmten Richtung

Dschunkentakelung Takelung mit vier-
eckigen, senkrecht und parallel zum
Längsschiff angebrachten Segeln
(sog. Luggersegeln) an jedem Mast
wie bei einer chinesischen Dschunke

Dünung Seegang, der nicht mehr unter
dem Einfluß des erzeugenden Wind-
feldes steht. Die Dünung hat Wellen-
perioden bis zu etwa 25 Sekunden
Dauer und Wellenlängen bis zu etwa
1 000 Metern. Sie transportiert Wel-
lenenergie über große Distanzen und
kann zu hoher Brandung an Küsten
führen, die Tausende von Kilometern
vom Entstehungsort der Wellen entfernt ist

durchkentern einmal um die Längsachse drehen

dwars rechtwinklig zur Längsschifflinie
beziehungsweise Fahrtrichtung, quer,
querab, von der Seite

einhand von einem Mann, einzeln zu
bewerkstelligen; allein

Einhandsegler ein Segler, der einen Seekreuzer alleine bedient und dabei für alle seemännischen und nautischen Arbeiten und die Verpflegung sorgen muß

Einklarieren Erledigen der Formalitäten beim Einlaufen in einen ausländischen Hafen, insbesondere die Paß- und Zollkontrolle

Ende Leine, Tau

entern in der oder in die Takelage eines Segelschiffes klettern

Epoxid(harz) ein in flüssiger und lösungsmittelfreier Form lieferbares Kunstharz, das durch Zugabe eines Härters aushärtet

ETA (Estimated Time of Arrival) voraussichtliche Ankunftszeit

Etmal Dauer eines Tages (von Mittag zu Mittag) sowie die in dieser Zeit zurückgelegte Distanz in Seemeilen

Faden veraltetes Längenmaß, das im englischen Maßsystem noch für die Bestimmung der Wassertiefe benutzt wird (185 cm, das ist ein Hundertstel einer Seemeile)

Fahrwasser an engen Stellen oder zwischen Untiefen, Sandbänken et cetera die durch Seezeichen markierte Fahrrinne mit tiefem Wasser

Fall 1. Tau zum Hochziehen eines Segels 2. Neigung eines Mastes nach vorne oder nach hinten

fieren einer Leine, einem Tau nachgeben, ohne sie ausrauschen zu lassen; (Segel) herablassen

flappen (Segel) killen, das heißt, hin und herschlagen lassen, ohne daß Wind hineinkommt

Flaute Windstärke unter einem Knoten; Stärke 0 auf der Beaufortskala

Fock dreieckiges Vorsegel; auf Booten mit mehreren Vorsegeln ist die Fock das hinterste aller Vorsegel

Fockmast auf allen zwei- und mehrmastigen Yachten und Segelschiffen der vordere Mast

Fockstag unter anderem bei einer Kuttertakelung andere Bezeichnung für Vorstag

Gaffel Rundholz am oberen Teil eines Schiffsmastes, trägt das Gaffelgroßsegel oder ein Dreikant-Toppsegel

Gaffelsegel viereckiges Segel

gegißter Ort mutmaßlicher Schiffsort, den man mittels Messungen unter Berücksichtigung von Geschwindigkeit, Abdrift und Strom schätzt

Genua sehr großes, den Mast weit überlappendes Vorsegel

GFK Abkürzung für »Glasfaserverstärkten Kunststoff« bei der Rumpfkonstruktion. Es können unterschiedliche Kunststoffe zur Anwendung kommen, die Verstärkung muß nicht automatisch aus Glasfasern bestehen

Gieren ständiges Ausscheren eines Bootes aus dem Kurs, unter anderem bedingt durch Seegang

Glasfaser siehe GFK

Groß Großsegel

Gut das gesamte Drahttauwerk der Takelage eines Segelbootes, unterteilt in stehendes Gut (feste Verstagung des Mastes mit Vorstag, Wanten und Achterstag) und laufendes Gut (Fallen zum Setzen der Segel und Schoten zur Segelführung)

Halse Wechseln der Windseite, wobei man mit dem Heck durch den Wind dreht

halsen siehe Halse

Handicap Zeitausgleichsystem zwischen ungleichen Booten bei Rennen, durch das Gewichts- oder Distanzvorgaben angepaßt werden, so daß jeder mit den gleichen Chancen in die Wettfahrt geht

hart am Wind so nahe wie möglich am Wind (segeln), siehe Amwindkurs

hartgewonnener Seeraum hart erkämpfter Abstand zum Land, wenn der Wind das Boot dorthin treibt

hart-raum bezeichnet den luvwärtigen Bereich eines raumen Kurses, siehe auch raum-vorlich

Havarie Beschädigung einer Yacht durch Grundberührung, Kollision, Sturm

hoch am Wind siehe hart am Wind

Huk Landspitze, Landzunge, die den geradlinigen Verlauf einer Küste unterbricht

Kabbelsee kurze, rauhe Wellen

Kabbelwasser unruhiges Wasser, in dem keine einheitliche Strömung oder Dünung zu erkennen ist

Kalfatern Abdichten des Bootes mit teerhaltiger Dichtungsmasse (früher) oder elastischem Kitt (heute)

Kalme völlige Windstille

Kalmengürtel Zone um den Äquator herum, die sich durch Windstille oder schwache, veränderliche Winde auszeichnet

kardanische Aufhängung bewegliche Aufhängung, hält Borde, Herd und Kompaß bei Seegang in waagerechter Lage

Katzenpfoten leichte Kräuselwellen

Ketsch zweimastiges Boot, bei dem der größere Mast vorne, der kleinere Besanmast hinten vor dem Ruder steht – moderne Zweimaster sind meist Ketschen

Kettenklüse siehe Klüse

Kimm auf See die Linie zwischen Himmel und Wasser

Kimmkieler Seekreuzer mit zwei Kielen, die rechts und links des Mittelkiels angebracht sind oder diesen ersetzen

Klampe Beschlag zum Befestigen von Tauwerk

Klarmachen (des Ankers) Zurechtmachen zum Auswerfen, Loslaschen

Klipper schnelles Segelschiff (historisch)

Klipperbug ein Bug, bei dem der Vorsteven nicht nach innen gewölbt oder konkav ausladend geformt ist

Klüse Loch im Deck beziehungsweise zum Durchführen von Leinen oder Achterketten

Klüver vorderstes Vorsegel bei Kuttertakelung

Knickspantkutter Kutter, dessen Rumpf einen eckigen Querschnitt hat

Knoten nautische Geschwindigkeitsbezeichnung für Seemeilen pro Stunde

Krängung Schräglage des Bootes

kreuzen auf Zickzackkurs gegen den Wind segeln

Kreuzpeilung Bestimmung des Schiffsortes mit Hilfe von mehreren sich schneidenden Peilungen

Kreuzschlag die zwischen zwei Wendemanövern beim Kreuzen zurückgelegte Strecke

Krimpen plötzliches Rückdrehen des Windes gegen den Uhrzeigersinn (auf der Nordhalbkugel)

Küstenfahrer Schiff, das sich nur innerhalb des Küstengebietes bewegt

Kutter einmastiges Schiff, das jederzeit zwei Vorsegel setzen kann

Kuttertakelung Takelung, bei der die Segelfläche je zur Hälfte auf Großsegel und Vorsegel (Fock und Klüver) verteilt wird; anzutreffen vor allem bei Fahrtenkreuzern

Landfall das Erreichen der Küste nach einer längeren Seereise

Landfall machen (nach einer längeren Seereise) an Land gehen

Leckage Leck

Lee die dem Wind abgekehrte Seite

Leegierigkeit Bestreben eines Bootes, vom Wind wegzudrehen

leewärts gegen den Wind

Leichtwind schwacher Wind

lenzen 1. ein Boot leerpumpen oder ausschöpfen 2. mit einem Schiff vor einem Sturm herlaufen oder vor Topp und Takel treiben, das heißt, ohne Segel vor dem Wind laufen und nur den Winddruck an der Takelage zur Fahrt benutzen oder in Kauf nehmen

Lenzpumpe Pumpe zum Leerpumpen des Schiffes, insbesondere der Bilge

Leuchttonne schwimmendes Seezeichen

Liner Linienschiff

Log Instrument zur Messung der Geschwindigkeit eines Bootes

Logbuch Schiffstagebuch zur Aufzeichnung von Wetter, Navigation et cetera

löschen ausladen, entladen

Lose geben (eine Leine et cetera) durchhängen lassen

Lounge Aufenthaltsraum

Loxodrome Kurslinie, die alle Meridiane unter gleichem Winkel schneidet

Luk eine durch einen Lukendeckel verschließbare Öffnung im Deck, die gleichzeitig als Passagiereingang dient und zum Schutz gegen Wasser mit einer hochkantigen Umrandung umgeben ist

Luke große Ladeluke oder mit einer Tür versehene Niedergangsluke auf einem Frachter

Luv die dem Wind zugewandte Seite

Luvgierigkeit Bestreben eines Bootes, in den Wind zu drehen

luvwärts mit dem Wind

Manntau 1. Tau entlang des Decks, das bei schwerem Wetter zum Festhalten dient 2. Haltetau oder Stag auf dem Bugspriet für die Crew

Marina Yacht-, Motorboothafen mit Werkstätten und Service

Marlleine Leine, die das Großsegel am Großbaum festhält

Marlspieker starker Drahtdorn, zum Arbeiten mit Drahttauwerk, hauptsächlich jedoch zum Öffnen festgefressener Schäkelbolzen verwendet

Masttopp Mastspitze, oberes Ende des Mastes

Mayday international gültiges Funk-Kennwort für einen Seenotfall (durch englische Aussprache des französischen »M'aidez«, »Helfen Sie mir«, entstanden)

Messe Speisesaal auf Schiffen

Mißweisung Winkel zwischen der magnetischen und der geographischen Nordrichtung beim Kompaß

mittschiffs in der Mitte eines Schiffes gelegen

Monsterseen riesige Wellen

Muring 1. Verankerung mit zwei Ankern 2. Festmachen an einer Muringboje (im Gegensatz zum Ankern oder Vertäuen an einem befestigten Liegeplatz)

Muringgebühr Liegegebühr für Muring

Niedergang Gang, der in die Kajüte führt

Niedergangskappe Schiebekappe über dem Niedergang

Niederschlag Das Boot wird von einer plötzlichen Bö flach oder fast flach auf das Wasser gedrückt

örtlicher Mittag zwölf Uhr auf dem jeweiligen geographischen Längengrad

Over Ende einer Funkdurchsage, im Sinne von »Ich höre jetzt« oder »Bitte kommen«

Pantry Speisekammer oder Raum zum Anrichten auf Schiffen

Patsch ein auf das Segel oder gegen ein Leck aufgesetzter Flicken

Peilung Richtungsbestimmung (auf den geographischen Norden oder die Längs-schiffsrichtung bezogen)

Pflugscharanker Leichtanker, der sich mit einer pflugförmigen Hand besonders auf hartem Sand- und Schlickboden rasch eingräbt

Pier Hafendamm; Landungsbrücke

Pinne 1. Ruderpinne, waagerechter Hebelarm am Kopf des Ruderschaftes zum Betätigen des Ruders 2. Kompaßpinne, spitze Auflage für die Kompaßrose

Poopdeck Achter-, Kajütdeck auf einem Großsegler

pullen rudern (mit dem Beiboot)

Pütting Beschlag, mit dem die Wanten am Bootsrumpf befestigt sind

querab von der Seite; etwa im rechten Winkel zum Schiff, siehe auch dwars

querein kommender Wind von der Seite kommender Wind

Quergleichgewicht waagerechte Lage des Schiffes in Querrichtung betrachtet

Rahe Querstange am Mast für das Rahsegel (ein Segel kann von mehreren Rahen gehalten werden)

Rahsegler mehrmastiges Segelschiff mit rechteckigen Segeln, die von langen, kräftigen Spieren gehalten werden

raum-achterlich ein Kurs, bei dem die Schoten Lose gegeben werden und man bei Dreiviertelwind segelt, das heißt, der Wind kommt schräg oder ganz von hinten

Raumen (des Windes) Günstige Winddrehung. Der Wind fällt mehr achterlich ein. Gegenteil: Schralen

raumer Wind Bereich zwischen Halbwind- und Vorwindkurs, bei dem der Wind schräg von hinten kommt

raum-vorlich ein Kurs, bei dem der Wind schräg von vorne oder von der Seite kommt und etwa mit halbem Wind gesegelt wird; auch hartraum

recht voraus genau in Kiel- oder Kursrichtung vor dem Schiff

rechtweisend Angaben, bezogen auf die geographische Nordrichtung, die »richtig« im Sinne der Navigation sind; Gegenteil: mißweisend, siehe Mißweisung

Reff der Teil des Segels, der gerefft, also eingebunden oder -gerollt werden kann

reffen die Segelfläche verkleinern, siehe auch Reff

Resorzinkleber Kleber auf Harzbasis

Rigg moderne Bezeichnung für Takelage, Segel(werk) – Sammelbegriff für Masten, Bäume, stehendes und laufendes Gut

riggen (auf)takeln

Rollen die Bewegung einer Yacht im Seegang um ihre Längsachse

Rollreff(anlage) Die Segelfläche wird verkleinert, indem man das Tuch auf den Baum wickelt

Roringstek ein seemännischer Knoten zum Festmachen eines Endes an einem Roring, das heißt einem Ring am Ankerschaft oder -kreuz

Rudergänger die Person, die das Ruder bedient (beim Segeln); Besatzungsmitglied, das auf Weisung des Kapitäns oder selbständig das Schiff steuert (bei größeren Schiffen)

Salzbuckel scherzhaft für Seemann, Seebär

Sampan chinesisches Wohnboot

Schäkel Metallbügel mit Schraub- und Steckbolzen zum Verbinden verschiedener, stark beanspruchter Teile an Bord

schamfilen scheuern, reiben

Schandeck Planke am oberen Rand des Bootes (bei einem Holzdeck) beziehungsweise seitliche Begrenzung des Decks (bei GFK-Booten)

Schapp Schrank, Spind, Schubfach oder kleinerer Raum an Bord

Schiffsback siehe Back

Schiffsort die gegißte oder wahre Position eines Schiffes auf See, die durch geographische Länge und Breite oder in bezug auf eine Kurslinie, also den geplanten Weg eines Schiffes, angegeben wird. Wird durch terrestrische, astronomische oder Funknavigation ermittelt und muß in der Seekarte jeweils mit einer Uhrzeit versehen werden.

Schleichfahrt langsame Fahrt

Schlepplog Log, das aus einer nachgeschleppten Logleine sowie einem Propeller an deren einem und einer Loguhr an deren anderem Ende (auf Deck) besteht; ermittelt zurückgelegte Distanz und Geschwindigkeit

Schlingerbord Leiste, die den Inhalt eines Regalbrettes oder sonstigen Bordes gegen Herausfallen sichert oder den Schläfer vor dem Herausfallen aus der Koje

Schnappschäkel Schäkel, der durch Betätigung eines Federbolzens zu öffnen und durch Zuschnappenlassen zu schließen ist; auch als Patentschäkel bekannt

Schot Ende, Leine zum Bedienen der Segel; nach dem jeweiligen Segel benannt

Schothorn hintere untere Ecke des Segels

Schott meist wasserdichte Trennwand auf einem Schiff

Schralen (des Windes) Winddrehung, so daß dieser mehr von vorn einfällt. Gegenteil von Raumen.

Schratsegel ein Segel, das längsschiff stehen und weitgehend senkrecht gesetzt werden kann

schricken eine befestigte Leine ein Stück lösen, etwas fieren und wieder festmachen; man sagt dann: die Schoten schricken, einen Schrick in die Schot geben

schweres Wetter, auch **Schwerwetter** allgemeine Bezeichnung für Wetterbedingungen mit Wind ab Stärke 6

schwojen sich vor Anker oder einer Muring drehen; hin- und herpendeln

Seemannschaft seemännische Kenntnisse und Fertigkeiten

Segeldingi kleines Beiboot mit Segeln und meist einem Mittelschwert, das auch gerudert werden kann

Segeltrimm Einstellen der Segel auf optimale Leistung

Sextant mit drehbaren Spiegeln versehenes Winkelmeßgerät zur Schiffsortbestimmung, in der astronomischen Navigation für die Höhenmessung eines Gestirns über der Kimm, in der terrestrischen Navigation für die Höhenmessung von Landobjekten oder die Messung des Horizontalwinkels zwischen zwei Punkten

Slip Schiene oder schräge Bahn, auf der ein Boot aus dem Wasser gezogen wird

Slippen 1. das Aufholen oder Zuwasserbringen eines Bootes über eine Rampe, auch aufslippen 2. Wegrutschen eines Ankers aus schlammigem oder sandigem Grund

Sorgleine eine Leine oder ein kurzes Ende, die etwas sichern sollen, zum Beispiel Verbindungsleine zwischen Sicherheitsgurt und einem Befestigungspunkt an Deck

Spanten Quer- und Längsrippen eines Schiffes

Spiegel der Abschluß des Hecks

Spiere jede Art von Rundholz, außer dem Mast

Spinnaker großes, ballonartiges Vorsegel

Splint feiner Stift, der durch ein Loch am Ende eines Bolzens gesteckt wird, um dessen Herausrutschen zu verhindern

Stag Halte-, Stütztau(werk), mit dem der Mast längsschiffs abgestützt wird

Stampfen Bewegung eines Bootes im Seegang um seine waagerechte Querachse

Standlinien schießen Linien, auf denen das Boot steht, bestimmen

Steuerbord in Fahrtrichtung gesehen, die rechte Seite eines Bootes; rechts

Steven vordere und achtere Begrenzung eines Schiffes

Straken (**von Kurven**) optimaler Verlauf der Kurven

Strom Strömung

Südwester wasserdichter Seemannshut (mit Schirm)

Takelage Sammelbegriff für alles stehende und laufende Gut, Masten und Bäume; siehe auch Rigg

takeln siehe auftakeln

Takelung die Art und Weise, wie ein Boot getakelt oder gerigt ist

Tampen Ende eines Taus, einer Leine oder Kette

Trampdampfer nicht an feste Linien gebundener Frachter

Trawler mit dem Grundschleppnetz arbeitender Fischdampfer

Trimmen alle Maßnahmen, die ein Boot schneller machen und sein Segelverhalten verbessern, siehe auch Segeltrimm

Trimmklappe eine kleine bewegliche Klappe, die an der Hinterkante der Kielflosse angebracht ist und als eine Art zweites Ruder zur Verringerung der Abdrift beiträgt

unklar kommen sich vertörnen, verheddern

Unterliek die untere Kante eines Segels

Untersegel fahren lediglich mit den an den untersten Rahen befestigten Segeln fahren

verchartern vermieten

Verdrängung Jedes schwimmende Objekt verdrängt sein eigenes Gewicht. Mittels der Verdrängung wird das tatsächliche Gewicht einer Yacht berechnet. Angabe meist in Tonnen.

Verkehrstrennungsgebiet Gebiet mit sehr dichtem Verkehr, der durch Einbahnwege sowie eine dazwischenliegende Trennzone auf feste Bahnen gelenkt wird

vermuren an einer Muringboje befestigen; ankern mit zwei Ankern

verproviantieren mit Proviant versorgen

vertörnen, sich sich verheddern

Vollzeug setzen mit allen Hauptsegeln laufen, wobei keines gerefft ist

vor Topp und Takel lenzen s. lenzen

voraus alles, was vor einem Boot liegt

Vorleine die vom Bug aus nach vorne geführte Festmacherleine

vorlich auf dem Schiff alles vor mittschiffs; außerhalb alles von querab bis voraus

vorlicher Wind Wind, der schräg von vorne kommt

Vorpiek Raum im Vorschiff direkt am Bug, meist Stauraum für Tauwerk, Fender und ähnliches

Vorschiff der vor dem Mast liegende Teil eines Schiffes

Vorsegel alle Segel vor dem Hauptmast mit dem Großsegel, wie Fock, Genua, Klüver, Spinnaker

Vorstag Drahttauwerk, mit dem der Mast nach vorne abgestützt wird

Vorsteven vordere Begrenzung eines Schiffs

Vorwindkurs ein Kurs, bei dem der Wind genau von hinten einfällt, die Segel ganz aufgefiert sind und das Boot, trotz Setzen der größten Beisegel, nicht Höchstgeschwindigkeit erreicht, da der Fahrtwind dem wahren Wind genau entgegenwirkt

Walfänger Person oder Boot zum Walfang

Want Verspannung des Mastes nach den Seiten

Wantenspanner Spannschraube, die für Festigkeit und Spannung der Wanten sorgt

Wasser machen bedeutet, daß Wasser ins Boot eindringt

Wasserlinie die Linie, bis zu der der Rumpf eines Bootes unter Wasser ist; sie schwankt je nach Gewicht und Wasserdichte

Wasserpaß breiter, meist farbiger waagerechter Trennstrich am Bootsrumpf, der die Grenze zwischen Über- und Unterwasserschiff markiert und oberhalb der bei der Konstruktion errechneten theoretischen Wasserlinie liegt

Wasserstag Seil oder Kette, die von der Spitze des Bugspriets hinablaufen zu einem Augbolzen im Vordersteven direkt über der Wasserlinie

Wenden Manöver, bei dem das Boot mit dem Bug durch den Wind dreht

Windgeschwindigkeit wird auf See in Knoten, Metern pro Sekunde oder anhand der Beaufortskala (Stärken 0 bis 12) angegeben

Windjammer großes Segelschiff

Windrosen Kreise mit gefiederten Pfeilen, die für die einzelnen Planquadrate die mittleren statistischen Windrichtungen und -stärken angeben

Winsch Winde, um die Enden von Fallen, Leinen et cetera gewickelt werden und auf die eine Kurbel aufgesetzt werden kann

Yacht allgemein Sportboot; speziell: Kielboot im Gegensatz zur Jolle (Schwertboot)

Yachtie scherzhaft für Eigner einer Yacht

Yawl zweimastiges Sportsegelboot mit einem Besanmast hinter dem Ruder, der maximal halb so hoch wie der Großmast ist

Züge der Reling (Stahl)seile, die als Sicherung rund ums Schiff gespannt sind